大学院文化科学研究科

異文化との出会い

滝浦真人

野崎　歓

人文学プログラム

異文化との出会い（'22）

装丁・ブックデザイン：畑中　猛

s-42

はじめに

　大学院科目「異文化との出会い（'22）」の印刷教材をお届けする。この科目名を見て皆さんは，「異文化」という言葉から何を思い浮かべただろうか。国だろうか？　世界の区分だろうか？宗教だろうか？「アメリカ」や「中国」，「西洋」や「キリスト教」といった例はいずれも，「異文化」を語るときの定番とも言え，この教材にも登場する。

　では，異文化とはこれらのように，"日本（的）でないもの"のことである，と言われるならばどうだろうか？　そう考えれば，否，日本の中にも異文化はある，との答えも導かれよう。縄文人／弥生人をはじめ，人の集団としても大きく出自の異なるいくつかの群があるだろうし，言語的にも日本語と系統の異なる言語（例えばアイヌ語）を話す人々の伝統や思想や生活は諸所で異なっていただろう。そうであれば，方言や生活様式の異なる地方同士を「異文化」と呼ぶことも十分可能であると思えてこよう。

　さらに言えば，自分の周りで，大きく年の離れた誰かと話をしようと思ったとき，互いに相手が何を考え何を言っているのかわからぬ"宇宙人"のようだと感じてしまうならば，両者は異なる"文化"を持っていると言うべきではないだろうか？

　こうした問いの行き着くところ，異文化は至るところに遍く存在する，との了解に達する。だとすれば人々は，多かれ少なかれ異文化である他者と付き合っていくための，何らかの"摺り合わせ"を日々行っていることにもなろう。

　さて，こうした問いかけの形からは，「異文化」をはじめから"ある"ものと見なして考察しようとする構えである，との見方も出てくるだろうか。しかしながら，我々はそのように考えない。科目名を「異文化との出会い」とした所以でもあるが，どのように"であう"か（出会い／出逢い／出合い／出遭い［第15章参照］）によって，相手の異文化性も変われば相手との関係もまた大きく左右されることになる。そうした意

味でこの科目は，出会い方から見た異文化の立ち現れ方を，各担当者が切り取る対象とその切り取り方に応じて論じ考察しようとするものと言うことができる。なお，総勢5人の担当者は全員が，現在人文学プログラムの言語文化領域に属する（日本文学以外の）専任教員である。

　一見したところ，お互いにつながりのない論考が隣り合っているように思われるかもしれない。しかし学生の皆さんには，ぜひそれらの論考に通底する思考のあり方を学び取っていただきたい。文学研究，文化研究（カルチュラル・スタディーズ），言語学，コミュニケーション論。各章の議論は，それぞれが独立した専門研究の流儀にのっとって展開されている。しかしながら，いずれにおいてもテキストの吟味，さらにはテキストを織りなす「ことば」の分析が真摯に試みられていることに変わりはない。

　異文化とはすなわち異なる「ことば」であり，それを受け止め解釈する方法や手段は多岐にわたる。一つの専門を掘り下げるのと同時に，異なる分野を眺め渡し，領域を横断していくしなやかさが，現代の人文学においては強く求められている。それこそが多面的，多義的な「異文化」と取り組むために必須の資質だからだ。

　複数的な性格を色濃く帯びたこのテキストで学ぶことにより，学生の皆さんが「出会い」へと開かれた知の姿勢を身につけてくださるよう，心から願うものである。

　最後に，科目の制作に際してお世話になった方々に感謝したい。放送教材（ラジオ）の制作では，山野晶子ディレクターに大変お世話になった。ゆるやかでしなやかなコントロールによって，うまく全体をまとめてくださった。濱中博久アナウンサーはさまざまな引用を味わい深く朗読してくださった。印刷教材の編集に関しては，長瀬治さんのお手を煩わせた。皆様ありがとうございました。

2021（令和3）年10月吉日

滝浦真人

野崎　歓

目 次

1 | キリスト教との出会い
——聖書日本語訳の歩み

野崎 歓

《**本章の目標＆ポイント**》 西洋と日本の出会いを考えるうえで見逃せないのは，聖書の翻訳をめぐる事例である。明治以来の聖書翻訳は，西洋的な諸価値と向かい合う重要な契機となっただけでなく，文語から口語へという日本語表現の大きな変容を映し出した。2018 年に刊行された『聖書　聖書協会共同訳』に至るまでの道のりを辿り直し，その意義を考察する。
《**キーワード**》 旧約聖書，新約聖書，キリシタン，イエズス会，プロテスタント，インカルチュレーション，共同訳，新共同訳

1.「デウス」を何と呼ぶか—『どちりな　きりしたん』

　古代イスラエルの一地方から始まったキリスト教が，「世界宗教」としてのスケールを獲得するうえで決定的な役割を果たしたのは翻訳である。聖書はキリスト教徒の信仰のよりどころだが，もともと旧約聖書は古代ヘブライ語，新約聖書は古代ギリシア語で書かれていた。信者の圧倒的多数はいずれの言葉も解さないだろう。つまりほとんどの場合，聖書は翻訳で読まれているのだ。古代ヘブライ語や古代ギリシア語から各国語への翻訳が，その都度さまざまな難問をはらむ企図となったことは容易に想像がつく。翻訳する者にとっても，読者にとっても，それはつねに「未知」なるものとの出会いという側面をもったはずだ。日本におけるキリスト教の伝播は，聖なる書物を理解し，受容することの困難と貴重さを，とりわけ鮮やかに物語っている。

　1549 年 8 月 15 日，イエズス会の創立メンバーの一人フランシスコ・ザビエルが，長い旅の末に鹿児島に上陸した。日本におけるキリスト教布教の幕開きである。だが，1587（天正 15）年には豊臣秀吉によってバテレン追放令が，そして 1614（慶長 18）年には徳川家康によってキ

リスト教禁教令が出される。日本人がキリスト教を受容することができた第一期は，禁教令までの六十数年間にすぎない。とはいえ，長崎をはじめとして各地に熱心な信者が誕生し，大名たちにも入信者が続出した。その背景には，イエズス会がそもそも世界宣教を目的として掲げ，「機動性と行動」の理念のもと，ミッションに身を捧げる若い宣教師たちの集まりだったことがある。スペインやイギリスなど強国の植民地主義的進出と軌を一にして，はるか西方から未知なる宗教，文化が到来した。不屈の精神に支えられた宣教師たちのなかでも，「イエズス会の宣教の輝かしい伝統における模範」（バンガード『イエズス会の歴史』上，p. 66）と目される存在がザビエルだった。

　ザビエルは日本に来る前，マラッカで日本人の漂流者ヤジロウと出会った。日本人として初めて洗礼を受けたヤジロウは，ザビエルに随行して帰国。鹿児島のヤジロウの実家が，ザビエルの最初の宣教の場となった。家は「すぐさま物見高い訪問者でいっぱいになった」（同）。

　ザビエルは日本語学習に励みつつ，ヤジロウらの通訳を介して教えを説いた。カトリック教会では従来，教えの要点をまとめた「公教要理」が用いられていた。それに加え，16世紀以降にはプロテスタントの祖マルチン・ルターの編み出した，問答体による入門書「カテキスム」も活用されるようになった。ザビエル，および彼に続いて続々と派遣されてきたイエズス会宣教師たちは，カテキスムの日本語版を作って教化のために用いた。宣教師アレッサンドロ・ヴァリニャーノのもたらした印刷機で印刷され，日本最古の教義書として伝わる『どちりな　きりしたん』（1591年頃に印刷された天草版，以後1600年の長崎版まで4種類が現存）は，そうした宣教の現場で何が教えられたかを伝える貴重な資料である。

　「どちりな　きりしたん」とは「キリスト教の教義」を意味し，師弟の問答形式で書かれている。第一の問答では「キリシタンといふは何事ぞといふ事」が扱われる。以下，「キリシタンのしるしとなる貴きクルスの事」や「パアテル　ノステルの事」，「アヘ　マリヤの事」等と続き，全部で11回の対話をとおしてキリスト教の基礎が学べるようにできて

いる。たとえば十字架（「クルス」）ついての問答は次のように始まる。

　　　弟　キリシタンのしるしとはなに事ぞや。／師　たつときクルスな
　　　り。／弟　そのゆへいかん。／師　われらが御あるじJx（ゼズ・
　　　キリシト）クルスのうへにて我等を自由になしたまへば也。かるが
　　　ゆへにいつれのキリシタンもわれらがひかりとなる御あるじJxの
　　　たつとき御クルスにたいし奉りて，こころのをよぶほどしんじんを
　　　もつべき事もつぱらなり。われらをとがよりのがしたまはんために
　　　に，かのクルスにかかりたくおぼしめしたまへばなり[1]。

　キリスト教徒にとってなぜ十字架は大切なのか，十字架はいかなる意
味をもつのかが説明されている。その口調は親切でわかりやすい。ただ
し，引用中の「我等を自由になしたまへば」などは聴衆にわかりにく
かったろう（キリストが十字架にはりつけにされることで人類に自由を
もたらしたということ）。それを続く部分で補足説明して，「弟　じゆう
になし玉ふとはなに事ぞや。／師　てんぐ［＝天狗，ここでは悪魔の意］
のとらはれ人となりたる我等が譜代の所をのがし玉ふによて也。」とあ
る。「譜代」とは『日葡字書』[2]のFudaiの項目によれば「代々伝わる」
「多くの代を経た」の意味で，イエスはこれまで延々と悪魔の虜となっ
てきた者たちを解放したということになる。
　『どちりな　きりしたん』の「序」には，「上下ばんみんにたやすく此
むね［＝キリシタンの教え］をしらしめんがために，こと葉はぞくのみ
みにちかく，儀はDのたかきことはりをあらはす者也」とある。耳で聞
いて理解できるようにという配慮から，当時の口語に近づいたやわらか
い文体が創出されている点で，独自の価値を持つ文書となっている。同

1）海老沢有道校註（2019）『長崎版　どちりな　きりしたん』岩波文庫，pp. 19-20。
新村出・柊源一校註（1993）『吉利支丹文学集2』平凡社，東洋文庫を参照してカッ
コ内に読み方を補い，表記もわかりやすくした。
2）『日葡辞書』は1603年に日本イエズス会が刊行。聴罪や説教を行うのに必要な
日本語をポルトガル人宣教師たちが広汎に収集したものだが，当時の日常日本語の
意味を伝える辞書として貴重。異文化接触がもたらした大きな成果である。

時に，ある宗教をまったく異なる文化の地に移植する際の根本的な困難
も透けて見える。たとえば「悪魔」の訳語として用いられた「てんぐ」
だが，未知のものを既知のもの，異国のものを在来のものでやむなく置
き換えた印象がある。そこには，キリスト教を非キリスト教文化にある
程度，適合させて宣教する，のちに教皇ヨハネ＝パウロ 2 世によって
「土着の文化における福音の肉体化」と定義される「インカルチュレー
ション」の現象が認められる[3]。

　たとえば聖書にとって大切な象徴性を持つ「パン」は，キリシタン向
けに「餅」で言い換えられたが，これは「インカルチュレーション」の
典型例である。しかしそうした置き換えに限界があることも明らかだ。
そもそも，一神教の「神」を，多神教の国日本の言葉でどう呼ぶのか。
「序」に見えた「Ｄ」とはラテン語 Deus の略字である。デウスに相当
する訳語は示されていない。

　ザビエルが来日した当初は，キリスト教の神の超越性に見合う訳語と
して「大日如来」を援用し，デウスを「大日」と呼んでいたことが知ら
れている。だが仏僧との議論の過程で，大日如来は万物の創造主ではな
く，また仏教にはイエス・キリストの受難にあたる概念がないことがわ
かり「大日」の使用を禁止した。そしてラテン語を音訳し「デウス」と
呼ぶことになったのである[4]。ラテン語 Deus に対応する英語は God だ
が，これらの訳語として「神」が定着するには，のちに見るとおり，明
治以降の聖書翻訳をまたなければならない。

---

3) inculturation は現象としては宣教の歴史とともに古い。狭義では「福音がある
文化内に受肉し，教会生活にそれらの文化が導きいれられる現象及び活動をさす。
『土着化』『福音の文化受容』などもこれにあたる」（『岩波キリスト教辞典』2002 年，
「インカルチュレーション」の項。執筆・菅原裕二）。ヨハネ・パウロ 2 世の 1985
年の回勅以来，カトリック教会で重要事項として公認されている。
4) 米井力也（2009）『キリシタンと翻訳――異文化接触の十字路』平凡社，pp. 20-
21。

2. まぼろしの原点
―ギュツラフによるヨハネ福音書の翻訳

　『どちりな　きりしたん』が示すようなキリスト教の布教とともに，音楽や絵画から，衣服や食物に至るまで，「南蛮」渡来の多様な文物が紹介され，日本に根づき始めた。ザビエル来日から 35 年後の 1584 年には，天正遣欧使節団がスペイン（現ポルトガル）のエヴォラ大聖堂を訪れ，オルガンを自在に演奏して会衆を驚かせている。だが，そうした熱心なキリスト教文化の受容吸収は禁教令と鎖国政策によって途絶える。キリスト教禁制の高札が撤去されるのは，1873（明治 6）年になってからのことだった。

　その間にも西洋文化との接触が完全に失われたわけではなく，キリスト教に関する情報も得られていた。そのことは 1708（宝永 5）年，密入国したイエズス会の宣教師シドッチに対し新井白石が行った尋問の記録『西洋紀聞』や，平田篤胤が 1806（文化 3）年に記した『本教外篇』に窺える。しかしキリスト教文化との出会いが改めて可能になるのは，開国ののちのことである。そして本当の意味での「出会い」のためには，聖書の日本語訳がなしとげられなければならなかった[5]。

　聖書翻訳には，実は開国直前，日本の外で大きな成果がもたらされていた。ドイツ出身のプロテスタント宣教師であり，イギリス商務庁の首席中国語通訳官としてマカオに滞在していたカール・フリードリヒ・アウグスト・ギュツラフ（1803-51 年）による『約翰（ヨハネ）福音之伝』がそれである。出版されたのは 1837（天保 8）年，シンガポールにおいてであった。

　ヨハネによる福音書の冒頭は，現行の聖書協会共同訳（2018 年刊）では次のように訳されている。

5）以後，聖書和訳の歴史については主として海老澤有道（1989）『日本の聖書　聖書和訳の歴史』講談社学術文庫，および鈴木範久（2006）『聖書の日本語　翻訳の歴史』岩波書店を参照した。

14

初めに言があった。言は神と共にあった。言は神であった。この言は，初めに神と共にあった。万物は言によって成った。言によらずに成ったものは何一つなかった。言の内に成ったものは，命であった。この命は人の光であった。光は闇の中で輝いている。闇は光に勝たなかった。

このよく知られた冒頭が，現存する最古の日本語訳であるギュツラフ訳ではこうなっていた。

ハジマリニ　カシコイモノゴザル。コノカシコイモノ　ゴクラクトモニゴザル。コノカシコイモノワゴクラク。ハジマリニコノカシコイモノ　ゴクラクトモニゴザル。ヒトワコトゴトク　ミナツクル。ヒトツモ，シゴトハツクラヌ，ヒトハツクラヌナラバ。ヒトノナカニイノチアル，コノイノチワ　ニンゲンノヒカリ。コノヒカリワクラサニカヽヤク。タヽシワ　セカイノクライ　ニンゲンワ　カンベンシラナンダ6)。

ギュツラフ訳に意味が取りにくい部分が散見されることは確かだ。とりわけ「ヒトワコトゴトク　ミナツクル」以下はやや明確でない。逆に，「コノイノチワ　ニンゲンノヒカリ」のように現代の訳とほぼ一致する部分もある。しかし何よりも，ギュツラフ訳の非常にくだけた，親近感あふれる口調に驚かされる。そうした訳文が成立した陰には日本の漂流民たちの存在があった。

　1832年秋，尾張小野浦から出帆した千石船が，江戸へ向かう途中で遭難した。太平洋を漂流したあげく1834年，岩吉，久吉，音吉の生存者3名が北米西岸に漂着。彼らはロンドンを経てマカオに送られ，そこで1835年末，ギュツラフに引き取られたのである。また1837年に肥後からルソンまで漂流した4名の日本人もギュツラフのもとに集められ

6）放送大学総合図書館保存庫にはギュツラフ訳『約翰福音之伝』シンガポール，1837年版の複製版が収められており，参照可能である（請求番号081.7/Te37）。

た。これらの日本人たち，とりわけ年少とはいえ利発な音吉の協力により
ギュツラフは翻訳作業を進めたのだった。「ハジマリニ　カシコイモ
ノゴザル」の口調には，音吉らの出身地である知多半島の尾張方言が反
映されている可能性が指摘されている。また「神」が「ゴクラク」と訳
されているのは，ギュツラフが音吉らの提案した仏教用語「極楽」を採
用したものと考えられる。「カシコイモノ」はギリシア語の「ロゴス」（英
訳聖書では「ワード」）に対応する表現だが，原語の意味を何とか伝え
ようとする懸命さが伝わってくる。他にも「愛」を「メグミ」，「悪魔」
を「オニ」，「隣人」を「トナリノヒト」とするなど，「身近な生活語，
民俗的，あるいは仏教的な出自をもつ言葉がみられ，口語的な平易な言
葉が使われている」（鈴木範久『聖書の日本語』p. 59）。その点にギュ
ツラフ訳の特色と魅力がある。

　ギュツラフ訳は，いまだ日本の地を踏んだことのない宣教師（ギュツ
ラフは日本での宣教を熱望しながら果たせなかった）と，ついに生涯，
帰国を許されなかった漂流民たちが，聖書と向かい合って知恵を絞り合
い，協力し合った様子をうかがわせる，貴重なドキュメントである。絶
対的であるべき唯一神の言葉が，ごくローカルな限定性を帯びた言葉
（尾張方言）の響きを伴って伝えられている点に，あくまで人間による
営為である翻訳の相対的な性質が如実に表れている。ギュツラフのヨハ
ネ福音書訳をとおして，重大な概念を一つひとつ手探りで言い当てよう
とした聖書翻訳の原点──当時，日本人読者を得られなかったという意
味ではまぼろしの原点──を垣間見ることができる。

3. 文語と口語のあいだで──ヘボンと明治元訳

　ギュツラフの苦心の労作は人知れず埋もれたわけでなく，さらなる偉
業の重要なよりどころとなった。わが国では「ヘボン」として知られる
ジェイムズ・カーティス・ヘップバーン（1815-1911年）は，医師にし
てアメリカ長老派教会の伝道師だった。1841年，彼は訪問先のシンガ
ポールでギュツラフ訳『約翰福音之伝』を入手してアメリカに持ち帰り，
ニューヨークの長老派教会伝道本部に納めた。それから15年後の1859

（安政6）年，念願叶い日本に旅立ったヘボンは，ギュツラフ訳を持参した。「『日本語文法書』と『約翰福音之伝』とは長い航海中，非常に有益でありました。それですから，今では日本字を読むのに苦労しません。かなり満足にできる程度に翻訳することもできるようになりました」（1859年7月19日ラウリー博士宛[7]）。

　宣教師としてのヘボンの大望は，日本語による聖書完訳であった。「もし日本語の聖書があったならば，驚くべき奇跡がみられるでしょう」（1872年8月5日ラウリー博士宛[8]）。

　横浜で無料診療所を開いたヘボンは，医療活動に従事するかたわら福音書の翻訳に着手した[9]。同じくアメリカからやってきたサミュエル・ロビンス・ブラウンや，彼らの人柄や教えに惹かれて弟子入りした日本人たちの協力のもと，ヘボンは1872年に聖書翻訳委員会を立ち上げている。委員会は1880（明治13）年に新約聖書全訳，そして1887（明治20）年には旧約聖書全訳を完成させた。このいわゆる「明治元訳」の出発点には，ギュツラフの仕事による刺激があった。ヘボンは読者にとってのやさしさ，わかりやすさを重視する姿勢を受けつぎたいと願ったのである。

　ヘボンやブラウンの翻訳作業を間近で支えた日本人のひとりに井深梶之介がいる。井深の証言によれば，「翻訳の文体に就いては堅い漢文風にしやうといふ説と出来る丈通俗的にしやうといふ意見と二つに別れ」た（井深梶之介「新約聖書の日本語訳に就いて」1916年。鈴木，前掲書，p. 99）。漢文の素養豊かな日本人側はどうしても「漢文風」を求め，漢訳（中国語訳）聖書を持ち出してはそれを基準にしようとしがちだった。だが「折角聖書を日本語に翻訳しても只少数の学者丈に読めて普通の人民に読めぬやうでは何の益があるか」というのがヘボン，ブラウン側の

7）高谷道男編訳（1959）『ヘボン書簡集』岩波書店，p. 1。
8）同，p. 245。
9）ヘボンは翻訳の準備段階において西洋語による初の日本語辞典『和英語林集成』を編纂（初版1867年）。この際にいわゆるヘボン式ローマ字による日本語表記を編み出した。のち1887年には私財を投じて明治学院を創設するなど，日本社会に対するヘボンの貢献は大きい。

考えであり，「漢文は本文に非ず」，つまり中国語訳ではなく聖書の原文に即して日本語訳を作るべきだと主張した。ちなみに中国では 1812 年，ロンドン伝道協会の宣教師ロバート・モリソンが新約聖書の中国語訳『新遺詔書』を完成。続いて旧約も翻訳し，新約とあわせ『神天聖書』（1823 年）として刊行した。その後ブリッジマン，カルパートンによる改訳『新約全書』（1859 年），『旧約全書』（1862 年）が刊行されていた。

　これら先行する中国語訳は，ヘボンらの日本語訳にとって大きな指針となった。God ＝ 神，Holy Ghost ＝ 精霊，love ＝ 愛，devil ＝ 悪魔，church ＝教会など，基本的な訳語には中国語訳から得られたものが多い（そもそも「聖書」という呼称もモリソンによる中国語訳が起源である）。漢文が知識人にとって必須の教養であった時代，キリスト教に関心のある日本人は中国語聖書をそのまま読みさえすればよいという考えもありえた。それに対しヘボンらの企図の核心には，聖書を日本語と出会わせることが何より大切だという信念があった。中国語訳の語彙を借りながらも日本の「普通の人民」に開かれた文体の創造がめざされたのである。その結果どのような訳文が生まれたのか，ヨハネによる福音書の冒頭を見よう（『新約全書』聖書翻訳常置委員会，1880 年）。

> 太初に 道 あり。道 は神と偕にあり。道 は 即 ち神なり。この 道 は太初に神と偕に在き。萬 物 これに由て造らる。造 れたる者に 一 として之に由らで 造 れしは無。之に 生 あり此 生 は人の 光 なり。光 は 暗 に照り暗 は之を曉らざりき[10]。

「道」は筋道，道理，宇宙の根本原理であるとともに，「言う」「語る」をも意味する語であり，「ロゴス」の語義的な広がりに見合う訳語として選ばれたのだろう。訳文はいかにも格調高く，「通俗的」というほど

---

10) 適宜句点を付した。明治元訳新約聖書のテキストは現在 Wikisource で読むことができる（明治 37 年版）。https://ja.wikisource.org/wiki/ 明治元訳新約聖書_（明治 37 年）また国立国会図書館デジタルコレクションには明治 20 年版が公開されている。dl.ndl.go.jp/info:ndljp/pid/992572/1

読者におもねった感じは受けない。同時に，ひらがなが多く，また総ル
ビであることにより，読み上げるのに不自由は覚えない。「はじめにこ
とばあり」以下，スムーズに頭に入ってくる。とはいえ，さらにもう一
歩，口語に近づき，非知識人層に親しみやすい文体を作る可能性もあり
えただろう。そのことを意識していたのが井深梶之介だった。

　井深はヘボンらの委員会訳が刊行された直後に自ら，マルコによる福
音書の「口語訳」を試み，出版している（1881年）。冒頭を読むと「こ
れは神の子イエス　キリストの福音の始でござります」といった調子
である。聖典としての厳かさやありがたみには欠けるかもしれないが，
ですます体の語り口が新鮮だ[11]。この2つを並べてみるとき，明治の
聖書翻訳は「言文一致」体が模索されていた時期における，文語表現と
口語表現のあいだの揺れを反映した企図だったことがわかる。そのなか
で翻訳委員会は，新約聖書の翻訳完成ののち，旧約聖書に関しては完全
に文語寄りに舵を切って訳したのだった。元訳版旧約聖書のうちとりわ
け人口に膾炙し，広く愛読された「雅歌」の一節を見よう。

　　われはシャロンの野花，谷の百合花なり。女子等の中にわが佳耦の
　　あるは荊棘の中に百合花のあるがごとし。わが愛する者の男子等の
　　中にあるは林の樹の中に林檎のあるがごとし，我ふかく喜びてその
　　蔭に坐れり，その實はわが口に甘かりき。彼われを携へて酒宴の
　　室に入れたまへり，その我上にひるがへしたる旗は愛なりき[12]。

　「雅歌」は旧約聖書中，もっとも詩的であると同時に，もっとも異色
の文書とされている。男女が互いに愛の歌を捧げる形式からなり，相手
の容貌や肉体の魅力をほめそやし，2人の愛を謳い上げる。情熱あふれ
る言葉遣いには，すべてを「教会」への愛として寓意的に解釈する説も

11）井深の翻訳については松本隆「日本語学習素材としての1881年刊『新約聖書
馬可傳　俗話』──明治前期に来日した外国人宣教師むけ日本語テキストの文体」
https://www.iucjapan.org/pdf/nenpou2016_Matsumoto_a.pdf を参照。
12）『新日本古典文学大系明治編』第12巻（2001）「新体詩・聖書・讃美歌集」岩
波書店，p. 331。引用に際し改行・句切りは省略。

あるにせよ，現世肯定的な官能の喜びが脈打つかのようだ。

　引用において「われはシャロンの野花」と名乗っているのは，うら若い娘である。女性が一人称で，自らのあふれるような思いを堂々と表現している。与謝野晶子の『みだれ髪』（1901 年）に先立つこの「雅歌」が，当時，「前衛的」な驚きと感動を与え得たことを専門家は指摘する[13]。「我上にひるがへしたる旗は愛なりき」のように，五七調をふまえた文語表現がみやびであり，かつ颯爽として歯切れがいい。熱烈な男女の恋をも包含し肯定する聖書の「愛」は，明治の青年たちにとって新鮮な驚きだったろう。キリスト教に根ざす西欧的な新しい恋愛観が，こうした翻訳を介して広がっていったのである[14]。

　文語訳の旧約聖書は刊行直後から好評を博した。「明治の大翻訳は疑いなく敬虔の信徒等が刻苦して大成せし旧新約全書[15]」と評され，文学的にも高い評価を受けたのである。

4.「神」の問題ふたたび

　とはいえ，明治元訳に対しては批判も多く寄せられた。訳文のできばえに対する不満や，日本人主導のもとで翻訳するべきだとの意見，さらには聖書神学・解釈学の専門家による誤訳の指摘等，さまざまな立場からの批判があった。ここでは 1 つの訳語に絞って翻訳の困難と意義を考えたい。すなわち「神」の一語である。

　のちに歴史学者・思想史家として名をなす津田左右吉（そうきち）の若いころの日記（1903 年 1 月 28 日）に，明治元訳の読者が覚えた失望を示す興味深い一節がある。新約聖書を一読しての津田の評価は，「聖書の訳筆ばかり拙きはあらじ」と否定的である。「いかにしても，基督（キリスト）に対する褐仰

13)　加納孝代「翻訳文学としての聖書　旧約聖書「雅歌」第二章にみられる相聞」亀井俊介編（1994）『近代日本の翻訳文化』中央公論社，p. 65。「佳耦」（「すぐれた伴侶」の意味）という訳語の選択等，細部の分析は同論文を参照のこと。
14)　舶来の概念としての「恋愛」の流行において，プロテスタントが重要な役割を演じたことについては，柳父章（1982）『翻訳語成立事情』岩波新書，p. 100。
15)　上田敏の評言，「細心精緻の学風」「帝国文学」2-8，1896 年 8 月 10 日。『明治文学全集　38　上田敏』（1965）筑摩書房，p. 147。

20

の念を起こすを得ず、またかれによりて神に通ずるここちはせざるなり」。津田にとって大きな問題はまさに「神」の語にあった。

　「神」といふ語をききて心に感ずるところは God という文字を見て感ずるところと甚だ同じからず、「主なる神」といへばほとんど何等の感をも与へざるに、God the Lord といへばおのづから一種敬虔の情を起こさざるを得ず、こはわが国語に God といふ語の意義あるものなく、「神」といふ意の God と同じからざるにより、またわが国民が歴史的に God といふ観念を有せざるによるべし、基督教を宣布せんとするものは、何故にこの異なれる意義を有する「神」の語を以て God の意をあらはさんとするか[16]。

　「神」はそもそも、人間を超越した能力をもつものや、人知では計り知れない働きをさしていう大和言葉「かみ」を、漢字「神(しん)」を借りて表したものだ。すでに中国語訳聖書において、God をどう訳すべきか、「上帝」がいいのか、あるいは「神」かと一大論争が繰り広げられていた[17]。その結果、優位を得たのがブリッジマン、カルパートン訳の「神」であり、同訳を参照したヘボンらの明治元訳もまた「神」を採用した。
　だが日本の「神」は本来、複数形――八百万(やおろず)の神――であった。日本人は「かみ」を「人間や鳥獣、山川草木、海、大地などあらゆる対象[18]」に認め、方々に神々が祀られ、信仰の対象としてきた。内村鑑三の『余は如何にして基督信徒となりし乎』には、子供時代、そうした地元の神々に毎日のようにお参りしなければならないのがいかに煩わしく、面倒だったかが記されている。それがキリスト教信仰の道に入り、たった一人の God に信仰を注げばよいということになったとき、どれほどすっきりした気分を味わったか。「それほどに一つの神という観念

16)『津田左右吉全集』第26巻（1965）岩波書店、p. 132。
17) その経緯は柳父章（2001）『ゴッドは神か上帝か』岩波現代文庫に詳しい。
18)『岩波キリスト教辞典』p. 229,「神」の項目（執筆・黒住真）。黒住によればカトリックでは「神」の訳に「天主」が用いられたが、戦後「神」に統一された。

は感激的（インスパイヤリング）であった[19]」と，内村は実感をこめて回想している。

　日本古来の信仰とキリスト教信仰に大きな違いがあるとしたら，その対象を同じ「神」の語で指し示すのは好ましくないだろう。プロテスタントによる伝道の歴史を書いたリッターによれば，「神とか神子と言えば彼ら［＝日本人］の無数の神々や神々の子孫というふうに考える」。ゆえに God の訳語として「神」を用いることは避けるべきだった（海老澤『日本の聖書』p. 220）。事実，そうした不整合は翻訳刊行当初から強く意識されていた。ブラウンのもとで学び，牧師・教会史家となった山本秀煌（ひでてる）の回想にはこうある。山本はキリスト教のことなど知らない子ども時代，「神といふものは，つまらぬものだ」と思っていた。「教養のない愚夫愚婦人の玩弄物としか思はれなかつた」。そんな記憶ゆえに，キリスト教の牧師として説教で「神」という言葉を用いざるをえない立場になったとき，「気恥ずかしく思へて，一生懸命になれなかつたし，聴衆からは無意味の冷笑をあびせかけられる様な感じがした」という（山本秀煌「伝道の草分」1930 年，鈴木『聖書の日本語』p. 204）。

　だが今日のわれわれにとって，内村や山本の言葉を実感することはむずかしい。八百万の神々に対する礼拝はわれわれの日常から遠ざかった。逆にキリスト教的な「神」の概念は，いちおうは共有されている。こうしたなりゆきは，翻訳という営みをめぐって2つの事実を示唆する。

　第一に，ある言語から別の言語への翻訳に際し，等価値の単語が見つかるという保証はいささかもないということだ。God と「神」のあいだには，本来は還元不可能な差異が横たわっていたのであり，キリスト教宣教師と日本人が出会ったとき以来，多くの人びとがそのことを痛感させられてきた。

　ところが第二に，それにもかかわらず翻訳は，結果として成り立ったのである。「神」の語は，日本古来の「かみ」概念を引き継ぎつつ，God の概念と結び合わされ，まったく異質な両者を包摂するに至った。

19) 内村鑑三／鈴木俊郎訳（2012）『余は如何にして基督信徒となりし乎』岩波文庫，p. 26。同書の英文による原著初版は 1895 年刊。

「神」はもちろん God とイコールではないだろう。しかしながら，翻訳論の研究者が述べるとおり，明白な「ずれ」を含みつつ，なおも「現実に翻訳は存在し，異言語間のコミュニケーション行為は遂行されている[20]」のだ。

5. 21 世紀，新たな出会いに向けて

　翻訳が存在し，教えの内容がある程度は知識として共有されたとしても，だからといってわれわれはキリスト教を本当に理解しているのか。よく指摘されるとおり，日本におけるキリスト教信者はごく少数に留まり続けている。文化庁『宗教年鑑』の令和 2 年（2020 年）版によれば，わが国の宗教信者数のうちキリスト教系が占める割合は 1.0 ％である[21]。この割合はおそらく数十年来，ほとんど変わっていない。

　信仰はないのに，クリスマスやバレンタインデーは熱心に取り入れ，十字架のペンダントを身につけたり，教会でのウェディングに憧れたりする。そして聖書は大変な発行部数を誇っている。それは「明治このかたどんな出版物もおよばない発行部数」であり，「その多さはアメリカとイギリスについで世界で三番目」だと宗教史学者の菊池章太はいう[22]。

　菊池によれば，安土桃山時代のイエズス会宣教師フランチェスコ・パジオの書簡には，日本人が信者でもないのにロザリオを胸につけたり，十字架を下げたりしている様子が報告されている。そんな表面的な「西洋かぶれ」から，われわれは抜け出せないままなのか？

　だが実際には，聖書理解のための着実で真摯な学術的努力が，明治以来たゆまず積み重ねられている。そのことを決して過小評価するべきではない。社会全体として異文化に帰依するのではなくとも，異文化への

20）長沼美香子「翻訳研究における「等価」言説」「通訳翻訳研究」第 13 号，2013 年。http://jaits.jpn.org/home/kaishi2013/02_naganuma.pdf
21）文化庁編『宗教年鑑　令和 2 年版』2020 年 12 月 28 日発行，p. 35。https://www.bunka.go.jp/tokei_hakusho_shuppan/hakusho_nenjihokokusho/shukyo_nenkan/pdf/r02nenkan.pdf
22）菊池章太（2015）『日本人とキリスト教の奇妙な関係』角川新書，p. 14。

敬意と関心を保ち，そこから自らにとっての刺激を受け取り続ける。それが日本という国の特質であり美点でもあることはまちがいない。明治元訳以降の聖書翻訳の歩みを概観して，そのことを確認しておこう。

　重要な一歩となったのが，1917（大正6）年の『改訳　新約聖書』刊行である（このとき，旧約は明治元訳が引き継がれた）。改訳にあたっては平田篤胤門下の国学者にしてプロテスタントの宣教師，松山高吉など，日本人学者が中心的役割を果たした。「国文学の素養が聖書の翻訳に活用され」（鈴木『聖書の日本語』p. 125），その結果生まれた格調高く流麗な文体が好評を博す。以後，大正改訳版は「文語訳」ないし「大正訳」と称されて広く愛読され，日本語の富の一部をなすに至った。実際，これを開いてみるならば，「幸福なるかな，心の貧しき者。天国はその人のものなり」（マタイ5・3），「求めよ，然らば与へられん」（同7・7），「殺すなかれ」「姦淫するなかれ」「汝の父と母とを敬へ」（マルコ10・19）といった表現と次々に出会う[23]。日本人にとっておなじみのものとなった言い回しが，大正期の「文語訳」には多く含まれている。

　だが，文語ゆえのとっつきにくさを感じる読者ももちろんいるはずだ。「己の如く汝の隣を愛すべし」（マタイ19・19）よりは，現行の聖書の「隣人を自分のように愛しなさい」（聖書協会共同訳，以下同）のほうがわかりやすいと感じ，「なんぢらの中，罪なき者まづ石を擲て」（ヨハネ8-7）よりも，「あなたがたの中で罪を犯したことのないものが，まず，この女に石を投げなさい」のほうが，あるいはまた「直ちに彼の目より鱗のごときもの落ちて」（使徒9-18）よりも，「たちまち目からうろこのようなものが落ち」のほうがわかりやすいと感じる人が，今日では多数派になっているのではないか。

　その原因は大正以降，日本語の書き言葉に生じた巨大な変化にある。文語体から口語体へのシフトである。すでに1904（明治37）年，国定教科書では口語体が多く用いられていたが，第2次世界大戦後の1946年，公用文はすべて口語体を採用することになった。「新かなづかい」

23）引用は『文語訳新約聖書　詩篇付』（2014）岩波文庫による。

への移行や当用漢字の制限といった国語国字改革のもと，文語体はアクチュアリティを失い，口語体が急速に一般化していった。その結果，日本語は聖書と新たに出会い直す必要が生じたのである。

　ここでもまた，翻訳は歴史の流れの中で姿を変えていくこと，翻訳の表現は社会的な価値観の変動とともに推移していくことが浮き彫りになる[24]。

　第2次世界大戦後，日本語訳の聖書はもっぱら口語訳による新訳，改訳の道をたどっていく。その動きを支えたのは，明治からの翻訳活動の流れを引きつぐ日本聖書協会である。同協会により，1954年から翌年にかけて新約・旧約聖書の口語訳が刊行されたのち，1978年には日本のキリスト教史上初めて，カトリック，プロテスタントの協力による『新約聖書　共同訳』が刊行された。これは世界的に両者の共同翻訳が推進されつつあった潮流に掉さすものだった。しかし，カトリックの「イエズス」，プロテスタントの「イエス」，そしてロシア正教会の「イイスス」のそれぞれに配慮したあげく，「イエスス」なる馴染みのない表記を採用し，多くの批判を浴びた。そこでさらなる改訳の必要が生じ，1987年，「新共同訳」と銘打たれた新約・旧約の翻訳が刊行された。明治元訳の完成からちょうど100年後のことだった。

　そして今世紀。2018年，日本聖書協会は旧約・新約聖書の最新の訳を「聖書協会共同訳」として上梓した。帯の惹句には「31年ぶり，0（ゼロ）から翻訳」とある。先に，ヨハネ福音書の冒頭，および「隣人を自分のように愛しなさい」等の例文をこの新訳から引用した。

　21世紀における聖書翻訳の姿を示すべきこのたびの新訳は，「序文」によればのべ148人が協力し，翻訳者委員会を7年間にわたり約150回も開催して遂行された一大事業である。出来栄えについては，今後徐々に評価が定まっていくことだろう。すでに話題になっているのは，旧約

24）聖書の本文自体も聖書学の進展とともに揺れ動いている。旧約にせよ新約にせよ，原典は遥か昔に失われており，聖書学者は無数の差異を示す写本の山と格闘しながら，あるべき聖書の姿を想像＝創造し直していかなければならない（バート・D・アーマン／松田和也訳（2019）『書き換えられた聖書』ちくま学芸文庫）。たえざる新訳の動きはそうした聖書学の進展を反映するものでもある。

のレビ記13章等に見える重大な病気についての記述である。明治元訳での「癩病(らいびやう)の患處(くわんしよ)」が不適切であると判断し，新共同訳では「重い皮膚病(おも)(ひ)(ふびよう)」と言い換えられていた。それが今回の訳では「規定(きてい)の病(やまい)」という一見，不思議な訳になっている。「重い皮膚病」が差別的に響くことへの配慮から「律法で規定された病」の意味でこの表現が選ばれたのである。

　あるいは「兄弟」が「きょうだい」と平仮名表記されていることも注意を引く。「コリントの信徒への手紙」で，文語訳では「兄弟(きやうだい)よ」，新共同訳では「兄弟(きようだい)たち」となっていた呼びかけが「きょうだいたち」に変えられている。女性を含まない漢字表現が，ジェンダー的観点から避けられたのだ[25]。いずれも，やや不自然な訳語表記から，現代社会における差別・被差別の意識と，聖書におけるそれとの隔たりが浮かび上がる。

　理論的には，今回の翻訳は「スコポス理論」を採用したと「序文」に明記されている。スコポス理論[26]とは翻訳に際し読者を主眼に置き，原文との等価性よりも読者にとっての訳文の適切性に配慮する翻訳のあり方である（スコポスはギリシア語で「目的」「目標」の意味）。このたびの「共同訳」聖書の場合は「教会での礼拝における使用」を主目標とし，「礼拝での朗読にふさわしい，格調高く美しい日本語訳」をめざしたことが「序文」に謳われている。

　その点について，今回の新訳全体の取りまとめ役を務めた日本聖書協会翻訳部主事補・島先克臣はインタビューで，比較対象として意識にあったのは明治・大正の文語訳だったと語っている。「原語に忠実であることを目指しながらも，そこまでの逐語訳ではないわけです。逐語訳に近いけれども，同時に日本語としての美しさも追及しているわけで

25)「規定の病」に対しては聖書に含まれる差別的部分を隠すべきではないという意見，「きょうだい」に対しては「兄弟愛」は漢字で「きょうだいを愛し」はひらがなという不整合を突く指摘がなされている。辻学「新しくなれなかった新翻訳」「福音と世界」2019年7月,「特集『聖書　聖書協会共同訳』を読む」pp. 14-15.
26) ライス，フェアメーア／井原紀子・田辺希久子訳（2019）『スコポス理論とテクストタイプ別翻訳理論』晃洋書房を参照のこと。

す[27)]」。

　興味深い発言である。文語訳はもはや「礼拝における使用」に適さず，現代にふさわしい「日本語としての美しさ」から遠いと考えられているのだ。

　これは大きな認識の変化であり，重要な態度決定である。口語訳はわかりやすいにせよ，説明的でしまりがなく，「格調高く美しい」とはいかない。それに対し文語訳こそが朗読に堪える，崇高な美を備えているというのが，長らく有力な文化人や文学者たちの説くところだった[28)]。平安時代以来，千年以上の時をかけて熟成された文語表現は堂々たる迫力と香気を備えている。文語訳が古典としてなお存在感を放っているのは事実だろう。しかし，口語表現にシフトして久しい日本語の現実を見据える必要もある。やわらかくやさしい口語による聖書翻訳を熟成させていく 21 世紀の作業は，まだ始まったばかりなのである。

　はるか昔のキリスト教と日本人の出会いの光景が，改めて思い起こされる。『どちりな　きりしたん』やギュツラフ訳が示していた，あくまで日常の言葉に即した翻訳の面白さを，今後さらに開拓していく余地もあるのではないか[29)]。

　ザビエルの渡来から，500 年近くの時が流れた。日本での聖書翻訳の歩みは，異文化との出会いがより精確な理解をめざしての，たえざる接近にほかならないこと，その理解とはたえず揺れ動き，更新されていくものであることを教えてくれる。

　聖書翻訳の歴史をひもとくとき，聖書という「他者」は，澄んだ鏡の

27）島先克臣「『聖書協会共同訳』完成への道のり」「舟の右側」2019 年 1 月号，p. 17。
28）熱烈な文語擁護，口語批判の代表は丸谷才一（2011）『完本　日本語のために』新潮文庫，および山本夏彦（2003）『完本　文語文』文春文庫。佐藤研「文語訳聖書に将来はあるか？」『新日本古典文学大系　明治編』月報，2001 年，pp. 1-3 は，あえて今日における文語訳の可能性を提起している。
29）気仙沼方言で福音書をギリシア語から翻訳し直した山浦玄嗣（はるつぐ）の仕事は，先駆的にして興味深い先祖返りの一例である。「初めにあったのぁ　神様の思いだった。思いが　神様の胸にあった。その思いごそぁ　神様そのもの。初めの　初めに　神様の胸の内にあったもの」山浦玄嗣訳（2004）『ケセン語訳新約聖書　ヨハネによる福音書』イー・ピックス出版。

おもてのように，日本語という「自己」の変貌をまざまざと映し出して
くれるのだ。

発展的課題

1. 『どちりな　きりしたん』を読んで，キリスト教の教義を説くにあ
   たり宣教師がどんな点に苦労しているかを考えてみよう。
2. 文語訳聖書と口語訳聖書を比べてみて，それぞれの表現の特徴を考
   えてみよう。
3. 2018 年に出た最新の聖書翻訳には，どのような工夫が凝らされて
   いるか考えてみよう。

引用文献

- ウィリアム・バンガード／上智大学中世思想研究所監修（2018）『イエズス会の歴史』上，中公文庫
- 海老沢有道校註（2019）『長崎版　どちりな　きりしたん』岩波文庫
- 土居忠生ほか編訳（1980）『邦訳　日葡辞書』岩波書店
- 大貫隆・名取四郎・宮本久雄・百瀬史晃編集（2002）『岩波キリスト教辞典』岩波書店
- 海老澤有道（1989）『日本の聖書　聖書和訳の歴史』講談社学術文庫
- 鈴木範久（2006）『聖書の日本語　翻訳の歴史』岩波書店
- 聖書協会共同訳（2018）『聖書』日本聖書協会
- ギュツラフ訳『約翰福音之伝』シンガポール，1837 年版
- 高谷道男編訳（1959）『ヘボン書簡集』岩波書店
- 明治翻訳委員社中訳（1880）『新約聖書』
- 『新日本古典文学大系　明治編』第 12 巻（2001）「新体詩・聖書・讃美歌集」岩波書店
- 加納孝代「翻訳文学としての聖書——旧約聖書「雅歌」第二章にみられる相聞」亀井俊介編（1994）『近代日本の翻訳文化』中央公論社，pp. 53-78。
- 柳父章（1982）『翻訳語成立事情』岩波新書
- 『津田左右吉全集』第 26 巻（1965），岩波書店
- 柳父章（2001）『ゴッドは神か上帝か』岩波現代文庫
- 内村鑑三／鈴木俊郎訳（2012）『余は如何にして基督信徒となりし乎』岩波文庫
- 菊池章太（2015）『日本人とキリスト教の奇妙な関係』角川新書
- 辻学「新しくなれなかった新翻訳」「福音と世界」2019 年 7 月，「特集『聖書　聖書協会共同訳』を読む」pp. 14-15。
- 島先克臣「『聖書協会共同訳』完成への道のり」（聞き手・谷口和一郎），「舟の右側」2019 年 1 月号，pp. 17-20。
- 山浦玄嗣訳（2004）『ケセン語訳新約聖書　ヨハネによる福音書』イー・ピックス出版
- 吉野政治（2020）『明治元訳聖書成立攷』和泉書院

2 | 外国文学とのつきあい方
──大江健三郎の場合

野崎　歓

《**本章の目標＆ポイント**》　日本の近代文学は外国文学，とりわけ欧米の文学を受容するプロセスをとおして育まれてきた。この章では，外国文学に深く学び，自らの創造の糧とし続けた大江健三郎に注目する。大江における外国文学とのつきあい方はどういうものか，それが実作にどう生かされてきたのかを検討し，読書や翻訳のもつ創造的な側面を理解する。
《**キーワード**》　翻訳文学，翻訳と実作，詩と小説

1. 日本近代文学と翻訳

　明治期のいわゆる文明開化とともに，日本の文学には大きな変化が生じた。平安朝以来，日本の高尚な文化，つまり「書き言葉」による文化を支えてきたのは，中国を手本とする「漢文」であった。それが西洋との出会いとともに一変し，欧米の言葉と文化が追随するべきモデルとされるようになる。文学においても，夏目漱石や森鴎外のように，ヨーロッパに留学して彼の地の言語，学問に習熟した作家が大きな影響力を及ぼした。

　翻訳家としても瞠目すべき業績を残した鴎外を始めとして，フランスの詩や小説の翻訳者としてデビューした永井荷風や，ボードレールの散文詩の翻訳を試みた谷崎潤一郎から，人気作家となってからも毎年のようにアメリカ小説の翻訳を刊行し続ける村上春樹に至るまで，翻訳家が小説家になるケースや，作家が翻訳にも手を染めるケースは枚挙に暇がない。

　言うまでもなく翻訳は，原作に対する深く緻密な理解を必要とする。こうした文学者たちによる翻訳の営みは，日本文学が熱心に欧米文学に学び，学び取った事柄を創作のための栄養分としてきたことを示してい

る。そうしたプロセスがなかったならば，日本の文学はいま，われわれが知るような姿を取っていなかったのではないかとさえ思える。

　アジアの他の国々と比べ，日本はいち早く，「国民文学」と呼ばれるような文学的成果を持ち得た。その背景を考察して水村美苗は，日本語が開国と同時にすばやく「国語」への変身を遂げ得たことの重要性を指摘する。

　　　重要なのは（……）日本人が，西洋語という〈普遍語〉をよく読みながらも，〈普遍語〉では書かず，日本語という〈国語〉で書いたという点にある。それによって，かれらは翻訳を通じて新しい〈自分たちの言葉〉としての日本語を生んでいった。そして，その新しい日本語こそが〈国語〉——同時代の世界の人々と同じ認識を共有して読み書きする，〈世界性〉をもった〈国語〉へとなっていったのである。
　　　そしてその〈国語〉こそが，日本近代文学を可能にしたのであった[1]。

　西洋の言葉に合わせて自国語を作り変えながら，その自国語を表現の手段として鍛え，充実させることで日本近代文学の土台が築かれたのである。

　そうした伝統の申し子というべき一人が大江健三郎である。ノーベル文学賞受賞が決まった直後の講演で，彼は外国文学との関係という観点から日本文学を「三つのライン」に整理している。第一は「世界から孤立」した，世界性を目指さない立場で，川端康成がその代表と目される。第二は「世界の文学からまなんだ者たちの文学」である。ヨーロッパやロシアの文学に学び，「その上で，独自の経験に立って日本文学をつくった。世界文学からまなんで，日本文学をつくって，できることならば世界文学に向かってフィードバックしたい[2]」。そうした願いを抱く作家

1）水村美苗（2008）『日本語が滅びるとき　英語の世紀の中で』筑摩書房，p. 200。

たちのグループであり，大岡昇平や安部公房によって代表される。「このラインの後尾に私の文学がある」と大江は自らの位置を定めている。

　世界文学に学び，日本文学を創る。それを大江は，外国文学とどのようにつきあうことで実践してきたのか。以下に跡づけてみよう。

2. 学生作家としての大江健三郎

　大江健三郎は 1935 年，愛媛県喜多郡大瀬村（現内子町）に生まれた。のちに繰り返し作中に描かれることになる森に囲まれた谷間の村で，大江は日本および外国の文学に熱心に読みふけった。高校時代に渡辺一夫の著書『フランス・ルネサンス断章』（1950 年）を読んで感銘を受けた大江は，渡辺が教える東京大学文学部仏文科への進学を希望し，その願いを果たす。教養学部を経て 1956 年，文学部仏文科に進学。翌年，「奇妙な仕事」（「東京大学新聞」1957 年 5 月 22 日号）および「死者の奢り」（「文學界」同年 8 月号）の二篇で一躍注目を集め，翌年には「飼育」（「文學界」1958 年 1 月号）で芥川賞を受賞。1959 年に東大を卒業すると，そのまま職業的な作家としてのキャリアを歩み始め，現在に至っている。

　在学時のフランス語学習や原書購読の思い出は，大江の作品にたびたび記されている。東大仏文出身の文学者としては，たとえば太宰治や小林秀雄といった名前がすぐに思い浮かぶ。彼らがほとんど講義に出ることなく，大学に寄りつかない学生だったのに比べると，大江はすこぶる真面目な勉強家であり，教員の指導に素直に従う学生だったようだ。

　「フランス文学科への進学がきまってすぐのオリエンテーション」で，前田陽一教授から「きみたちフランス語をやる人間は，もうこの言葉の文学を翻訳で読むことはやめよ」という話がなされた。「私はそれにしたがい，同時に，英語の文学についてもそうしたから，本郷に進学して

---

2) 大江健三郎（1995）「世界文学は日本文学たりうるか？」『あいまいな日本の私』岩波新書，p. 209。なお第三のラインは「世界全体のサブカルチュアがひとつになった時代の，まことにティピカルな作家たち」，具体的には「村上春樹，吉本ばななライン」とされている。

からの，留年も含めた三年間が，私にとって生まれてから翻訳文学を読んだ数のもっとも少ない時期である[3]」と大江は述懐している。

とすると，大江はもっぱらフランス語の原書購読に励むかたわら，小説家をめざして実作を試みたということだろうか。しかしそこには翻訳文学も関係していた。大江の傾倒する渡辺一夫が，他の仏文学者たちとの共訳で出したピエール・ガスカール著『けものたち・死者の時』という翻訳書が，重要な役割を果たしていたのである。

先に題名を上げた「死者の奢り」は，まだ文学部の学生だった大江が，初めて文芸誌から注文を受けて「気負いたって応じ」た一編だった。執筆時を回想して，大江はこう述べている。「自分がそれまで日本の戦後文学やアメリカ，フランスの小説の翻訳や原テキストを読みかさねてきて，このような書き方が現在の小説だと信じているままに『死者の奢り』を書いて送ったのだが……[4]」

ここで述べられている「翻訳や原テキストを読みかさね」るようなやり方は，大江における外国文学とのつきあい方として注目に値する。「死者の奢り」の場合，それが大江独自の文体の創造につながっていたことが見て取れるのだ。

ピエール・ガスカール（Pierre Gascar, 1916-97年）は，高校卒業後さまざまな職業についたのち，第2次大戦時に徴兵され，ドイツ軍の捕虜となった。二度にわたり脱走を企てて失敗し，ポーランド東端（現在はウクライナ）のラーヴァ・ルーシカの収容所に送られた。そこで強制労働に従事した経験に取材した小説が『死者の時』である。同収容所の北西30キロにはベウジェツ絶滅収容所があり，ガスカールはユダヤ人たちがそこに送り込まれる様子をしばしば目撃した。そうした体験を素材とした小説が『死者の時』である。冒頭を読んでみよう。

　　死んでしまったからといって，死者たちはそう簡単に時の流れから解放されはしない。彼らの残した想い出があるからというだけで

3）大江健三郎（1998）（『私という小説家の作り方』新潮文庫，p. 40。
4）同書，p. 52。

はなく，彼ら自身，季節の環のなかへ入りこむからだ。そのリズム
は，ほとんど判らないのだが，どちらかといえば三拍子になってい
て，いずれにせよかなり緩慢で，遠い間をおいては振動と休止とが
繰返され，死者たちは大きな車輪に釘付けにされたまま，暫くの間
止まり，ついで重さを増して低く下降しては，また身も軽やかに上
昇するのだが，彼らはやがて，記憶の地平線の遥か彼方に，骨ばっ
た太陽の光線，季節の車輪の輻になってしまう[5]。

　続けて読むうちにわかるのだが，主人公は収容所で，死者のための墓
を掘る役割を担わされている。物語は夏から秋，冬へという季節の移り
変わりとともに進展するのだが，この冒頭部では埋葬された者たちが季
節とともに大きな回転運動を描き出し，やがて遠く旅立っていくかのよ
うに描かれている。ガスカールの文体が，幻想的な味わいを帯びた，詩
的な性格をもつことがこの数行からもよくわかる。
　1955年，仏文科に進学する前年に出たこの翻訳を，大江はこれから
渡辺一夫のもとで学ぶことへの期待に胸を膨らませながら直ちに手に
取ったと思われる[6]。「死者の奢り」にはその影響がまざまざと刻まれ
ている。「死者の奢り」の冒頭は以下のとおりだ。舞台は「大学病院」
の「死体処理室」である。

　　死者たちは，濃褐色の液に浸って，腕を絡みあい，頭を押しつけ
　あって，ぎっしり浮かび，また半ば沈みかかっている。彼らは淡い
　褐色の柔軟な皮膚に包まれて，堅固な，馴じみにくい独立感を持ち，
　おのおの自分の内部に向かって凝縮しながら，しかし執拗に体をす
　りつけあっている。（……）

---

5)　ピエール・ガスカール／渡辺一夫・佐藤朔・二宮敬訳（2007）『けものたち・死
者の時』岩波文庫（最初に岩波書店から単行本として刊行されたのは1955年）。
6)　「あのすごい本を書いた先生が本郷［＝東京大学本郷キャンパスの文学部］にい
られて，この小説も訳されたのだ」と思いガスカールの訳書を「私はすぐに買いま
した」。大江健三郎（2007）『読む人間』集英社，p. 63。

　死者たちは，厚ぼったく重い声で囁《ささや》きつづけ，それらの数かず
の声は交じりあって聞きとりにくい。（……）ざわめきは苛立たし
い緩慢さで盛り上がり，低まり，また急にひっそりする。死者たち
の一人が，ゆっくり体を回転させ，肩から液の深みへ沈みこんで行
く。硬直した腕だけが暫く液の表面から差し出されており，それか
ら再び彼は静かに浮かびあがって来る[7]。

　「死者たち」という主語や，死んだ人間がなお別種の存在を続けてい
るという空想，そして「緩慢」さの印象や回転する運動のイメージなど，
いくつかの要素をガスカールから大江が受け取り，引きついでいること
が見て取れる。死者たちに関して現在形で記述する姿勢も両者に共通す
る。大江はガスカール作品の翻訳から大きなヒントを得た。

　とはいえ，大江における「濃褐色の液」に浸った「死者たち」の姿に
は，ガスカールよりはるかに即物的ななまなましさがある。「死者たち」
の「馴じみにくい独立感」がもたらす異様な手ごたえにおいて，ガス
カールの比喩的な描写をしのぐ独自性が感じられるのだ。以下，死体処
理室でアルバイトをする学生たちの物語が綴られていくが，それを綴る
文章自体に，若き作家がすでにして獲得しつつある文体上の強固な「独
立感」を認めることができる。

　大江の文学の難解さがうんぬんされる際にはしばしば，文章が翻訳調
で読みにくいという批判がなされてきた。大江自身，「翻訳のサル真似
という，よくなされた悪評[8]」に言及している。「死者の時」と「死者
の奢り」を読み比べてみるなら，表現上の類似にもとづく安易な批判を
受けつけないだけの強靭な文体と主題の練り上げを「死者の奢り」に認
めることができる。ガスカールは「僕」を主語として，死者の存在に
とりつかれた自らの収容所体験を描き出した。大江もまた「僕」を主語と

7）『大江健三郎自選短篇』（2014）岩波文庫，pp. 31-32。
8）大江健三郎『私という小説家の作り方』p. 83。さらにのちの『大江健三郎　作
家自身を語る』（新潮社，2007年）では「いま読んでみると，もうガスカールその
もの」と振り返っている。「そのかわり，当時意識していなかったけれどいまに続
いているオリジナルなところも見出します。」新潮文庫版，2013年，p. 57。

し，敗戦後の日本における「虚無的」な色彩の濃い青春のありさまに鮮烈な形象を与えた。外国文学の影響下にありつつ，独立した価値を持つ文学の可能性を切り拓くこと——日本近代文学が誕生と同時に抱え込んだそうした条件を，大江健三郎も出発時から引き受け，翻訳文学の刺激のもと，新たな日本語による表現に挑んだのである。

3.　三角形の磁場

　ガスカールの読書から自らの創作へ，そのプロセスは，より具体的にはどういうものだったのか。大江自身の回想によれば，研究室にあったガスカールの原書を借りたいと言い出せないまま（「まだ進学したばかりですから，それを下宿に持って帰りたいと言いにくい」），ノートに書き写し，「一ページ写すとその一ページを，訳された翻訳書と比べてみるという細切れの仕方で，私は勉強しました[9]」。そのノートが今なお作家の手元にあるという。たとえば『けものたち』には，第 2 次大戦が始まったとき，これからフランス国民は運命をともにするのだと主人公がふるい立つ場面がある。そこで翻訳では「この宏大な共生感」という表現が使われている。原書と付きあわせて，大江はそれが cette immense communion となっているのを知る。「研究室から持ち出した大きい辞書」を引くと communion の項目には「一致，共同，一体性」という意味が示され，それからカトリック用語としての用法（「ミサの交わりの儀」）が説明されていた。つまり「共生感」という表現が辞書にそのままのっているわけではなく，訳者による工夫が凝らされていた。「このようにして言葉，表現を作ってゆくのが先生の翻訳だ，と私は理解しました。」共生という言葉は当時けっして一般的ではなく，大江によれば，かなりの年月がたってから流行り出したのだという。

　もちろんガスカール原文の cette immense communion については，別様の訳の可能性もある[10]。しかしここで重要なのは，「宏大な共生感」

---

9) 大江健三郎『読む人間』，前掲書，p. 63。
10)「宏大」という文字づかいも「共生感」という言葉もやや見慣れない感を与える現在，ごく単純に仏文和訳するとしたら「巨大な一体感」とでもなるだろう。

という訳語が「じつに見事」であると若き大江を奮い立たせたこと，そ
してフランス語と日本語のあいだのそうした響きあいが，大江を創作へ
向けて促す原動力にさえなったことである。ガスカールの小説では，「共
生感」に鼓舞されたのも束の間，その感覚はたちまち潰え，主人公は深
刻な孤独に突き落とされる。その対比をもたらす上でも，「共生感」と
いう目新しい訳語が鮮やかに効いていると大江は判断したのである。
「私は，これだと思いました。このやり方で自分も小説を書いてみよう
と思ったのです[11]。」

　ところで，原書を自らの手で書き写し，さらに訳文と引き比べながら
納得のいくまで吟味して読むというやり方を大江が編み出したのは，大
学に入学してからではなかった。高校時代，エドガー・アラン・ポー
（Edgar Allan Poe，1809-49 年）の詩と出会ったときからすでに，そう
した周到な読み方を実践していたのである。詩人・日夏耿之介の翻訳に
導かれてのことだった。

　　　日夏先生の『ポオ詩集』を高校生の時，アメリカ文化センターで原
　　　詩を書き写して，並べてよく読んだんですよ。「ユウラリウム」と
　　　か，「アナベル・リイ」とか，原詩の思いがけずやさしいリズムと
　　　日本語の古風なリズムとが響き合って，読んで眠ろうとするとどん
　　　どん体の中によみがえってくるくらい，何度も何度も読んで影響を
　　　受けました。その詩集はいまも持っています。読み返すと，自分が
　　　それにどんなにまいっていたかを思い出します。いまでも自分の言
　　　葉に，それが影響しているようにすら思いますね[12]。

　「影響」を語る言葉が誇張ではないことは，このインタビューと同年
に発表された長編小説『﨟たしアナベル・リイ　総毛立ちつ身まかり
つ』が雄弁に示している。表題はのちに『美しいアナベル・リイ』に変

11）同書，p. 69。なお「宏大な共生感」という表現は『われらの時代』（1959）を
はじめ，大江の多くの作品で用いられている。
12）『大江健三郎　作家自身を語る』，前掲書，p. 242。

更されたが，もともと日夏の文語体による翻訳の引用である。「臈たし
アナベル・リイ」にあたる部分は原詩では単に「the beautiful Annabel
Lee」。確かに翻訳のほうがはるかに「古風」にして難解であり，原詩
の「やさしいリズム」から独立した詩境を開拓している。高校生の大江
は，原文と翻訳のあいだの隔たりをのぞき込み，いっそう日夏訳に眩惑
されたのだろう。そしてはるか後年，その体験から幻影のように浮かび
上がった，「アナベル・リイ」に擬すべきヒロインの物語を小説に紡い
だのである。

　このように，ポオやガスカールの読書体験を経て，大江は若くして自
分なりの外国文学とのつきあい方を確立した。その要点が，複数言語の
あいだで「三角形」を描くような感覚にあることを，大江は折にふれ強
調している。34歳のときに発表したエッセー「言葉が拒絶する」（1969
年）では次のような説明がなされていた。

　　僕は自分の国の言葉と，アメリカの word，フランスの mot を，あ
　　るいは，強くひきあう（または反撥する）二点として，そのあいだ
　　にはりめぐらされた緊張にふるえる糸を必要としたのである。ある
　　いは，たがいにはっきりと自己を主張しあう三点のあいだにかたち
　　づくられた，三角形の磁場に自分自身をおくことを期待したのであ
　　る[13]。

　そうやって「外国語と自分の国の言葉とのあいだの，緊張した糸」が
張り渡されたときに「外国語の文体から，自分の日本語の文体にたいす
る喚起的なエネルギーを直接にうけとることがある」と大江は述べる。
外国語に弾き返されながらも「性こりなくたちむかうことの抵抗感覚」
が，創造に向かうための刺激を与えてくれるというのだ。
　「言葉が拒絶する」の38年後に刊行された『読む人間』では，より一
般的な読書人向けの提言として，まず翻訳を読み，「よく頭に入らない

13）大江健三郎（1970）『壊れものとしての人間』講談社。引用は講談社文芸文庫，
1993年，p. 45。mot はフランス語で「言葉」の意味。

と感じたところ」は原書にあたり，辞書を引きながら「自分で読みとる努力」をするのがいいと語っている。さらに5年後の『定義集』では，「翻訳と辞書を左右に，真ん中に原書を置いて一冊読み終わっての，頭だけじゃなく全身運動をやりとげた爽快感！」を強調している。訳書，原書，辞書が「三角形の磁場」を形作っているわけである。

　そうした磁場における探求の喜びと緊張に満ちた，いささか修行者的でもある読書の実践を，大江は倦むことなく，全キャリアにわたってひたすら続けたのである。外国語で書かれた本との出会いを重ねることが，自らの著作に新たな展開を与えるための条件であり続けた。その間の事情を大江は次のように振り返っている。

　　私の文学生活には翻訳を出版することはついになかったけれど，それでも，この三角形の磁場にいて，三方向から力の作用する言語活動を生きることが，小説家としての出発を準備したと思う。さらにそれよりもなお根本的に，私にはこの三角形の場が必要なのだった。あれからほぼ四十年後のいまも，毎日午前中はフランス語――あるいは英語――の本と辞書と，傍線のための色鉛筆にあわせて書き込みのための鉛筆を脇に置いて読み始める。これまではしばしばそのようにして午前中に読んだものを，午後からの小説を書く時間に数節訳してみて，それらをきっかけに小説を展開してゆくことがあった。私の作品に外国の詩人や作家，思想家からの引用が多いと批判されることがあるが，それはこういう単純な理由から生じた事態なのである[14]。

　大江が長きにわたり海外の文学に原語で親しみながら，自らの言葉を育てあげたことが改めて理解できる。翻訳的なプロセスを取り込んだうえでの創作として大江作品を考えることが可能なのだ。

---

14)『私という小説家の作り方』，前掲書，pp. 40-41。

4.　ウィリアム・ブレイクと大江健三郎

　大江自身は詩人ではなく小説家だが，彼の小説の核となる部分にはしばしば，詩が秘められている。とりわけ，外国の詩人との長く深いつきあいが重要な意味を帯びている事例が際立つ。大江は自らの親炙する詩人のテキストを真剣に読み込み，専門家たちの先行研究に学んで解釈を深める。そしてときには自らそのテキストを訳し，その翻訳を小説の言葉に溶け込ませるようにして作品を立ち上げていく。そうした読書，翻訳，創作が「三角形の磁場」をなすような例を，具体的に考察してみよう。

　才気みなぎる若手作家としてデビューした大江が，長編小説の作者としての地位を確立したのが『個人的な体験』（1964 年）によってであることは衆目の一致するところだ。1962 年，大江は一児の父となった。脳に障害のある長男・光 といかにともに生きていくかが，大江の人生上の課題となり，また文学上の重要な主題ともなった。『個人的な体験』はその第一歩をしるす作品だが，子どもの誕生直後の経験を，「鳥」とあだ名で呼ばれる主人公の姿をとおし，フィクションとして描いている。

　「鳥」は，障害のある子どもの誕生という現実から逃避をはかり，庇護を求めるかのように昔のガールフレンド，火見子のもとを訪ねる。彼女の部屋に迎え入れられた「鳥」は「赤んぼうが生まれたんだけど，すぐ死んだのさ」と嘘の説明をし，2 人は昼間からウィスキー（「ジョニイ・ウォーカー」）を呑み出す。すると火見子は「こういう詩をおぼえている？」といって「英詩の一節を呪文のようにつぶやいた」。

　Sooner murder an infant in it's cradle than nurse unacted desires……
　「赤んぼうは揺籠のなかで殺したほうがいい。まだ動きはじめない欲望を育てあげてしまうことになるよりも，というのね」
　「しかし，すべての赤ん坊を揺籠のなかで殺してしまうわけにはいかないよ」と鳥はいった。「これは誰の詩だい？ 15)」

これはイギリス・ロマン派の詩人ウィリアム・ブレイク（William Blake，1757-1827 年。『個人的な体験』中の表記では「ブレーク」）の作品『天国と地獄の結婚』（1793 年）の一節である。火見子は「鳥^{バード}」の身に起こった不幸な出来事を聞いて，学生時代に卒論で扱ったブレイクの詩を想起したのである。ブレイクは幻想的な画風の画家としても知られる。火見子の部屋には旧約聖書の「出エジプト記」をモチーフにしたブレイクの絵の複製が飾られていた。鱗に覆われたような奇怪な男の姿（「かれは悪魔なのか，神か？」）を目にしていささか怯んだ「鳥^{バード}」に対し，これは「エジプト人の長子たちをみな殺しにするためにがんばっている」「ペストの精」を描いたものだと火見子は説明する。

　こうして『個人的な体験』の中では，ブレイクはその詩および絵画作品をとおして，生まれ出た子の生命を脅かすようなメッセージを主人公にもたらす。そして主人公は実際に，障害のある赤ん坊の生命を殺めようとする一歩手前まで行くのである。

　しかしブレイクと大江の小説とのつながりは，それだけでは終わらなかった。大江は 5 年後に刊行された短編集『われらの狂気を生き延びる道を教えよ』（1969 年）の序文にあたる文章において，自分の場合，詩を読むことと小説を書くことのあいだには切っても切れない関係があると解説している。「ぼくにとって詩は，小説を書く人間である自分の肉体＝魂につきささっているトゲのように感じられる。それは燃えるトゲである[16]。」その「燃えるトゲ」に「自分の小説の言葉によって」何とか立ち向かおうとし，「内なるトゲ」を「小説の言葉にとらえなお」そうとするのが自分にとっての小説創作だというのである。そして具体的な名前として「ブレイクや，とくに深瀬基寛博士のみちびきによるオーデンの詩」が「ぼくの内部における燃えるトゲ」だと明かしている[17]。

15）大江健三郎（1995）『個人的な体験』新潮文庫，p. 68。
16）大江健三郎（2020）「なぜ詩でなく小説を書くか，というプロローグと四つの詩のごときもの」『われらの狂気を生き延びる道を教えよ』新潮文庫，p. 15。
17）『われらの狂気を生き延びる道を教えよ』という総タイトル自体，大江が愛読した深瀬基寛訳『オーデン詩集』（筑摩書房，1955 年）の最後の一篇「支那のうえに夜が落ちる」からの引用である。

　この短編集の第三部には「オーデンとブレイクの詩を核とする二つの中篇」として「狩猟で暮らしたわれらが先祖」と「父よ，あなたはどこへ行くのか」が収められている。後者は，作中で原文と訳文が引用されている，次のようなブレイクの詩と深いつながりがある。

　　Father ! father ! where are you going ? O do not walk so fast./ Speak, father, speak to your little boy./ Or else I shall be lost. お父さん！　お父さん！　あなたはどこへ行くのですか？　ああ，そんなに早く歩かないでください。話しかけてください，お父さん，さもないと僕は迷い子になってしまうでしょう[18]

　この中篇の主人公は，子どものころに死別した自らの父の「伝記」を書きたいと願いつつ，はかばかしく進捗せずにもがき苦しんでいる。大江自身と重なるところの多々ある主人公なのだが，ブレイクの引用をとおして，父なるものの庇護を求める幼児的なまでの熱望と，その不可能性とがあぶりだされる。障害のある子をもつ父でありながら，主人公は彼自身，「迷い子」のようなよるべなさを抱えた存在にほかならない。
　こうして，大江における「父と子」の主題がふくらむとともに，ブレイクの存在感が増していく。さらに14年後に刊行された短編連作『新しい人よ眼ざめよ』（1983年）に至ると，ブレイクの演じる役割は，作品集全体の支柱をなすといえるほど大きなものとなる（このタイトルおよび各章の題はいずれも，ブレイクの詩作品を典拠としている）。
　障害のある長男・光との共生は，すでに『洪水はわが魂に及び』（1973年）や『ピンチランナー調書』（1976年）といった作品のモチーフになっていた。それらの長編では奔放な想像力が発揮されていたのに対し，短編連作というスタイルを取った『新しい人よ眼ざめよ』では，いわゆる「私小説」の伝統にのっとった形で父子のあいだの出来事が綴られていく。ただし「日常生活のなかで長男・光の存在から受けた多様な『きづ

---

18)『われらの狂気を生き延びる道を教えよ』，前掲書，p. 332。

き』を，ウィリアム・ブレイクの詩と重ね合わせている[19]」点に大き
な特色がある。

　「イーヨー」という『クマのプーさん』に由来するあだ名で呼ばれる
長男は，養護学校の高校1年から2年という年ごろになっている。連作
最初の短篇「無垢の歌，経験の歌」では，仕事でヨーロッパに出かけて
いた「僕」が帰国すると，妻から，父親の留守のあいだにイーヨーの様
子が激変したことが語られる。物静かで気立ての優しい子だったイー
ヨーが，母や弟妹に暴力を振るったり，朝から晩まで大ヴォリュームで
音楽を鳴らしたりするようになったのである。そして父親が帰ってきた
ら言いつけると母に言われたイーヨーは，「**いいえ，いいえ，パパは死
んでしまいました！**」と大声で叫んだのだった。

　イーヨーの変貌の理由や言葉の真意をめぐり，読者は父である「僕」
とともにしばし頭を悩まし，心配し，考えることになる。そしてイー
ヨーがもとのような明るさ，素直さを取り戻すのかどうかが小説のかも
し出すサスペンスともなるのだ。

　そこで物語に奥行きを与えるのがブレイクの詩句である。帰国前にフ
ランクフルト駅の書店で，「僕」は「ウィリアム・ブレイク一冊本全集」
を見つけて購入し，「数年ぶりに，いや十数年ぶりに，集中してブレイ
クをよみはじめ」ていた。そこで最初に開いたページにあった詩があの
「お父さん！　お父さん！　あたなはどこへ行くのですか！」（ブレイク
「失われた少年」，『無垢の歌』所収）だったのである。

　つまり旅先で出会った英語の詩集には，それまで日々，つねに身近に
いた父親が長い旅に出てしまったときに，息子イーヨーが感じた動揺や
悲しみと通底する言葉が，それをあらかじめ「僕」に告げ知らせるかの
ように記されていたのだ。「僕」は帰国してイーヨーに再会したとき，
反抗的になった息子の眼がひどく充血し，「黄色っぽいヤニのような光
沢をあらわして生々しい」のに驚かされる。そして「発情した獣」のよ
うな淫らな何かをそこに見て取ってしまう。

19）山本昭宏（2019）『大江健三郎とその時代』人文書院，p. 251。

　だがやがてわかるのは，それは邪推というべきであり，「僕」として
はその眼に「なにより悲嘆のかたまりが露出していたこと」を読み取る
べきなのだった。それを父たる「僕」は，ブレイクの詩を「なかだち」
として認識するに至る。「流れる涙を見て　自分もまた悲しみをわけも
たずにいられるか？　子供が泣くのを見て父親は　悲しみにみたされず
にいることができるか？」（ブレイク「他者の悲しみについて」『無垢の
歌』所収）。

　このように，「僕」は子供の心をより深く「わけもつ」ための手立て
をブレイクの詩に求める。そして実際，イーヨーとのあいだの出来事を
ブレイクの詩に照らして反省することで，「僕」は出来事の意味を感得
するのだ。文学作品と日常生活とのそうした結び合わせによって，新鮮
なスタイルが生み出されている。その面白さを，評論家の鶴見俊輔はこ
う述べている。

　　あるときには，ブレイクの言葉が独唱としてあらわれ，ある時には
　　ブレイクと主人公が唱和し，ある時には主人公と息子イーヨーが唱
　　和し，ある時にはブレイクと息子とが唱和する。

　　　落ちる，落ちる，無限空間を，叫び声をあげ，怒り，絶望しなが
　　ら――ブレイク

　　　僕は沈みました。これからは泳ぐことにしよう。僕はもう泳ごう
　　と思います――イーヨー

　　　この作品の中でのブレイクの詩句と主人公の息子の日常生活の語
　　句（行動）とは見事に唱和する。ブレイクの「無垢の歌」は，この
　　唱和を経て，二百年後の日本に生きる[20]。

20）鶴見俊輔「解説」，大江健三郎（2003）『新しい人よ眼ざめよ』講談社文庫，
pp. 314-314。

44

文学的な意図や思惑などもたないイーヨーの純真な言葉が，ブレイク
の言葉と響き合い，ハーモニーを創り出すところに，本書の絶妙な魅力
がある。

5. 外国文学の導きのもとに

　大江の小説中にちりばめられたブレイクの詩は，いずれも大江自身の
訳によるものである。「ぼくとしての日本語に翻訳する」ことが，小説
の言葉を織り上げていくこととわかちがたく結びつき，私小説的な日常
を綴る記述と，ロマン派詩人の広壮なヴィジョンを示す詩が融合を遂げ
ているのだ。
　そのことを改めて，三角形の比喩で捉えることができるだろう。読書，
創作，人生が作り上げる三角形の磁場である。デビューした直後，師と
仰ぐ渡辺一夫から小説家としてやっていくうえで貴重な助言を得たこと
を，大江は繰り返し回想している。ジャーナリズムの流れに左右される
のではなく，真剣な読書の習慣を自らの支えとせよというのである。

　　きみは自分の仕方で生きてゆかねばなりません。小説をどのように
　　書いてゆくかは僕にはわかりませんが，ある詩人，作家，思想家を
　　相手に，三年ほどずつ読むということをすれば，その時どきの関心
　　による読書とは別に，生涯続けられるし，すくなくとも生きてゆく
　　上で退屈しないでしょう！[21]

　大江は師の言葉を拳拳服膺（けんけんふくよう）し，一生の習慣とした。数年ごとに選ばれ
た詩人や作家，思想家の仕事を日々，精読することで自らの血肉と化し，
彼らの作品に対する深い理解を自らの創作の糧とするというやり方を確
立したのである。
　そうやって大江が絆を結んだのは，どのような作家たちだっただろう
か。仏文の学生時代にはガスカールや，卒業論文で取り上げ，初期作品

21）『私という小説家の作り方』，前掲書，p. 103。

の随所に影響のうかがえるサルトルとの出会いがあった。デビュー後は同時代アメリカの作家たちの小説をむさぼり読んだ形跡がある。それから何十年も経て，ノーベル賞受賞の年にはこれから「少なくとも何年間かスピノザを読んで暮らそう」と考えていると語っている[22]。それは決して唐突なアイデアではなかった。若いころにアメリカの作家バーナード・マラマッドの小説『修理屋』を読んでいて，そこに引用されているスピノザの一句に大江は共感を覚えた。そしていつか「スピノザを終日読む態勢をつくろうと思ってきた」のだった。

　生涯にわたって持続した思いや，作家から作家へとつながる連関に支えられている点に大江の読書の特色がある。その点で特筆すべきなのは，やはり詩人たちへの関心だろう。イギリス20世紀の詩人オーデン，そして18世紀から19世紀にかけての詩人ブレイクの熟読は大江文学にとって決定的な意味をもった。そして『新しい人よ眼ざめよ』を書き上げたのち，大江はダンテの『神曲』に没頭するようになる。オーデンがブレイクの熱心な読者であり，ブレイクがダンテに傾倒していたことを考えるなら，ヨーロッパの詩の歴史をさかのぼるようにして，大江がひとつの系譜を掘り起こし，その巨大な源泉に辿りついたことがわかる。そしてダンテ読解の成果は，長編小説『懐かしい年への手紙』（1987年）にふんだんに盛り込まれることとなった。

　「ギー兄さん」と呼ばれる主人公は，四国の森のなかの谷間の村で，岩波文庫版の山川丙三郎訳『神曲』と，イタリア語原書を並べて検討しながら研究している。やがてギー兄さんは思わぬ事件により投獄を経験するのだが，出所後ふたたびダンテを読むことで日常生活を支えていく。やがて病に倒れたギー兄さんは，『神曲』の「天国篇」の言葉に導かれつつ自らの一生の意味を理解し，死んでいくのである。

　こうして，文学を読みながら文学を書くという手法は，そのまま生きることの問題に直結している。そこに大江健三郎の作品がわれわれに強く働きかける理由もある。真摯な読書の積み重ねと，本から読み取った

22)「世界文学は日本文学たりうるか？」『あいまいな日本の私』，前掲書，p. 218。

事柄をわが身に引き寄せて人生の意味を探ろうとする努力は，途切れることがない。障害のある子どもとの共生も，谷間の共同体のヴィジョンも，そんな読書体験によって裏打ちされ，新たな意味を与えられる。

　大江はそうした自らの文学とのつきあい方を，学者でも研究者でもない，アマチュアとしての独学にすぎないとしばしば述べている。しかし実際のところ，大江の研究と理解の深さには，たいがいの外国文学者をして顔色（がんしょく）なからしむるほどのものがある。そしてもちろん文学が，学者や研究者の専有物であるはずはない。むしろいくらでも「独学」を許すところに文学の貴さがあるのだと，大江はその実践によって示しているのではないだろうか。

　大江がいわゆる「外国文学」と全力を挙げてつきあい続けてきたことを，最後にもう一度，強調しておきたい。もちろん大江は，日本の古典や近代文学に関しても該博な知識の持ち主である。そのうえで彼は，学生時代からの，辞書と首っ引きで欧米の原書に立ち向かっていく姿勢を失わなかった。外国語のもたらす抵抗感を受け止めつつ読み進める営為が，作家に刺激をもたらし，創作を活性化させてきたのである。そこには，自らの文学と人生を決して内向きに閉ざすまいとするひたむきさがあった。

　もちろん大江のように「生活の三分の一は，フランス語ないし英語の本を読むことでしめられている[23]」というやり方は，一般の読書人にはなかなか難しいかもしれない。しかし，インターネットをはじめさまざまな回路をとおして「外」にアクセスする可能性が提供されているいま，われわれは情報の摂取に追われるうち，むしろ精神をまどろませがちなのではないか。外国文学とのつきあいをとおして自らを鍛え続ける大江の姿勢は，ひとつの模範としてその意義を失わないだろう。

23）大江健三郎（2018）『キルプの軍団』岩波文庫，p. 155。これは作中で高校生の息子に父が語る言葉だが，大江の習慣がそのまま語られていると考えられる。

🎸 **発展的課題** ―――――――――――――――――――――――――――

1．大江健三郎の作品に「翻訳調」と感じられるところがあるとしたら
　どういうところか，考えてみよう。

2．大江健三郎の小説でどんな外国文学作品が言及されているか，また
　それが小説にとってどんな役割を果たしているかを考えてみよう。

3．大江健三郎の読書のしかたを，自分なりに応用できるかどうか，考
　えてみよう。

引用文献

- 水村美苗（2008）『日本語が滅びるとき　英語の世紀の中で』筑摩書房
- 大江健三郎（1995）「世界文学は日本文学たりうるか？」『あいまいな日本の私』岩波新書
- 大江健三郎（1998）『私という小説家の作り方』新潮文庫
- ピエール・ガスカール／渡辺一夫・佐藤朔・二宮敬訳（2007）『けものたち・死者の時』岩波文庫
- 大江健三郎（2007）『読む人間』集英社
- 大江健三郎（2014）「死者の奢り」『大江健三郎自選短篇』岩波文庫
- 『大江健三郎　作家自身を語る』（2013）新潮文庫
- 大江健三郎（1993）『壊れものとしての人間』講談社文芸文庫
- 大江健三郎（1995）『個人的な体験』新潮文庫
- 大江健三郎（2020）『われらの狂気を生き延びる道を教えよ』新潮文庫
- 山本昭宏（2019）『大江健三郎とその時代』人文書院
- 大江健三郎（2003）『新しい人よ眼ざめよ』鶴見俊輔「解説」，講談社文庫
- 大江健三郎（2018）『キルプの軍団』岩波文庫

3 | 「報告書第25号」
——ルース・ベネディクトの日本

宮本陽一郎

《**本章の目標＆ポイント**》　現地に行くことなしに異文化を知ることなど可能か？　第2次世界大戦中，アメリカ合衆国の戦時情報局内のある部署に集められた30名ほどの学者たちは，この難題に挑戦し，敵国日本の文化の研究に着手する。人類学者ルース・ベネディクトが終戦直前に完成した「報告書第25号—日本人の行動パターン」は，『菊と刀』と改題され戦後直ちに出版され，日本研究の古典となる。ルース・ベネディクトが記述した異文化としての日本とは，どのような意味における文化だったか？
《**キーワード**》　戦時情報局，国民性研究，日本研究

1. 戦争と学の再編

●異文化を記述すること

　「異文化間コミュニケーション」「異文化理解」そして「異文化との出会い」—こうした問題設定に私たちがある種の正しさを感じるのはなぜだろうか？　その前提とは何だろうか？

　それは文化というものは複数存在し，そしてお互いに異なる複数の文化が対等の立場でコミュニケートしたり，理解しあったり，あるいは出会ったりするというとらえかたであろう。言い換えるなら，平等な個人を構成員とする民主主義的な市民社会というモデルを敷衍して，グローバル社会を説明あるいは理解しようとする試みと言える。したがってそれは文化と文化のあいだの階層構造を否定する立場を示唆するものである。文明と野蛮という植民地主義的な世界観のなかにあっては，文明が野蛮を征服し淘汰することは宿命であり，したがって西欧の文化と植民地の文化は対等にコミュニケートしたり理解しあったり出会ったりするのではない。西欧中心の植民地主義的な世界観が批判されたのちに，は

じめて私たちは「異文化間コミュニケーション」「異文化理解」や「異文化との出会い」について語ることができる。

　しかしながら，異文化を記述するという営みは，そのような平等主義的な文化観に結びつくものではない—というよりも，異文化を記述するという営みが，植民地主義的な支配ときってもきれない関係にあったという歴史的な事実に目を向けざるをえない。そもそも異文化を記述するという営みは，記述する側と記述される側を生み出すことが宿命であり，記述する側が獲得する知識は，とりも直さずさまざまな権力と支配に結びつく。

　アメリカ合衆国において，このことはきわめてわかりやすいかたちをとって表れる。「異文化との出会い」という視点からみれば，アメリカ合衆国は白人入植者とアメリカ先住民との出会いから始まった国家と言っても過言ではない。そして先住民の文化の研究は，白人入植者によるフロンティア支配と不可分のかたちで展開していく。アメリカ合衆国における人類学・民族誌学のルーツを辿れば，戦争省（The War Department）が1824年に設立したインディアン問題事務局（Office of Indian Affairs）に遡らざるをえない[1]。ここでのアメリカ先住民の言語・習俗・社会の研究が，対インディアン戦争およびフロンティア統治と不可分であったことは言うまでもない。そこには「出会い」という言葉で呼ぶにはあまりにも過酷な現実があり，文化と文化のあいだの関係は平等ではありえず，一方通行の「うえから目線」により先住民文化は記述された。

　異文化を記述するという営みは，その出自において戦争や植民地主義的な支配と無縁ではなかった。しかしそのような「うえから目線」の異文化記述を批判し，今日的な正義としての多文化主義的な見方もまた異文化記述の系譜のなかで生み出され，かつ戦争と深く関わっていた。こ

---

1) インディアン問題事務局は，1947年に「インディアン局（The Bureau of Indian Affairs）」と改名し現在でも内務省内の機関として存続している。一方インディアン問題事務局の前身となる機関をさらに辿るなら，ベンジャミン・フランクリンが1775年に合衆国議会に設置した「インディアン問題委員会（The Committee on Indian Affairs）」に至る。

のある意味では皮肉な転換点に本章では注目したい。第 2 次世界大戦中にアメリカ合衆国の情報機関による日本研究，そしてそれが生み出した『菊と刀』という一冊の本である。

●大学と諜報

　今日に至るまで，日本研究の古典中の古典として称賛されるとともに，さまざまな批判の的ともなってきたルース・ベネディクトの『菊と刀』が，第 2 次世界大戦中にアメリカ政府の情報機関である OWI（The Office of War Information：戦時情報局）の「報告書第 25 号」として発表されたという奇妙な出自の意味するところを本章では明らかにしていきたいと考える。

　第 2 次世界大戦は，戦争と文化研究の関わりにそれまでになかった地平を開くことになった。西欧文明という共通の祖先を持つはずのドイツが，ナチズムのもとで繰り返した人種虐殺を含む残虐行為は，どのように戦後にドイツ国民を逆洗脳して平和を築くかという文化的課題をもたらした。いっぽう対日戦争においては，西欧人とはまったく異なる種類の戦意（morale）に駆り立てられた日本人兵士といかに闘い，かつどのようにして戦争の終結をもたらすかという大きな問題があった。単に軍事力によって日本軍を制圧するのみではなく，日本人の国民性と戦意を正確に分析しない限り，最後の一兵まで戦いかねない日本との戦争に終わりはなかった。それゆえにかつてない規模での「異文化」の研究が必要とされた。

　これはかつてなかった種類の困難さを伴った。つまり日米両国が交戦中である以上，日本で現地調査が不可能であったのである。いわばフィールドワークなしの人類学研究を，しかもきわめて短期間に行い，かつアメリカ合衆国の軍事行動に直接応用できるような精度と具体性が要求されたのである。

　この難題に挑戦したのが，先述の OWI と，軍の諜報部として新たに設置された OSS（The Office of Strategic Services：戦略情報局）である。この 2 つの機関は連携しつつ，足を踏み入れることのできない敵国

日本という「異文化」の研究に挑戦し，そしてわずか3年ほどの期間で
『菊と刀』をもたらしたのである。

●学の再編としての OSS/OWI

　生涯一度も日本を訪れることがなく，また日本語を使うことのできな
かったルース・ベネディクトがわずか3年ほどの期間で『菊と刀』を著
したという驚異が物語るのは，ルース・ベネディクトの優れた学識であ
る以上に，アメリカ合衆国における学問全般が，第2次世界大戦中の戦
争協力を通じて遂げた震撼すべき変革である。

　OSS の学術調査について体系的に研究した数少ない研究者のひとり
であるバリー・M・カッツは，「マンハッタン計画が戦後の科学の在り
方を一変させたのとまったく同様の意味において，人文科学および社会
科学の諸分野で［OSS による］学界の総動員体制の影響を受けなかっ
たものは皆無と言ってよい」[2] と述べている。マンハッタン計画による
原爆開発と OSS の学術研究という比較は，もしかするとカッツが意図
した以上に的を射たものといえるかもしれない。マンハッタン計画と
OSS は，ともに日本の国家体制を一変させる重要な役割を果たすこと
になる。そして同時にその両者が，ともにアメリカ合衆国における学問
の在り方を一変させ，「戦後」の学術超大国としてのアメリカを構築し
たのである。

　OSS の研究調査部は，大戦中のアメリカ合衆国の人文科学および社
会科学の総体に限りなく近い。いわば知の国家総動員態勢の受け皿と呼
ぶことができる。そしてこの機関の研究調査の目的のひとつは，単に敵
国である日独伊のみならず地球上のあらゆる地域に関して，情報をデー
タベース化して必要があればいつでも軍事・外交において利用可能な状
態を作るという，ほとんど誇大妄想的なものとなった。これを単に諜報

2) Barry M Katz, "The OSS and the Development of the Research and Analysis Branch," *The Secret War: The Office of Strategic Services in World War II.* Ed. George C. Chalou (Washington, DC: National Archives and Records Administration, 1992), 47.

機関に付随する下部組織として位置づけ評価するのは，まったくの誤りと言わなければならない。このような規模で，一国の知と学が総動員されることは空前絶後のことといってよい。OSS はアメリカ合衆国の学の編成そのものに影響を与えないはずはなかったのである。

1942 年に組織された OSS は，戦争終結後改組されその名を Central Intelligence Agency つまり CIA と改める。それゆえに OSS は CIA の前身である軍事諜報組織として捉えられがちである。実際に OSS は第2次世界大戦中，数多くの地下工作やゲリラ戦，あるいは捕虜の尋問に従事している。しかし忘れられてはならないことは，OSS の活動が未曾有の規模における学術研究を伴うものだったということである。OSSに関わった学者たちの名前を簡略なリストにしただけで，OSS の学術活動が「戦後」と「アメリカ」を飲み込む無気味なまでの広がりを予感することができる。アメリカ歴史学会の戦後の会長のうち 8 名（コンヤーズ・リード，ウィリアム・ランガー，バーナドット・シュミット，クレイン・ブリントン，ハーヨ・ホルボーン，ジョン・フェアバンク，デイヴィッド・ピンキー，ゴードン・クレイグ），アメリカ経済学会の会長のうち 5 名が OSS に在籍している。これ以外にも，『世紀末ウィーン』で知られる歴史学者カール・ショースキー，『カリガリからヒットラーまで』の著者ジークフリート・クラカウアー，ワイマールの社会学者フランツ・ノイマン，人類学者グレゴリー・ベイトソン，そしてケネディー政権のアドバイザーとなったアーサー・シュレジンジャー・ジュニアが OSS に加わっている。いっぽう戦時学術研究のもうひとつの拠点となった OWI に目を転じるなら，そのなかに設けられた FMAD（Foreign Morale Analysis Division：海外士気分析部）というわずか 30名ほどで構成されたささやかな一部署には，ルース・ベネディクト，アレクサンダー・レイトン，ジェフリー・ゴアラー，ジョン・エンブリーといった恐るべき才能が集められる。

●一般教育，学際研究，そしてアカデミック・ライティング

　OSS と OWI の学術研究は，戦争遂行および戦後計画[3] という明確な目的に奉仕することが要請され，そしてそのためには学問分野の垣根を超えた学際的協力体制がただちに必要になった。OSS はその組織構造から，ひとつの部局のなかでそれまで交流のなかった異なる分野の学者たちが共同作業体制をただちに作り上げなけなければならなかった。たとえばドイツに関する調査研究においては，社会学者がナチスのイデオロギー分析を行う一方，経済学者がナチスの戦時経済構造を分析し，かつ両者がお互いの分析調査結果を理解することが必要となる。そして言うまでもなくこうした共同作業の結果としてでき上がった報告書は，政府や軍部の指導者が読んで理解し政策決定・戦略決定に役立てることのできるような簡潔明瞭なものでなければならない。かつ政策や戦略を政府軍部に先立って決定するという越権行為をおかしてはならない[4]。

　OSS 以前に学者たちが決して遭遇することのなかった，こうした複雑な条件のもとで，論文執筆における客観性と明晰さは新たな課題として浮上する。ある固有の学術分野のなかだけで通用する専門用語や論法に依存した論文は，OSS では通用しなかった。先端的な学際研究の推進と高度なリテラシーの教育を表裏一体のものとしてとらえる戦後アメリカ大学教育の根幹は，OSS にあってはほとんどその存在の第一条件であった。OSS の報告書が執筆されると，まずそれは内部で閲覧され，そして異なる分野の学者によって厳しいクリティークが加えられる。そうしたメモが OSS 文書のなかに，これもまた膨大な量で残されている。「調

3）フランクリン・D・ローズヴェルト大統領は，驚くほど早い時期から戦後計画（Postwar Planning）を学者たちに委嘱している。マルリーン・メイヨの研究が明らかにするように，第 2 次世界大戦勃発直後に，つまり真珠湾攻撃に二年先駆けて，ローズヴェルトは国務省に戦後計画の策定を委嘱し，1943 年 3 月 8 日には「日本―対日戦後処理に関する一般政策（Japan: General Principle Applicable to the Post-War Settlement with Japan)」と題する答申を得ており，この答申はすでに戦後日本の教育改革にまで言及している。
4）Office of Strategic Services, "Memorandum on the Functions of the Research & Analysis Branch." October 1942, National Archives, RG 226, Entry 145, Box 2, Folder 24.

査研究部の報告書における客観性の問題（The Problem of Objectivity in R&A Reporting)」と題された文書は，報告書の書き方についてのガイドラインをまとめたものになっている。これは戦後アメリカの大学教育のなかでおびただしい量で生産される論文執筆法の教科書の原型，ひいては今日世界中の大学教育のなかで重視されるようになった「アカデミック・ライティング」の原型といってよい。

OSS がアメリカの高等教育の「戦後」に与えた影響は，これにとどまらない。OSS に在籍した 3 人の歴史学者ジョン・クリストファーとクレイン・ブリントンとロバート・リー・ウルフは，戦後間もなく『文明の歴史（A History of Civilization)』という教科書を完成させ，戦後アメリカの一般教育の基礎を築く[5]。これは歴史学者たちがナチスの思想教化を分析し，それに対抗する教育の在り方を模索していたことを踏まえるならば，彼らが戦後直ちに冷戦時代の全体主義に対抗する学問教育を築いていったことは，まったく当然の帰結とさえいえる。OSS の学者たちにとって，第 2 次世界大戦は日独の思想教化（indoctrination）との戦いであり，それは日独をいわば逆洗脳しない限り終わらない戦いであった。ある意味では，彼らはすでに洗脳／逆洗脳の冷たい戦争を戦っていたといってもよい。自由世界を守るための一般教育というモデルは，世界中の大学のカリキュラム構造に，今日にいたるまで決定的な影響を及ぼすことになる。

2. 異文化としての日本

● OWI による日本

戦時アメリカの学術研究が戦後に遺した遺産という点では，地域研究という学問分野の誕生について言及しないわけにはいかない。日独との全面戦争を遂行していくうえで，両国の国民性（National Character）を理解することは，言うまでもなく不可欠であった。ドイツ研究の中枢が OSS に置かれたのに対し，日本に関してこの役割を果たしたのが

5) Robin W. Winks, *Cloak & Gown: Scholars in the Secret War, 1939-1961* Second Edition. (New Haven: Yale U P, 1996), 495.

OWI であった。

　ジャーナリストでラジオのコメンテーターでもあったエルマー・デイヴィスを局長として，戦時のプロパガンダを統括することを主たる役割とする OWI のなかに，FMAD（Foreign Morale Analysis Division，海外士気分析部）という組織が設けられ，すでに指摘したようにルース・ベネディクト，アレクサンダー・レイトン，ジェフリー・ゴアラー，ジョン・エンブリーという驚くべき頭脳集団が形成される。

　ここに集まった人類学者たちのなかで，日本でのフィールドワーク経験を持っていたのは，『須恵村』（1939 年）の著者エンブリーただひとりだった。したがって彼らの人類学的研究は，フィールドワークなしに行われ，もっぱら日系アメリカ人および日本人捕虜に対する聞き取り調査と，戦地で接収した映画や文書，あるいは諜報機関の入手した日本国内の文書のみに頼った分析となる。このような条件のもとで，戦争の終結までにルース・ベネディクトが『菊と刀』の原型である「報告書第25 号」（1945 年 9 月）を完成させたことは，驚異というしかない。

　FMAD の研究がいかに優れたものであったかは，同時期の他の政府機関における日本研究と比較するとき，際立ったものとなる。米国公文書館の OWI ファイルのなかには，戦争省心理戦争分課のために 1942年 5 月に作成された「対日心理戦争のためのプログラム」と題される冊子が収められている。この冊子は，当時の日本に対する理解全般が滑稽なまでに粗雑であったことを物語っている。たとえば，「プロパガンダのために利用できる日本人の文化的コンプレックスのいくつか」という一節（9-11）では，「病に対するコンプレックス」「火への恐怖」「スパイ・コンプレックス」「劣等コンプレックス」の 4 つが挙げられている。「病に対するコンプレックス」の根拠として，第一に日本人の多くは風邪などに感染するのを防ぐために外出する際にマスクをかけること，第二に見合い結婚の際に家系に遺伝性の病を持つものがいないか徹底的に調べること，第三に中国から日本に入国する者に対する検疫が異様に厳格であることを挙げている。そして病に対するコンプレックスを突いた心理作戦として，コレラ，マラリア，ジフテリアなどが日本の占領地域

で流行し始めたという風説を流すことを進言している（10）。目を覆うべき内容である。

　東洋人に対するステレオタイプ的な偏見の域を出ないこうした報告書と比較するとき，ジェフリー・ゴアラーが1942年4月に作成した『日本人の国民性の構造とプロパガンダ（Japanese Character Structure and Propaganda)』と題する冊子が，いかに画期的な一歩であったかが浮き彫りになる。この冊子は，日系人，日本人捕虜，および日本在住経験者への聞き取り調査，および日本に関する限られた数の文献を資料として，第一部「日本人の国民性の形成」で日本人男性の心理構造を，とりわけそのセクシュアリティに注目しつつ幼児期から成人期までたどり，そしてこれに基づき第二部「日本人を侵略戦争に駆り立てる諸要因」で日本人の攻撃性を分析し，第三部「プロパガンダと日本人」で心理作戦を具体的に提示するという構成になっている。フランツ・ボアズ以降の文化人類学的手法がこの研究に大々的に活用されていることは言うまでもなく，それを通じてアメリカ人が日本人に対して抱きがちな先入観を正していくという意図が全体を貫いている。

　OSS/OWIの日本研究に貢献したのは文化人類学だけではない。意外にも映画研究がここで重要な役割を果たす。ピーター・T・スズキの詳細な研究によれば，日本映画研究に関しては，OSSがFMADに先行して真珠湾攻撃直後から着手していたという（372）。1942年9月3日にはこれに基づき報告書第19号「日本人の社会学的および心理学的状況の準備的調査―心理作戦の計画作成のための背景」が作成される。OSSが先鞭をつけた映画分析の手法および用語は，OWIの日本研究に引き継がれ，その重要な一部となる。OWIのジェフリー・ゴアラーが1943年4月に作成した「日本映画におけるプロパガンダと対抗プロパガンダについての提言」という報告書は，映画研究と日本研究，そしてOSSとOWIの接点を物語るものである。ゴアラーの研究，そして彼の後任となるルース・ベネディクトの日本研究はその分析用語など多くの点で，OSSの映画研究に負うところが大きいとスズキは指摘する[6)]。

　OSSが1944月3月30日に作成した報告書1307号「日本映画―心理

作戦の一局面（Japanese Films: A Phase of Psychological Warfare）」
は，戦時の日本映画研究の集大成といえるものである。「20 本の最近の
日本映画に見られる，主題，心理的内容，技術水準，およびプロパガン
ダ的価値の分析」と表紙に記されたこのシングル・スペースで 22 ペー
ジの機密文書は，1938 年から 1941 年に製作された 20 本の日本映画を
分析している。分析対象となった 20 本は「現在も日本およびその占領
地域で上映されている」作品で，「戦争，対外関係，大東亜共栄圏，国
家および家族体制」といった主題を等しい割合でカバーするように入念
に選択されたと同報告書は述べている。

　このようにして選択した日本映画から 4 つの主題（「信心深い娘とい
う主題」「貞淑な妻という主題」「愛国主義という主題」「大東亜におけ
る日本の役割という主題」）を読み取り，それが最終的に「犠牲的精神
あるいは自己のパターンへの従属」という統一主題に収斂すると結論づ
けるフォルマリズム的な分析は，戦前のアメリカ合衆国に映画研究の学
術体制が存在せず，また本格的な日本映画研究書の刊行はアンダーソン
とリチーの『日本映画（The Japanese Film）』（1959 年）を待たなけれ
ばならなかったことを考えれば，驚異的な学術成果と評価することがで
きるだろう。

　OSS と FMAD の日本研究は，戦争の原因としての思想教化
（indoctrination）の分析に始まり，日本に対する有効な心理作戦の策定，
日本人兵士の異様なまでの戦意の分析，日本を降伏させるための戦略の
策定など，きわめて実践的な目的のためになされた。そしてこの実践的
な目的をきわめて短い時間で達成するために，学問分野の境界線を越え
た協力体制が作られ，とりわけ地域研究と映画研究という 2 つの学際的
な学問分野を「戦後」に残したのである。

●遠隔地からの文化研究
　OSS と OWI の戦時学術研究が「戦後」に遺したものを最も端的に物

6) Peter T. Suzuki, "Analyses of Japanese Films in Wartime Washington." *Asian Profile* 23（1995）: 373.

語るのが，マーガレット・ミードとローダ・メトローの編纂した論文集『遠隔地からの文化研究（The Study of Culture at a Distance）』（1953年）である。数回の再版を経て現在も刊行されているこの論集は，OSSとOWIで作成された論文と，そしてルース・ベネディクトが第2次世界大戦終結後に創設した「コロンビア大学現代文化研究（Columbia University Research in Contemporary Culture）」というプログラムのもとで作成した論文からなる。このプログラムを支援していたのは海軍研究局人材部であり，さらに冷戦時代に入ると，ソビエト文化に関する継続研究で，戦略研究所として名高いランド・コーポレーションの支援を受ける。つまりベネディクトらの文化研究は，戦後の学際研究の原型となったのみならず，ほとんど継ぎ目なしに冷戦時代を支える学術研究に移行していったのである。

3. ニューディール政策と冷戦とのはざまで

●ニューディーラーとコールド・ウォリアー

　以上論じてきたアメリカの学者たちの戦争協力を考えるうえで，ひとつの先入観をここで払拭しておく必要があるだろう。とくにわれわれ日本人が戦争協力というとき，そこに右寄りの愛国主義を想定しがちであるが，これは第2次世界大戦中のアメリカにはまったくあてはまらない。むしろ左翼の知識人・芸術家たちがここに重要なかたちで貢献している。ファシズムの台頭期に，ソビエトのジョセフ・スターリンの呼びかけた反ファシズム人民戦線──ファシズムに反対する人々の国境を超えた団結──に積極的に参加したアメリカの知識人・芸術家たちは，第2次世界大戦の前哨戦というべきスペイン戦争に銃をとって参加している。そうした左翼の知識人芸術家たちは，ここまで紹介してきた戦時の学の再編に指導的な役割を果たす。一例を挙げるならアーネスト・ヘミングウェイと並んで反ファシズム人民戦線の急先鋒となった詩人アーチボルド・マクリーシュは，ローズヴェルト大統領に大抜擢されて1939年にアメリカ議会図書館館長に就任し，さらに議会図書館を拠点とした，OSSとOWIの前身となるCOI（The Office of the Coordinator of Information,

情報調査局）および OFF（The Office of Facts and Figures, 事実統計局）の局長を務め，OSS 創設の際には研究調査部の編成についてドノヴァン局長の顧問を務め，OWI では副局長として活動している。

　そうであるとすれば，戦中の OSS が戦後の CIA につながり，そしてベネディクトを始めとする OWI の優れた日本研究が冷戦期の敵国ソビエト研究に接続していったのは，きわめて皮肉なことである。しかしこれはアカデミズムがたまたま 180 度異なる政治目的に利用されてしまったわけでも，また学者たちが戦争協力をするなかで心変わりをしていったことを意味するわけでもない。むしろ，アメリカ合衆国の戦時学術研究はそのあらゆる段階において，戦前のニューディールと戦後の冷戦という相容れない要素を，矛盾をはらみつつ共存させていたと考える。この矛盾と多義性のゆえに，出発点において反ファシズム人民戦線に，結果において東西冷戦に接続していったのである。

　言い換えるならば，OSS と OWI の学者たちは常にニューディーラーであると同時に冷戦戦士（Cold Warrior）であった。彼らが戦争の起源を思想教化に見いだし，そしてこれに対抗する心理作戦や対抗プロパガンダを戦争の手段として肯定し，さらに戦後改革による日独の国民性の再構築をもって戦争の終結ととらえたという点において，彼らはすでに妥協を知らない冷戦戦士であった。その一方で OSS と OWI の学術研究は，戦後の冷戦よりもむしろ戦前のニューディールにつながる進歩主義的な心性に支えられ，そしてまさにそれゆえに優れた成果を生んだことも，見逃されるべきではない。

　先述のように，OWI の起草になる対日心理作戦が，同時期の軍諜報部のそれと決定的に異なるのは，OWI の学者たちは敵国日本に関する先入観を打破しようという明確な意志を貫き，そして敵を理解するためには敵に共感するという戦略を取っていたという点である。これはまさにニューディール的な心性であると私は考える。同様に OSS の作成した「日本映画──心理作戦の一局面」を始めとする日本映画研究は，アメリカを代表する映画監督フランク・キャプラの「こんな映画にはとても太刀打ちできない」という肯定的な評価を敢えて繰り返し紹介してい

る。敵国のプロパガンダさえも賛美することもいとわないという，常識
破壊への強い意志があったからこそ，わずか 3 年ほどの期間で，実質的
にゼロから出発した日本研究が，『菊と刀』を生み出すところにまで到
達し得たのである。

　ニューディール的な発想は，FMAD の人選のなかにも表れている。
終生日本を訪れることのなかった冷徹な分析者としてルース・ベネディ
クトが中核を担う一方，すでに熊本県の須恵村でのフィールドワーク経
験を持ち，そして 1950 年に自動車事故により亡くなるまで親日家であ
り続けたジョン・エンブリーもまた重要な役割を担う。さらに日系アメ
リカ人の強制収容に対する抗議運動の中心人物のひとりであった，モー
リス・E・オプラーも FMAD に加わっている。エンブリーがこの時期
に執筆した『日本人』（1943 年）および『日本国民―社会学的概観』（1945
年）は，戦時期の刊行物とはにわかに信じ難いほど共感に満ちた精緻な
日本論を展開している。前者における，「南京大虐殺」をもたらした原
因を日本人の野蛮さではなく，日本人男性の社会的心理構造に求める冷
静な分析は注目に値する。いっぽうオプラーの執筆した 1945 年 6 月 15
日付けのメモランダム「無条件降伏および条件付き降伏を巡る議論につ
いての個人的な考察」は，ミュンヘン協定におけるナチスへの妥協が大
戦を生んだという教訓に基づく対日強硬論を全面的に批判し，「将来的
に統治権をゆだねることのできるような勢力は必ず現在の日本のなかに
存在するはずである。そうでなければ日本をアメリカの植民地あるいは
信託統治国として半永久的に支配する覚悟を決めなければならない。な
ぜなら適切な政府の基盤が，政治的真空状態から立ち現れることなどあ
りえないからだ」[7] と述べ，日本の無条件降伏を求める政府と世論に
真っ向から挑戦している。

　オプラーの見解は OWI において特異なものではなく，とくに天皇制
の条件付き存続を主張している点では，1944 年 11 月に同じく FMAD

---

7) Morris E. Opler, "Personal Reflection to the Discussion over Unconditional and Conditional Surrender," 15 July 1945, National Archives, RG 208, Entry 378, Box 443.

のクライド・クラックホーンがハロルド・ヴァイネケに宛てたメモラン
ダム「天皇の扱いについての追記事項」にも，1945 年 7 月 13 日にアレ
グザンダー・レイトンがテイラー将軍に宛てたメモランダム「天皇」に
も同じ立場が表明されている。さらに天皇を攻撃の標的にすることは，
日本をいっそう危険な心理状態に追い込むという点で賢明ではなく，む
しろ天皇を誤った方向に導いた軍人・政治家を攻撃の対象にした方がよ
いという指針は，すでに 1942 年の段階の OSS および OWI の心理作戦
案のなかに見られる。天皇制を「戦後」構築のなかで利用すべきだとい
う考え方は，OSS と OWI の学者たちのなかでは，きわめて早い段階で
コンセンサス化していたことが覗われる。そしてもちろんこれは当時の
合衆国の世論とは大きく隔たったものであった。

　このような意味で，OSS と OWI における「戦後」構築と現実にわれ
われが体験した戦後とのつながりは複雑であり，また矛盾に満ちてい
る。教育制度にまで遡って日本を逆洗脳し戦前を消去するという発想は
OSS と OWI によってもたらされたものであるし，天皇制を曖昧に存続
させるという決断，そして極東軍事裁判において天皇を免責し A 級戦
犯を厳罰に処すという戦略もまた，OSS および OWI の青写真に沿うも
のである。しかしその一方で連合国の日本に対する無条件降伏の要求
は，明らかに OWI と OSS の学者たちの意図に反するものであった。思
想教化との闘いという OSS と OWI の使命感は明らかに冷戦の原型で
あるが，しかしその一方でミュンヘン協定を最大の歴史的教訓として共
産圏（そしてテロリスト）に対していっさい妥協しないという，アメリ
カ合衆国の冷戦時代（およびそれ以降）の強硬外交を，OSS と OWI の
学者たちは批判している。

●戦時下の日本特集号

　戦時学術研究と「戦後」との連続性／非連続性について考えるときに
最も大切なことは，戦時学術研究のなかにあった多元性を見落とさない
ことである。こうした多元性を間接的にしかしきわめて雄弁に物語って
いるのが，『フォーチュン』誌の 1944 年 4 月号の日本特集である。これ

は同誌にとって二度目の日本特集であった。1936 年の最初の日本特集を執筆したのは当時の編集長アーチボルド・マクリーシュであった。マクリーシュが OSS および OWI の創設に重要な役割を果たした左翼詩人であったことは先述の通りである。二度目の特集の巻頭言には，「編集者はこの号を実現させてくれた，数多くの個人や政府機関に公に感謝する方法があればと思う。しかしそれはあまりにも長大なリストになってしまうし，当然のことながらいくつかの情報源を除外しなければならない」(4) と述べられているが，その名を挙げることのできない情報源のなかに OWI と OSS が含まれることは，想像に難くない。

　第 2 次世界大戦中の日本で，アメリカが「鬼畜米英」といった敵愾心（てきがいしん）によって歪曲されたものであったのと同様に，戦時のアメリカに流布していた日本人像もまた，偏見に満ちたものであった。それとの比較において，『フォーチュン』誌の日本特集が描く日本は，驚くほど共感と理解に満ちている。神道と侵略戦争のつながりを分析した「神の道（The Way of Gods）」という記事に始まり，日本の政治，経済，生活，文化などあらゆる側面を，多数の写真・図版を用いて紹介し，それを通じて「敵国のほんとうの姿を理解する」ことを目的とするというこの特集の構成は，OWI および OSS の調査活動にぴたりと重なる。またこの特集の序文のなかで挙げられている情報源―アジアの日本に占領されていた地域から流入した資料，日本のラジオ放送，強制収容された日本人―は，まさに OWI および OSS が収集管理していた情報である[8]。

　さらにこの特集は，意表をついた挿絵を採用することによって日本の「ほんとうの姿」を映し出している。挿絵を担当しているのは主にミネ・オオクボ，八島太郎，国吉康雄の 3 人である。ミネ・オオクボは日系二世の女性画家であり，真珠湾攻撃直後ほかの日系アメリカ人とともに強制収容所に入れられる。強制収容所でミネ・オオクボは日系人たちの生活を挿絵に描いて，強制収容所で刊行されていた新聞に発表するようになる。彼女の挿絵を見て感銘を受けた『フォーチュン』誌の編集者が彼

8)　"The Job Before Us," *Fortune* 29.4 (April 1944): 121.

64

女を抜擢することを決心した。ミネ・オオクボはユタ州の収容所から解
放されニューヨークに招かれて，そこで取り組んだのが，この日本特集
の仕事であった（**図3-1**）。八島太郎は，プロレタリア運動に加わり迫
害を受けて1939年に亡命した，『道草いっぱい』や『からすたろう』な
どの童話でも知られる画家そして童話作家である。日系人と亡命者の描
く記憶のなかの（失われた）日本の姿は，国吉康雄の日本兵の残虐行為
を情け容赦なく告発した怒りに満ちた挿絵と鋭い対照を見せる。

　この特集は，戦時アメリカのメディアに流布していたステレオタイプ
化した日本人像を，ほぼ完璧に排除している。敵国に対する怒りと共感，
そして日本の現在と過去，政治と文化を矛盾のなかでバランスさせると
いうアプローチは，OSSとOWIの日本観を彷彿とさせ，そしてなによ
りもそこにあったニューディール的なリベラリズムを物語っている。

●菊と刀

　こうした背景を視野に入れるなら，ルース・ベネディクトの「報告書
第25号」が『菊と刀』と改題された経緯もおのずから明らかになるだ
ろう。ベネディクトは『菊と刀』の冒頭で，日本研究という与えられた
課題の困難について次のように述べる。

出典：*Fortune* 29.4（April 1944）: 150.
　　　The Center for Social Justice and Civil Liberties and Riverside Community College
　　　District

図3-1　ミネ・オオクボによる挿絵

困難は大きかった。日本の閉ざされた門戸が解放されて以来七十五年の間に日本人について書かれた記述には，世界のどの国民についてもかつて用いられたことのないほどの奇怪至極な「しかしまた」の連発が見られる。まじめな観察者が日本以外の他の国民について書く時，そしてその国民が類例のないくらい礼儀正しい国民であるという時，「しかしまた彼らは不遜で尊大である」とつけ加えることはめったにない。ある国の人びとがこの上なく固陋であるという時，「しかしまた彼らはどんな新奇な事柄にも容易に順応する」とつけ加えはしない。……美を愛好し，俳優や芸術家を尊敬し，菊作りに秘術を尽くす国民に関する本を書く時，同じ国民が刀を崇拝し武士に最高の栄誉を帰する事実を述べた，もう一冊の本によってそれを補わなければならないというようなことは，普通にはないことである。[9]

　ベネディクトはここで日本研究という課題の特殊性を語っているのみではなく，OSS および OWI の学術研究の基盤にあった「国民性（National Character）」という概念を疑問に付している。
　OSS および OWI の報告書のなかには，「国民性」という言葉が頻出する。ベネディクトの前任者となるジェフリー・ゴアラーの執筆した優れた報告書のタイトルも，「日本人の国民性の構造とプロパガンダ」であった。そこにあった前提は，敵国の一見理解を超えた振る舞いも，「国民性」という何らかの原理に遡及することによって，理解可能・説明可能になるはずだという前提である。そして異文化としての敵国を，学術研究により記述しきることができれば，それが戦略上の優位をもたらすという前提である。たとえば前節で紹介した軍部立案の心理作戦は，「病に対するコンプレックス」という国民性を特定し，それに基づいて「コレラ，マラリア，ジフテリアなどが日本の占領地域で流行し始めたという風説を流す」ことが有効であると結論していた。そのように短絡的に

---

9) ルース・ベネディクト／長谷川松治訳（2005）『菊と刀―日本文化の型』講談社学術文庫，11-12。

国民性と現実の行動とを因果関係で結ぶことを拒んだ点に，OWI の日本研究の革新性があった。上に引用したベネディクトの言葉が物語っているのは，「国民性」という概念そのものの発展的な解消―あるいは脱構築―である。

　上に引用した一節に続いて，ベネディクトは自らの日本研究の方法を次のように説明する。ベネディクトが注目するのは「国民性」ではなく「矛盾」そのものである。

　　　ところがこれらすべての矛盾が日本に関する書物の縦糸と横糸になるのである。それらはいずれも真実である。刀も菊もいずれもともに一つの絵の部分である。日本人は最高度に，喧嘩好きであるとともにおとなしく，軍国主義的であるとともに耽美的であり，不遜であるとともに礼儀正しく，頑固であるとともに順応性に富み，従順であるとともにうるさくこづき回されることを憤り，忠実であるとともに不忠実であり，勇敢であるとともに臆病であり，保守的であるとともに新しいものを喜んで迎え入れる。[10]

　ベネディクトがこの書で解明しようとするものが日本人の国民性という「一つの絵」であるにせよ，それはたとえば DNA のようなひとつの本質に収斂するものではなく，相容れない原理―菊と刀―を折り合いをつけて，ひとつに織り合わせていく場としてとらえられる。矛盾によって織り紡がれる「一つの絵」は，国民性研究の延長であると同時に，国民性という概念そのものを発展的に解消するものと言ってよいだろう。研究の焦点は，すべてを説明してくれるような原理の発見ではなく，矛盾を共存させる方法，つまり「文化」に置かれる。

　ベネディクトはそのような意味における「文化」を解明するために，文化的差異に注目する。日本人あるいは日本での在住経験のある人びとの考察に特権的な地位をあたえるのではなく，たとえば同じ日本映画を

10）ベネディクト，12-13。

アメリカ人である自分が鑑賞するときの鑑賞のしかたと，在住経験のある人々の解釈との違いに注目する。さらにベネディクトは，人類学者としての経験と知見に基づき，日本とアジアの他の地域とのあいだの文化的な差異にも注目する。

　ベネディクトにとっての「文化」とは差異の集積体であり，差異の集積体が作り上げる体系である。差異の作り出す体系を解明したとき，矛盾は矛盾ではなくなり，理解可能なものになるとベネディクトは主張する。

> 　たしかに私は，ひとたびどこが西欧人の仮定と日本人の人生観とが
> 合致しない点であるかということがわかり，彼らが用いている範疇
> と象徴とについて多少の理解が得られれば，よく西欧人の目に映る
> 日本人の行動の多くの矛盾は，もはや矛盾でなくなる，ということ
> を発見した。[11]

　言い換えるなら，ベネディクトの異文化研究の最終的な目標は，矛盾を矛盾ではなくするようなプロセスの発見であった。

　この転換の持つ意味は大きく，またそれを実践することはたやすいことではない。私たちは他の国，他の民族について語るとき，相変わらず「国民性」という本質に還元して説明をつけてしまおうという衝動に駆られる。たとえばアメリカで起きたある事件を説明しようとするとき，「アメリカという国は……」というような言い回しで，短絡的に事件と国民性を結びつけてしまいがちであるし，あるいはアメリカの文学作品を論じようとするとき，その作品の背後にたとえば「フロンティア精神」といった国民性を想定して，その作品について説明をつけてしまいたいという衝動に駆られる。

　しかし，ベネディクトの議論を敷衍するなら，日本のみならず他のどの国のどの時代の文化も，相容れないものを調停する体系なのである。たとえばアメリカ合衆国の国民性をフロンティア精神だけに還元してし

11）ベネディクト，32-33。

まう議論は，日本を「刀」のみに還元してしまう議論と同様に一面的な
アメリカ論と言わなければならない。19 世紀のアメリカは，西部フロ
ンティア開拓によって建設された西進論の国家であると同時に，プラン
テーション経済を南に向けて拡張しようとする南進論の国家でもあっ
た。またフロンティア開拓に象徴されるような外向き志向の国民性を示
すと同時に，ブルジョワ中産階級の「お上品な文化（The Genteel
Tradition）」に顕著であるように内向き志向の文化でもあった。そのよ
うな相反するベクトルを織物のように折り合わせ，矛盾を矛盾とは感じ
させなくするような体系—それがベネディクトが向き合った「文化」で
ある。

発展的課題

1．ルース・ベネディクト『菊と刀—日本文化の型』のなかから関心の
　ある部分を抜き出して読み，そのなかで日本文化について誤った解釈
　がなされていると感じる部分を抜き出しなさい。そしてなぜそれが
　「誤っている」という判断に至ったのか，その根拠と思考過程を自分
　自身で分析してみましょう。
2．「菊と刀」という喩えにとらわれずに，現在の日本文化を成り立た
　せている矛盾を論じなさい。
3．あなた自身がいま研究している地域・時代について，その文化に内
　在する矛盾について論じなさい。

参考文献

● ルース・ベネディクト／長谷川松治訳（2005）『菊と刀—日本文化の型』講談社
　学術文庫
● Smith, R. Harris. *OSS: The Secret History of America's First Central Intelligence
　Agency*. Berkeley: U of California P, 1972.
● 宮本陽一郎（2016）『アトミック・メロドラマ—冷戦アメリカのドラマトゥル
　ギー』第 3 章，彩流社

4 | ペーパーバックとの出会い
──異文化としての「アメリカ」

宮本陽一郎

《**本章の目標＆ポイント**》 第2次世界大戦中，アメリカ政府は兵士たちの娯楽を主な目的として，1億2,000万冊以上という途方もない量のペーパーバックを印刷・配布する。1億2,000万冊のペーパーバックは，大戦終結後に戦地・占領地に残され，かつてない規模で「アメリカ文化」を全世界に流布させることになった。ペーパーバックを通じた，異文化としてのアメリカ文化との出会いは，第2次世界大戦以降の文化をどのように変えたか。
《**キーワード**》 ペーパーバック，兵隊本，B級映画，ノワール文化，冷戦文化政策

1. メディアのメッセージ

●ペーパーバック革命

　本の表紙が固かろうと軟らかかろうと，本の中身が変わるわけではない─というのは一面の真実ではある。しかしマーシャル・マクルーハンの「メディアはメッセージである」という名言を思い起こすなら，ハードカバーからペーパーバックへという容れ物（メディア）の変化は，文化のありようを変化させるメッセージを確かに含んでいたことに気づかされる。アメリカ合衆国におけるペーパーバックの普及は，単に低価格化を通じて読者層を拡大したのみならず，アメリカ文学のあり方，さらには「アメリカ」という名のもとにアメリカ国外で受容される文化，いわば異文化としてのアメリカにも大きな変化をもたらした。

　ペーパーバックの歴史は，19世紀前半のイギリスおよびドイツにまで遡ることができる。しかしこれが出版文化のありようにまで影響を及ぼすようになったのは，1935年イギリスでペンギン・ブックスが創刊されて以降といってよいだろう。アメリカ合衆国では，これに4年遅れ

70

て1939年にサイモン・アンド・シュスター社が「ポケット・ブックス」を発売する。最初のタイトルがジェイムズ・ヒルトンの『失われた地平線』であったことから伺われるように，ポケット・ブックスはペンギン・ブックスの文芸路線を踏襲するものであった。

しかし，これと競合するエイヴォン・ブックスがアメリカン・ニューズ・カンパニー社によって1941年に創刊されるに及び，ペーパーバックはアメリカで独自の進化形態を示すことになる。先行するポケット・ブックスに対抗するために，エイヴォン・ブックスは文芸路線とは逆の方向に舵を切ることにより大衆化を図る。怪奇小説，犯罪小説，猟奇小説，ファンタジー小説，SF小説といった，いわばサブカルチャー的なジャンルが，エイヴォン・ブックスの主力商品となる。とりわけ，そのきわどく扇情的なカバーアートは，独自のポップでキッチュなスタイルを作り上げる（図4-1）。

● B級文化の誕生
なぜ，紙の表紙がサブカルチャー路線につながったのか。それを理解するためには，1930年代のハリウッドに起こったひとつの変化に注目する必要があるだろう。B級映画の誕生である。

1930年代，ハリウッドの映画会社は大恐慌下の厳しい経済状況のなかで，集客力を強化するために，長編二本立て（Double Feature）という興行形態を生み出す。それまでのアメリカの映画館における映画上映は，長編映画（Feature）1本と数多くの短編の上映をその基本形態としてきた。そのようななかで，同じ入場料金で長編が2本見られるという二本立て（Double Feature）という価格破壊の興行形態をハ

写真提供：ユニフォトプレス
図4-1　エイヴォン・ブックスのカバーアート

リウッドの映画会社は打ち出す。しかしもちろん新作を2本製作すれ
ば，この興行形態は採算性が悪くなる。そこで旧作と新作を二本立てに
するという方式に移行するが，これも思わしい集客能力につながらな
かった。

　その次に起こった変化は，アメリカ映画のありかたを大きく変化させ
ることになる。ハリウッドのメジャーな映画会社は，二本立て上映の2
本目の長編（Second Feature）の製作コストを抑えるために，その製
作を小規模なプロダクションに委託するようになったのである。もちろ
んこうした低予算の小規模プロダクションは，ハリウッドのメジャーな
映画会社のように，スター俳優やネーム・バリューのある監督・脚本家
を雇うことはできない。したがって作品の集客力は，扱う題材の新奇さ
に求められるようになった。怪奇映画やSF映画，猟奇的な題材を扱っ
た映画，ハーレムのアフリカ系アメリカ人を扱ったエスニックな映画，
エロティシズム映画など，自主検閲規定を遵守するメジャー映画会社が
扱えないような主題の映画を低予算で製作するようになる。これが「B
級映画（B-movie）」の始まりである。

　B級映画を単なる低予算化・低俗化として片付けることは誤りであ
る。B級映画は，自主検閲規定の縛りと保守性にあきたらない，アメリ
カの前衛的な映画人たちを引き寄せることになる。そのような映画人の
代表的なひとりとして，エドガー・G・ウルマーを挙げることができる。
1904年にチェコに生まれたウルマーは，若き日にはドイツ表現主義映
画の黄金時代に，F・W・ムルナウをはじめとする代表的な映画人に協
力し，もっぱら美術監督として活躍する。1927年にはムルナウととも
にハリウッドに招かれる。『魔人ドラキュラ』（1931年），『フランケン
シュタイン』（1931年）に触発された怪奇映画ブームのなかで，ウルマー
はエドガー・アラン・ポーの原作を大胆に脚色した『黒猫』（1934年）
を監督し成功を収める。ベラ・ルゴーシとボリス・カーロフという怪奇
映画の二大スターの共演になるこの映画は，物語を現代に移し替え，さ
らにバウハウス様式の抽象的なセット・デザインを採用するという，破
天荒の映画化であった。

　しかしこの作品の公開後，ヘイズ・オフィスの自主検閲規定が施行さ
れると，ウルマーの暗い才能は，ハリウッドでは活躍の場を失っていく。
私生活におけるスキャンダルがそれに追い討ちをかけ，ウルマーは実質
的にハリウッドから追放される。そのようななかで，ウルマーは，主に
1939年に設立されたPRC（Producers Releasing Corporation）という
小規模映画会社でB級映画を制作するようになる。ニューヨークのハー
レムを舞台にした『ハーレムにかかる月』（1939年），女性刑務所を舞
台とした『鎖につながれた女たち』（1943年），猟奇的な連続殺人をあ
つかった『青髭』（1944年）といった作品は，ウルマーという映画監督
の暗い志向性のみならず，同時代のB級映画全般の方向性，さらには
エイヴォン・ブックスが代表するようなペーパーバックの示していた傾
向を物語るものである。
　B級であることと前衛であることは，ウルマーのなかでは矛盾しな
かった。ウルマーが監督した『奇妙な幻影』（1945年）は，なんとシェ
イクスピアの『ハムレット』を現代の犯罪ドラマとして再現するという，
途方もなく奇抜な発想に基づく作品である。メジャー映画会社では許容
されないような実験が，B級映画の世界では可能だった。ウルマーに
とって，低予算のB級映画を撮る
ことは，妥協でも敗北でもなかっ
た。ウルマーの作品はそのまま忘れ
去られてもしかたのない運命にあっ
たわけだが，1960年代から急激に
再評価されるようになり，カルト的
な支持を得るようになる（図4-2）。

●ジャンク，アヴァンガルド，そし
　てノワール
　一見水と油であるジャンク（低俗
文化）とアヴァンガルド（前衛文化）
が混交した独自の世界が，第2次世

写真提供：ユニフォトプレス

図4-2　映画『黒猫』（1934年）

界大戦に差し掛かろうとするアメリカに生まれた。そのありえないような混交の生み出した可能性の最も端的な姿を示しているのが，1953年にエイス・ブックスによって刊行された一冊のペーパーバックである。この本は映画の二本立てにあやかるように，一冊で2編の小説が読めるという趣向になっている。つまり表紙にはモーリス・エルブラント作の『麻薬捜査官』というタイトルが掲げられているが，その反対側の表紙は裏表紙ではなく，ウィリアム・リー作の『ジャンキー』というもう一編の小説の上下反転した表紙になっている。実に安手なあざとい商法としか言いようのない装丁である。いわばB面として位置付けられている『ジャンキー』の著者「ウィリアム・リー」は，今日では1950年代ビート・ジェネレーションを代表する前衛作家として評価されているウィリアム・バローズのペンネームだった。ある意味では1960年代のドラッグ・カルチャーを先取りしたバローズの前衛小説『ジャンキー』を発表することのできる世界が，1953年のこの低俗趣味を究めたかに見えるペーパーバックの中にあったのである。それは低俗趣味と前衛とが出会うことのできる文化的空間だった（**図4-3**）。

　B級映画やペーパーバックによって1930年代末のアメリカで醸成されたスタイルは，奇妙なことに第2次世界大戦後になってから，フランスで名前が与えられることになる。映画に関しては「フィルム・ノワール」，文学に関しては「ロマン・ノワール」と名付けられる。ノワールなアメリカ文化は，第2次世界大戦を通じて海を渡り，そして異文化と出会うことにより初めて「アメリカ」の文化として認知され，そして「アメリカ」という認識を通じてグローバルな影響力となるのである。

写真提供：ユニフォトプレス
図4-3　『ジャンキー』の表紙

2. ペーパーバック，海を渡る

● Books Are Weapon in the War of Ideas

　「書物は思想の戦争における武器である」―これは前章でも言及した OWI（戦時情報局）が1942年に制作したポスターに記されたモットーである。表面的にはナチス・ドイツにおける思想統制とりわけ焚書を批判し，自由を守るための戦いを国民に訴えるという内容である。描かれた巨大な書物には「書物は火によって葬り去ることはできない。人は死ぬが書物は死なない。いかなる人間も，いかなる権力も，思想を強制収容所に永久に封じ込めることはできない。いかなる人間も，いかなる力も人類の圧政に対する永遠の戦いそのものである書物を世界から奪うことはできない。我々は知っている。この戦争にあっては書物は武器なのである」というフランクリン・D・ローズヴェルト大統領の言葉と署名が刻まれている。第2次世界大戦は，思想の自由を守るための戦い，全体主義と自由主義とのあいだの戦いなのだとこのポスターは訴えかけている（**図4-4**）。

　しかしこのポスターは，2つの意味で，戦時中の反独プロパガンダという目的を超えて，示唆的あるいは予言的な内容をもっている。ひとつには，「思想の戦争（War of Ideas）」という言葉は，今日から振り返る

なら，戦争の終結後に訪れる冷戦という世界構造，つまり2つの政治的イデオロギーのあいだの戦争を連想させずにはおかない。そこでは文字通りの意味の武器を用いた熱い戦争ではなく，情報戦争や文化戦争といった冷たい戦争が20世紀

出典：パブリック・ドメイン　https://commons.
wikimedia.org/wiki/File:%22Books_are_weapons_
in_the_war_of_ideas%22_-_NARA_-_513575.jpg

図4-4　「書物は思想の戦争における武器である」

末まで続くのである。そのことは，さらにはアメリカの学者ジョゼフ・ナイが提唱し，21世紀になってから強い影響力をもった「ソフト・パワー」という概念にもつながる。ジョゼフ・ナイによれば，東西冷戦に西側の勝利をもたらしたのは軍事力（ハード・パワー）である以上に，アメリカおよび西側の文化の魅力，政治的価値観や政策の魅力といった文化的な影響力，つまりソフト・パワーだったのである。今日から振り返るなら「書物は思想の戦争における武器である」というスローガンは，「書物はソフト・パワーである」と読み替えられなくもない。

　もうひとつこのポスターが示唆的であるのは，実際に第2次世界大戦中に書物がアメリカの軍事活動の一環となったという点においてである。

● Armed Services Editions

　1939年に始まったアメリカのペーパーバックの歴史は，第2次世界大戦へのアメリカ参戦とともに思わぬ展開，そしてその形態の突然変異を見せる。第2次世界大戦中，アメリカ政府は，兵士たちのために「兵隊本（Armed Services Editions）」と呼ばれるペーパーバックを発行し提供する。その数は1,332タイトル，総計1億2,300万冊という途方もない数にのぼる。それだけの部数を迅速に印刷製本するために，一般的な縦長の形状ではなく，横長の形状がとられる。横長のペーパーバックが1億2,300万冊，武器とともに戦場に送り届けられたのである（図4-5）。

　第2次世界大戦は，待機時間の長い戦争であった。第1次世界大戦がいつ敵弾が飛んでくるかわからない塹壕の中でもっぱら戦われたのとは対照的に，第2次世界大戦では空母に乗船して数日間にわたり戦地まで航海したり，あるいは数時間にわたり爆撃機で爆弾投下地まで飛行したりする必要があった。それは長大な待機時間を意味した。

　そのような待機時間を兵士たちが過ごすうえで，格好のあるいは唯一のレクリエーションが読書だった。携帯もタブレットもゲームマシンもない時代にあって，軍服のポケットに収まり，いつでも取り出して読め

るペーパーバックは，ある意味では先端的なガジェットであったといってもよいだろう。

　このシリーズに含めるタイトルの選定にあたったのは，第3章で詳しく論じたOSS（戦略情報局）の内部に設けられた戦時図書委員会である。戦後20世紀アメリカ小説の紹介者として大きな役割を果たす文芸批評家のマルカム・カウリーもこの委員会に名を連ねている。この委員会の先見の明とでもいうべき点は，国策的な選定を避け，ありとあらゆる方向から，兵士たちの需要に応えた点にあった。英米文学の古典や市民教育の教科書的なタイトルだけでなく，実用書や推理小説までそこに含められた。たとえばジェイムズ・M・ケインの『郵便配達は二度ベルを鳴らす』や，レイモンド・チャンドラーの『大いなる眠り』と『湖中の女』，ヴェラ・キャスパリの『ローラ殺人事件』といった，アメリカ社会の暗黒面を描くノワール系の小説も含められていた。

　ウィリアム・フォークナーの「エミリーへの薔薇」がこのシリーズに含まれたことも見逃せない。フォークナーは，アメリカ人としての戦後初のノーベル文学賞を受賞することになるが，戦前にはほとんどの代表作が絶版になるなどアメリカ国内ではまったく知られざる作家であった。戦時図書委員会のメンバーでもあったマルカム・カウリーが『ポータブル・フォークナー』（1946年）と題する作品選集を戦後に出すに及

出典：パブリック・ドメイン　https://en.wikipedia.org/wiki/File:Serviceman_reading_brooklyn.jpg

図4-5　横長のペーパーバックを読むアメリカ兵

び，アメリカで大々的なフォークナー発見が始まる。それに先駆け「エ
ミリーへの薔薇」を含むフォークナーの短編集が兵隊本を通じて，多く
の兵士たちに読まれていたのである。「エミリーへの薔薇」は，アメリ
カ南部の名門の娘である老嬢が，愛人を殺害しその屍体とともに生活し
ていたという，ノワール的な際どさをもった作品だった。

　戦争が終わると，1億2,300万冊のペーパーバックの多くは，戦地で
売却されたり放棄されたりした。これはアメリカの出版文化が，前代未
聞の規模でグローバルに流布することを意味した。

●「アメリカ」を輸出する国アメリカ

　このあとアメリカ合衆国が，冷戦期にとった文化政策から翻って考え
るなら，兵隊本のグローバルな流布は，冷戦期のアメリカの文化外交の
前哨戦としてすでに意図されていたかのようにさえ思えてくる。つまり
アメリカ文化とアメリカ的生活様式（American Way of Life）を世界中
に輸出し浸透させ，それによって共産圏の拡張を食い止めようという文
化政策である。

　しかしそのような冷戦文化政策にたどり着くためには，実際には長い
道のりがあった。アメリカ合衆国が「アメリカ」を輸出する国になるた
めには，輸出可能な「アメリカ」という理念が必要であり，それがまだ
なかったという大問題がそこにあった。一例を挙げるなら，アメリカの
大学には第2次世界大戦に参戦する段階でアメリカ文学のカリキュラム
が存在しなかった。アメリカの大学でアメリカの文学を教える場は，今
日に至るまでアメリカ文学科ではなく英文科（English Department）
であり，そのカリキュラムは英語と英語文学を教えるためのものであ
り，その主体は明らかにイギリス文学にあった。大戦期にある研究者は，
15名規模のスタッフからなるアメリカの平均的な英文科に，アメリカ
文学の研究者は1名か2名程度しか配備されていなかったという状況を
嘆いている[1]。アメリカで初の合衆国文学通史となるロバート・スピ

---

1) Howard Mumford Jones, *Ideas in America* (Cambridge: Harvard UP, 1944), 3.

ラーらの編纂になる『合衆国文学史』が刊行されたのが1948年，これ
はトルーマン・ドクトリンが冷戦の始まりを宣言した翌年にあたる。そ
して今日に至るまでアメリカ研究の中枢であるアメリカ研究学会が機関
誌『アメリカン・クォータリー』を創刊するのは1949年，朝鮮戦争勃
発の前年である。「アメリカ」という理念を輸出し，それによって自由
世界を守ろうという発想は，大戦以前のアメリカにはなかった――という
よりありようがなかった。大戦期から冷戦初期にかけて，急ピッチで輸
出可能な「アメリカ」というイデアは構築されなければならなかったの
である。

　その萌芽となる動きが，第2次世界大戦中にきわめて現実的なレベル
で始まる。それはドイツ人捕虜に対する再教育プログラムである。

　ローズヴェルト大統領は，国民を煽動した一部の指導者を罰するとい
う，第1次世界大戦後の戦後処理は致命的な誤りであり，戦後の平和を
築くためには，教育を通じてドイツ人の国民性を根底から改造すること
が必要であると考えた[2]。

　こうした政策に具体性を与えたのが，精神科医リチャード・M・ブ
リックナーが著わした『ドイツは治療不可能か？』（1943年）である。
ブリックナーはナチズムを精神異常――パラノイアとメガロマニア――の一
形態と断定するのみならず，戦後処理のなかにあっては，ドイツと国際
社会の関係は，患者とその家族の関係をモデルとする必要があることを
主張する。今日の私たちの目から見れば，きわめて乱暴な疑似精神医学
に見えてしまうこの書は，しかしながら1943年の段階では広い支持を
集めた。人類学者のルース・ベネディクトとマーガレット・ミードもブ
リックナーを強く支持し，とくにミードはこの書に序文まで寄せてい
る。

　ブリックナーが提起した対ドイツ戦後処理の青写真を現実に遂行した
のが，一方において戦略爆撃であり，もう一方においてアメリカ文学お
よびアメリカ史の教育である。戦略爆撃は，「強烈なショックを与え

---

2) Ron Robin, *The Barbed-Wire College: Reeducating German POWs in the United
States during World War II* (Princeton: Princeton UP, 1995), 19-20.

……既に確立された生き方や行動パターンを断ち切り，新しい影響力が
浸透することを可能にする」ための手段としてとらえられる[3]。これは
同時代に急速にアメリカの精神科医療に普及していったショック療法の
応用といえる発想である。

　しかし戦略爆撃によるショック療法の次の段階で想定される，民主主
義的なアメリカ文化の移植という作業は，遥かに大きな困難を伴った。
とりわけアメリカの文化は物質主義的でそれ故に通俗的な文化であると
いう，あながち的外れとは言い難い先入観を刷り込まれたドイツ人に対
して，アメリカ文化を教育するという試みは，無謀とさえいえるもの
だった。そればかりかドイツ国民の世界観をいったん破壊することは，
共産主義の浸透という，ある意味ではファシズムを放置する以上に危険
なシナリオも招きかねないことをアメリカ政府は認識していた[4]。さら
にジュネーヴ協定という意外な障壁も存在した。ジュネーヴ協定は，捕
虜に対するプロパガンダを禁じており，アメリカがこれに違反した「再
教育」を行えば，ドイツのアメリカ人捕虜が同様の扱いを受ける危険を
意味した[5]。その結果，アメリカの再教育プログラムは，ジュネーヴ協
定に認められた「知的な娯楽」の範囲で，「読み物と限定的な範囲にお
ける視覚的な補助教材を用い，狡猾なプロパガンダのライターではなく
協力的な捕虜の書いた新聞を刊行することによって，アメリカン・ウェ
イに捕虜たちを引きつけることを［再教育］プランは目指した」[6]。ア
メリカン・ウェイの緩やかな浸透による全体主義の抑止という戦略は，
冷戦時代のアメリカの文化政策そのものといってよい。

　もちろん今日の視点から振り返れば，このような目的のためには，ハ
リウッド映画を用いる方がはるかに効果的ではないかと思わずにはいら
れない。しかし再教育プランのなかでは，「限られた範囲の視覚的教材」
という範囲でしか，映画は考慮されておらず，あくまでもその中心は文

3）Robin, 16.
4）Robin, 23.
5）Robin, 22.
6）Robin, 27.

学を中心とする「読み物」であった。このことはアメリカン・ウェイの
教育という課題に使命感を持っていたのが，次に言及するハワード・マ
ムフォード・ジュニアのような文学関係の人びとに限られていたという
事情を反映するものと考えられる。

　SPD（Special Projects Division：特別計画部）の部長として，ドイ
ツ人捕虜の再教育プログラムの中核となっていったのは，ハーヴァード
大学の若い英文科教授ハワード・マムフォード・ジョーンズだった。
ハーヴァードの「左寄りニューディーラー」のひとりであるジョーンズ
は，反ファシズム戦争には積極的な立場を取っていた。とはいえ彼が大
戦当初に務めた役割はハーヴァードの学内警察の副署長として，ケンブ
リッジ市内の警備に当たるという名目ばかりの戦争協力だったので，そ
の意味では大胆な抜擢でもあった。しかしジョーンズは，冷戦時代の文
化戦略を最も早い時期からヴィジョンとして持っていたひとりでもあっ
た。すでに 1938 年に『アトランティック』誌に寄せた論文「愛国主義
──しかしどのような？」において，ファシズムと闘うためには，独裁者
たちの魅力的な神話に対抗する民主主義の神話を創出する必要があり，
そのため教養教育が重要な役割を果たすべきであるという，驚くほど先
駆的な論を展開していたことを考えるなら，この抜擢は至当のもので
あった。

　ハワード・マムフォード・ジョーンズは，アメリカ研究の創始者とし
てただちに思い浮かべられる名前では必ずしもないし，またアメリカ文
学研究の必読書を残した著者でもない。しかしジョーンズの存在は，ア
メリカ研究の確立に至るまでの過程の中核につねにある。ジョーンズは
1936 年からハーヴァード大学で教鞭をとり，戦後にはスピラーを中心
とする『合衆国文学史』の編者のなかに名を連ねており，またアメリカ
研究学会の会誌『アメリカン・クォータリー』の創刊号にも寄稿してい
る。さらに 1944 年から 1951 年までアメリカ芸術科学アカデミーの会長
を務め，1955 年から 1959 年まで ACLS（American Council of Learned
Societies：アメリカ学術評議会）の会長を務めている。『アメリカン・
ヒューマニズム──その世界における意味』という彼の著書のタイトル

が端的に物語るように，冷戦期アメリカのリベラリズムおよび教育文化政策のグローバルな展開の中核にいた知識人といってよい。ハーヴァード大学英文科の一教員から，冷戦時代の教育文化政策の中枢へという，ジョーンズの転身の重要なきっかけと考えられるのが，彼のドイツ人捕虜の再教育プログラムへの関与なのである。

　しかし，その後のジョーンズの果たした役割から振り返って考えるとき，逆に印象的なのは，発足当初の再教育プログラムがいかに貧相なものであったかである。ジョーンズの自伝によれば再教育プログラムの初期の仕事は，マンハッタンのオフィスで，ジョーンズができる限り簡潔平明な英語でアメリカ史を執筆し，そして彼の協力者だったヘンリー・エーアマンがドイツ語の対訳をつけるというものだったという[7]。アメリカ研究の成立までの道のりは気が遠くなるほどのものといわなければならない。

　このような地道な作業と並行して，ジョーンズを含むアメリカの知識人たちは，輸出すべきイデアとしての「アメリカ」を創出すべく議論を重ねていた。1940年，ユダヤ教のラビであるルイス・フィンケルシュタインの呼びかけで，79人の知識人たちによって「科学哲学宗教学会」なる組織が結成され，1940年から1968年まで毎年セミナーを開催する。この学会の正式名称（Conference on Science, Philosophy, and Religion and Their Relation to the Democratic Ways of Life, Inc.）が物語るように，この学会の基調となる問題意識は，ファシズム／民主主義という対立図式と，民主主義＝アメリカ合衆国という等式とを両輪とする世界観，そして危機感である。

　今日では顧みられることの稀なこの学会にここであえて注目するのは，ひとつにはこの学会に参加した顔ぶれのただならぬ充実ぶりのゆえである。1942年に開催された第2回シンポジウムの参加者にはアルバート・アインシュタインを始め，ヴァン・ワイク・ブルックス，フランツ・ボアズ，マーガレット・ミード，ルース・ベネディクト，エンリ

7) Howard Mumford Jones, *An Autobiography* (Madison: U of Wisconsin P), 217.

コ・フェルミ, アレイン・ロック, ペリー・ミラーなどが含まれ, 瞠目すべき陣容となっている。また各年次のシンポジウムが掲げたテーマ(「国家的統一の諸相」「現代社会における権力の対立」「アメリカ教育の目標」「教育と世界平和」)は, 第2次世界大戦から冷戦に向けてのアメリカ思潮の俯瞰図を見るようである。ここでも第2次世界大戦と並行して, すでに冷戦世界構造の構築は始まっていたのである。

この学会の最初のプレス・リリースは, ファシズムの台頭と世界大戦という危機的状況のなかで「アメリカ」が再発見・再定義されていくプロセスを端的に物語っている。

> われわれの時代の知的な混迷を克服するために必要なのは, 全体主義などでは決してない。アメリカは連邦主義を大陸規模で展開した最初の国家である。アメリカという国家の天才性をもってすれば, 同じ原理を異なる宗教のあいだの, 異なる政治観・教育観の共生に応用することが可能であるはずである。哲学や科学のいかなる分野の持つ真の自律性を奪うことなどありえず, ……われわれの共有する背景が, 一致団結した民主主義的なアメリカの生き方という共通の基盤をもたらすだろう。

アメリカの歴史は固有のものであり, その固有の特性あるいは「天才」性は, 第2次世界大戦中の現代にとって特別な意味を持ち, 原理としての「アメリカ」は世界の共存と調和のために応用が可能であると, この学会の主催者たちは考えたのである。

この学会に集った学者たちがアメリカを語る情熱は, 単なるナショナリズムや大国主義として片付けることはできない。彼らの語るアメリカは, 国民国家というカテゴリーを離れて, 全体主義以降の戦後世界のモデル, 輸出可能なあるいは輸出されねばならない理念としての「アメリカ」であった。

●**輸出されるアメリカ**

　ハワード・マムフォード・ジョーンズが戦中のアメリカに自国文学史もなければ，アメリカ文学研究の制度的受け皿もなかったことを指摘していたことを想起するなら，戦後直ちにアメリカ研究の世界輸出が始まったことは，驚くべき事態である。1947年には，ハーヴァード大学の大学院生クレメンス・ヘラーの提案のもとに，「ザルツブルク・アメリカ文明研究セミナー」（現在の「ザルツブルク・グローバル・セミナー」）が企画され，それは同じ年の夏にただちに実現してしまう。ヨーロッパ18カ国から90名の学生を集めて開催された第1回セミナーには，アメリカからF・O・マシッセンとマーガレット・ミード，そして経済学者ワシリー・レオンティエフが派遣される。ザルツブルク・セミナーはこの種のアメリカ研究セミナーの原型となり，わが国でも1950年から「東京大学・スタンフォード大学アメリカ研究セミナー」，1951年から「京都アメリカ研究夏期セミナー」が開催される。ジョーンズ自身も1950年にミュンヘンに渡り，ミュンヘン大学におけるアメリカ研究センターの立ち上げに参画している。

　こうしたアメリカ研究・アメリカ文学研究の世界輸出は，世界各地におけるアメリカン・センターやこれに類する図書館の建設，ボイス・オブ・アメリカによる全世界に向けたラジオ放送，ガリオア＝フルブライト奨学金による留学生の大規模な受け入れと相まって，冷戦期の文化超大国としてのアメリカの構築に大きな役割を果たすことになる。確かに，「書物は思想の戦争における武器」となったのである。

3. 異文化としてのアメリカ

● **1946年の夏，パリ**

　以上のようなアメリカ合衆国の文化外交政策が，今日に至るアメリカ合衆国の覇権を築くうえで大きな役割を果たしたことは疑いえない。しかし「異文化との出会い」は，文化政策によっては決してコントロールできないような不確定性と複雑さを伴う。アメリカ合衆国が輸出しようとした「アメリカ」と，各国が戦後に受容した「アメリカ」は，決して

イコールではない。

　1946 年 7 月，パリの映画観客は大戦のために見ることのできなかっ
たアメリカ映画にまとめて「出会う」ことになる。パリの知識人たちを
熱狂させたのは，「自由世界の盟主」としてのアメリカではなかった。
映画批評家のニノ・フランクは『マルタの鷹』（1941 年），『深夜の告白』
（1944 年），『ローラ殺人事件』（1944 年），『ブロンドの殺人者』（1944 年）
の 4 本に注目し，「新しい種類の警察ドラマ—犯罪的冒険」と題する記
事を『レクラン・フランセ』誌に発表する。この記事によりハリウッド
B 級映画をそのルーツとする固有のスタイルは「フィルム・ノワール」
という名称を獲得する。フィルム・ノワールというと今日では，モノク
ロームの極端な明暗，暗い画面，誇張された影といったスタイルを持っ
た犯罪映画として理解される。しかしフランクがこの記事の中で注目し
たのは，スタイルである以上に「現実社会のなかに存在するある種の耐
えがたい残酷さ，隠しても隠し切ることのできない過去」を描くリアリ
ズムだった。フランクが称賛したフィルム・ノワールのアメリカ性は，
アメリカ政府が世界に輸出しようとしたイデアとしての「アメリカ」で
はなく，そのような理想化された民主主義社会の裏面を暴き出してしま
うような暴力性を持った「アメリカ」だった。

　1946 年夏のフィルム・ノワールの衝撃は，フランスにおけるアメリ
カ文学受容に明らかな影響を残している。ジャン＝ポール・サルトル
は，アメリカの『アトランティック』誌 1946 年 8 月号に「フランス人
の目から見たアメリカの小説家たち」と題する記事を寄稿している。こ
のなかでサルトルは，ウィリアム・フォークナーとジョン・ドスパソス
に対するフランスの作家たちの高い評価を紹介しているが，そうしたア
メリカ作家たちの作品の価値が「突然明らかに」なり，そして「ジャズ
や映画」と並ぶ位置を獲得したと述べている。サルトルのこのような評
価は，1946 年のフィルム・ノワールに対する熱狂と切り離すことがで
きないだろう。

　同じくフランスの女性批評家クロード＝エドモンド・マニーは，1948
年に『アメリカ小説時代—小説と映画』を発表する。アメリカ合衆国で

ようやくアメリカ文学通史が刊行された年に，そして最初の本格的なヘミングウェイ研究となるフィリップ・ヤングの『ヘミングウェイ』が博士論文としてようやく提出された年に，この優れたロスト・ジェネレーション文学研究がフランスで刊行されたことは，それ自体として注目に値することである。キャロリン・ゲダルドによれば，マニーのアメリカ小説論は，1946年夏のフィルム・ノワールの熱狂のなかで着想されたという。それを物語るかのように，マニーはアメリカ小説をアメリカ映画とりわけフィルム・ノワールと並列しつつ論じている。

　フランスの知識人たちが受け止めたアメリカ文学は，ザルツブルク・アメリカ研究セミナーを通じてアメリカ政府とアメリカの学者たちが輸出しようとしたアメリカ文学とは，明らかに異なる傾向を持っていた。

●黒澤ノワール

　映画史のうえではフィルム・ノワールの歴史は，1941年公開の『マルタの鷹』とともに始まったとされている。パリの聴衆はフィルム・ノワールの最初の5年間を，1946年に一気に観たことになる。これとはまったく対照的な状況が日本にはあった。日本では戦時中にアメリカ映画の上映が禁止されたので，1941年に始まるフィルム・ノワールの歴史は完全に日本のスクリーンから欠落する。なおかつアメリカによる占領期（1945-1952年）には，映画の上映はGHQのCIE（Civil Information and Educational Section）によって厳格に管理され，アメリカ的民主主義に沿った「健全」な映画が推奨されるいっぽう，反社会的な内容を持った映画は排除された。その結果としてアメリカのフィルム・ノワールは，いっそう完璧に日本のスクリーンから欠落することになる。フィルム・ノワールの代表的な作品の日本での劇場公開は大きく遅れる。『マルタの鷹』は1951年，『深夜の告白』（1944年）が1955年，『ブロンドの殺人者』（1944年）が1988年，『三つ数えろ』（1946年）が1955年，『上海から来た女』（1947年）が1977年に，日本でようやく劇場公開されている。『ミルドレッド・ピアス』（1945年），『郵便配達は二度ベルを鳴らす』（1946年），『過去を逃れて』（1947年）に至っては，今

日まで日本では劇場公開はされていない。

　黒澤明が占領期に製作した2本の映画，『酔いどれ天使』（1948年）と『野良犬』（1949年）は，今日ではフィルム・ノワールとして広く認知されている。カナダでは『野良犬』を含む黒澤3作品のDVDセットが "Kurosawa Noir" というタイトルで発売されていたりするほどであり，『酔いどれ天使』『野良犬』『蜘蛛巣城』『天国と地獄』『悪い奴ほどよく眠る』といった黒澤作品がフィルム・ノワールであるという認識は一般化している。

　実際に『酔いどれ天使』と『野良犬』には，フィルム・ノワールの特徴が蔓延している。2作品とも犯罪世界を扱ったストーリーであり，「戦前」という過去の呪縛との闘いと「戦後」の社会のモラルの瓦解が主題となっている。さらにはスタイルのうえでも，フィルム・ノワールの専売特許のようなヴォイスオーヴァー・ナレーション（画面に現れない語り手の声によるナレーション），強烈な明暗対比，不気味な影，ドキュメンタリータッチの転用といった特徴を容易に見分けることができる（図4-6）。フィルム・ノワールがほぼ完璧にシャットアウトされていた日本で，これほど典型的なフィルム・ノワールが作られたというのは，常識的には説明のつかない事態と言わなければならない。

　黒澤明がアメリカのフィルム・ノワールから影響を受けたことはあり

出典：映画『酔いどれ天使』（1948年，東宝製作・配給）

図4-6　フィルム・ノワール的な影

えないが，しかしそのいっぽうで，フィルム・ノワールが描いたもうひとつの「アメリカ」――ノワールな「アメリカ」――は，占領期の日本に溢れていたし，戦時中にさえ存在していたことを忘れるわけにはいかない。占領下の日本の主要都市には占領軍のためのジャズ・クラブが立ち並び，アメリカ兵士たちの持ち込んだ兵隊本やその他のペーパーバックには，アメリカのノワール小説がふんだんに含まれていた。ニノ・フランクの言葉を借りるなら「現実社会のなかに存在するある種の耐えがたい残酷さ，隠しても隠し切ることのできない過去」を暴くようなアメリカ文化はいつでも手の届くところにあったのである。

　これを端的に示すのが，『酔いどれ天使』のなかの「ジャングル・ブギー」の場面である。この映画の舞台は戦争直後の東京の闇市であるが，その闇市の中に，いかにもアメリカ風なナイトクラブ「ナンバー・ワン」が置かれている。その舞台に，映画全体のストーリーとは無関係に，唐突に当時人気の絶頂にあった笠置シヅ子が，ジョゼフィン・ベーカー風のきわどい衣装で登場し「ジャングル・ブギー」を絶唱する（**図 4-7**）。「ジャングル・ブギー」の歌詞は黒澤明自身の手になるものであり，作曲は戦時中の上海でジャズ文化を花開かせた服部良一が担当している。笠置シヅ子が「赤い月夜にジャングルで　骨の溶けるような恋をした」と歌うと「ナンバー・ワン」全体が熱狂に包まれ，三船敏郎の演じる肺

出典：映画『酔いどれ天使』（1948 年，東宝製作・配給）

図 4-7　笠置シヅ子の「ジャングル・ブギー」

病に病む衰弱したやくざの主人公までが，意味不明の踊りに躍り狂う。笠置シヅ子とナイトクラブの客たちが全身で表現する狂熱は，戦前・戦中の抑圧からの解放であり，そして「アメリカ」であった。

●エピローグ

　映画評論家そしてジャズ評論家として知られる植草甚一の，アメリカ文学に関する文章を集めた選集『アメリカ小説を読んでみよう』に，あるアメリカ文学者が興味深いあとがきを寄せており，日本の占領期の「アメリカ」受容の興味深いひとこまを垣間見させてくれる。

　　　アームド・サーヴィス・エディションというのは，アメリカの出版社，図書館，書店が協力して第二次世界大戦中に米軍教育用に作った双書で，英語で書かれたいい文学作品がえらばれていた。普通の文庫本と違って横綴じになっていたところから，ぼくたちは兵隊本とか横本とか呼んでいた。三省堂の反対側の通りの，もと神田日活のあったあたりに昼過ぎから露店が出て，占領軍として入ったアメリカ人たちが売り払った本を並べていた。まだ洋書の輸入が許可されていない時期で，原書を手に入れようとすると，その露店で兵隊本を探すのがいちばん手っとり早かった。ぼくがまだ学生だった昭和二十四，五年のことで，コールドウェルとかスタインベックとか，覚えたての名前を本の山から探し出して，二，三冊ずつ買って帰った。

　　　ぼくはそんなふうにしてアメリカ小説を読み始めたわけだが，露店で本を探していると，精悍な感じの紳士が姿を見せた。その紳士はすでに大きな本の包みを持っているというのに，たちまちのうちに二，三十冊えらんで本屋に包ませた。何度も見かけるので，えらび出すのをうかがっていると，こっちがまるできいたことのない作家を「やあ，あったぞ」という表情でえらび出す。関心のあり方は，アメリカ小説というような小さな枠に収まるものではないようだ。半年ほどたつうちに，ぼくは紳士が店を出るのを見はからって，「あ

れは誰です？」と本屋にきいた。すぐに「植草さんですよ」と教え
てくれた。[9]

　この文章は，兵隊本がアメリカ文学の世界輸出に確実に貢献していた
ことを物語っている。解説文の著者の宮本陽吉はこのあと「東京大学・
スタンフォード大学アメリカ研究セミナー」にも参加し，アメリカ文学
の翻訳者・研究者としての道を歩むことになる。いっぽうの植草甚一の
アメリカ文学との関わりは，アカデミズムとは無縁でたしかに「アメリ
カ小説というような小さな枠に収まるものでは」なかった。しかもそれ
は第2次世界大戦の終戦以前から始まっていた。

　植草甚一は戦時中にアメリカの推理小説作家S・S・ヴァンダインの
『真冬の殺人事件』を翻訳して映画雑誌『スタア』に連載している。そ
して戦後も映画批評と並行してミステリー小説の紹介者として活躍し
た。植草甚一だけでなく，戦後活躍した映画批評家たちはアメリカの推
理小説の愛好家そして翻訳家でもあった。飯島正はジェイムズ・M・ケ
インの『郵便配達は二度ベルを鳴らす』を，双葉十三郎はレイモンド・
チャンドラーの『大いなる眠り』を翻訳している。こうしたアメリカ受
容のなかでは，サルトルが「フランス人の目から見たアメリカの小説家
たち」のなかで示唆しているように，アメリカ小説は「ジャズや映画」
といわば三位一体だったのである。

　ポピュラーとアヴァンガルドとのあいだの垣根を容易に跨いでしまう
アメリカの「ポップ」な文化は，驚くべき速さで日本やフランスやその
他の国の文化に浸透し，アメリカ合衆国におけるオリジナルやアメリカ
合衆国の文化政策とはほとんど無縁に，いわばガラパゴス的進化を遂げ
つつさまざまな「アメリカ」を世界各地に生んでいったのである。その
ようなプロセスのなかにあってこそ，フィルム・ノワールがまったく上
映されることのなかった日本で黒澤明が2本のフィルム・ノワールの傑
作を生むという珍事が起こりえたのである。

9）宮本陽吉「解説——植草さんとぼくの長男」植草甚一（1977）『アメリカ小説を
読んでみよう』植草甚一スクラップブック第17巻，晶文社，245-46。

　グローバルに拡散したペーパーバックは，イデアとしての「アメリカ」とその裏側とも言えるノワールな「アメリカ」の両方を運ぶ媒体となった。「昭和二十四，五年」の神田の露店では，2つの「アメリカ」がことさらぶつかり合うこともなく交錯していたのである。

🎙 研究課題

1．日本における文庫本・新書の普及の歴史について調べ，それが日本の出版文化にもたらした変化・影響について論じなさい。
2．本章では，ハードカバーからペーパーバックへという容れ物（メディア）の変化が，文学・文化のありようそのものを変えてしまったことを論じた。同じようにメディアの変化が内容の変化をもたらした事例を挙げ，それについて論じなさい。
3．アメリカのポピュラー・カルチャーが日本で受容され，本国のオリジナルから遊離したガラパゴス的進化を遂げた例を挙げ，そのなかでの「アメリカ」の持つ意味について論じなさい。

参考文献

- モリー・グプティル・マニング／松尾恭子訳（2020）『戦地の図書館—海を越えた一億四千万冊』晶文社
- 尾崎俊介（2002）『紙表紙の誘惑—アメリカン・ペーパーバック・ラビリンス』研究社
- 宮本陽一郎（2016）『アトミック・メロドラマ—冷戦アメリカのドラマトゥルギー』第2章および第5章，彩流社

5 | ポライトネスの東西対立
——自他をどう捉えるか？

滝浦　真人

《**本章の目標＆ポイント**》　人は，相手が何を言っているかと同じくらい，自分が言葉でどう扱われているかに関心を寄せる。どういう扱いが好まれるかは言語文化による相違が大きいゆえに，異文化間にはさまざまな対立があるように見える。本章では，「ポライトネス」を軸に，日本語的なあり方とヨーロッパ語的なあり方との間に生じるさまざまな"東西対立"をどのように捉えることができるのか，3つの角度から考える。

《**キーワード**》　ポライトネス vs. 敬語，呼称の遠近，表敬 vs. 品行，敬語の5分類

1. 2つに分けたい人間

　ある対象を理解したいと思ったとき，人はそれを分類したくなる。共通性に目を付けて，それの有無で分けていく。分類を繰り返せば対象はいくらでも細かく分けられるが，手っ取り早く1回だけ分類するということもよく行われる。たった1回でも，対象は2つに分かれるから，それだけで対象のもつ複雑さは半減され，把握のしやすさは倍増することになる。効果は大きいと言うべきだろう。

　古くは，太陽と月に擬えて，世界を陽と陰に分けることが行われた。日本にも影響を及ぼした分類思想に「陰陽五行説」がある。この説は世界を何でも2つに分けてしまうから，中国から伝わった朝鮮では，言語の音まで陰と陽に分類された[1]。二分法的思考は，白／黒，善／悪など挙げていけばきりがなく，「勝ち組／負け組」の近年の使い方や「しょうゆ顔／ソース顔」などというルックスの分類も，複雑な対象の把握を

---

1) 韓国・朝鮮語では，「陽母音／陰母音」という区別が現在でも行われている。

容易にする効果の点では十分に大きい[2]。学問の世界とて例外ではなく，20世紀半ばから後半にかけて大きな影響力をもった「構造主義」など，ある特徴の有無を［＋／－　○△性］のような二項対立で表し，その組み合わせで対象の記述そのものに代えてしまおうとした文化思想だった。

　もちろん，対象自体の複雑さは十分あるわけだから，過剰な一般化を免れないというリスクと表裏であることは言うまでもない。そうした二分法の中で，世界で最もポピュラーと言っていいかもしれないひとつが，世界を「東西」に分けることである。西洋世界も東洋世界も，実体として存在すると言うことは可能だし，歴史的な経緯もある。とはいえ，現実の世界を理解したいと思えば，例えば「イスラム」世界を抜きにすることは考えられないし，どちらにも入らなそうなアフリカ世界はどうするのか？という話にもなろう。少し考えれば，その現実的有効性はかなり限定的であることが容易に理解されるにもかかわらず，この「西洋／東洋」という二項対立は人びとの心を捕らえて止まない。

　さて，本章のトピックは「ポライトネス」である。とりあえず，コミュニケーションにおいて言語的にやりとりされる「対人配慮」くらいの意味で了解してもらってかまわない[3]。現在の日本でこの用語がどの程度一般化しているかは定かでないが，語学文学あたりを専攻する大学院生なら，一応知識の中にはあるくらいかと想定する。このポライトネスについての議論で，洋の東西に関わる対立がさまざまな形で現れてくるというのが，本章の表向きの内容である。表向きと言うのは，取り上げるすべてのケースで，"東西"の対立が何らかの意味で関わってくると同時に，それぞれの"対立"が，何らかの意味で（後に止揚された，対立軸自体が"対立"していた，気づかない共通性が内包されていた，など）単純な"東西対立"とは呼べないことが明らかになるだろうからである。

2）この後者の二分法は，1988年の「第5回 ユーキャン 新語・流行語大賞」の「流行語部門・大衆賞」を受賞した。
3）ただし，以下で迷子にならないために予告をしておけば，その「配慮」の中身と文化的意味が問題となる。

2.　"異議申し立て"の歴史

　では，"洋の東西"を切り口として見えてくる「ポライトネス」の入門ツアーを始めよう。まずは，最もそれらしく見える"対立"の歴史として，「ポライトネス」論の展開から眺めることにする。学問史ではしばしば，その学問における対象の捉え方を支配する認識の枠組み，すなわち「パラダイム」の転換が大きなトピックとなる。このことはポライトネス論にも当てはまるが，特徴的と見えるのは，パラダイムの提案とそれに対する異議申し立てが目まぐるしく行われてきたため，その歴史がそのままポライトネス論の歴史となっている点だと言えるだろう。

●近代イギリス的礼節 vs. 現代アメリカ的親しさ

　'Politeness' が主題的に捉えられるようになったのは近代ヨーロッパのことで，例えばイギリス文学では，17世紀あたりから，「丁寧な・礼儀正しい・洗練された」といった意味で"ポライトであること"が，その反動としての側面をも含めて，作品のモチーフとなってきた（阿部 2015）。そうした「礼節の時代」を象徴するのがヴィクトリア朝のイギリスで，産業革命によって荒廃する都市をよそに，皮相的な道徳が説かれた時代だった。その申し子とも言える存在が，おそらく多くの日本人にも馴染みのある，ルイス・キャロルの童話の主人公「アリス」である。

　『不思議の国のアリス』（1865年）は，ウサギ穴から落下した少女アリスが訪問することになった，奇妙な住人たちの暮らす地底世界という"異文化との出会い"の物語である。だが，この出会いはアリスにとっては受難続きで，相手を怒らせてしまったり，無視されたり，説教をされたりと，ちっとも楽しそうには見えない（"異文化コミュニケーション"は容易なことではない！）。そして，その原因となっていたものこそ，アリスが教え込まれていた礼儀作法に忠実な子どもとして振る舞おうとしたことにほかならない。「3月ウサギ」に話しかけようとしたアリスは，'Sir' という馬鹿丁寧な呼称を使ったために返事をしてもらえない。ネズミに話しかけようとしたときも，'O Mouse!'（「おお，ネズ

ミよ！」）となんとラテン語の呼格[4]風の呼び方をして，やはり無視されてしまう。ならばフランス語でと，覚えていた「猫」の文例を口にして怖がらせてしまい，優しく慰めなくてはと作戦を切り替えて，'Mouse dear!'（「ねえ，ねずみちゃん！」）と親しげな呼びかけをしてようやく返事をしてもらえる。つまり，アリスの失敗は，教えられた道徳に従って，初対面の相手（大人？）に対し距離感の大きな呼称をしたことにあり，それで対人距離を小さくしてみたら受け入れてもらえたという，相手かまわぬ皮相的な道徳に対する揶揄が込められた物語なのだった（対人距離の解釈については，椎名 2017 を参照）。

　とりあえず，「ポライトネス」の概念は，このように対人距離を大きく取って丁重に恭しく話すという，日本語的な丁寧さの感覚とも近い意味合いにおいて出発した。ここまでは，ポライトネス論のいわば前史である。時代がずっと下った 20 世紀後半の 1970 年代になって，「ポライトネス」は言語学の一分野「語用論」の大きなテーマとして浮上してくる。なかでも，枠組みとしての普遍を指向した大きな理論として提唱されたブラウン＆レヴィンソンのポライトネス論は，語用論研究を一気に塗り替えてしまうほどのインパクトを与えた（Brown and Levinson 1978/1987）[5]。当時アメリカ・カリフォルニアの大学院生だった 2 人が考えたのは，「ポライトネス」概念の外延を一気に広げるような構想だった。「ポライトネス」が対人関係を構築したり維持したり強化したりする原動力になるのなら，それはいま見たようなイギリス的な畏(かしこ)まりに限る必要はないはずであり，相手をファースト・ネームで呼ぶのが基本であるようなアメリカ的な "親しさの礼儀" もまたれっきとしたポライトネスであるはずだ，との考えが彼らの理論の柱を成していた。

---

4) 古代ギリシャ語やラテン語には，呼びかけ専用の格形式があって，呼格という。ラテン語では，例えば，Brutus（ブルータス）の呼格は Brute となる。アリスの 'O Mouse!' をどう読んだかはわからないが，通常どおりに発音すれば語末は [us] となり，語末の綴り e を呼格風に発音すれば [e] となり，Brutus/Brute と同じような具合になる仕掛けと言える。
5) 1978 年に論集の一部として発表され，1987 年に長い前書きを付したモノグラフとして刊行された。

　コミュニケーションにおいて尊重されるべき自我に相当するものを，彼らは社会学者ゴフマンの概念を引き継いで「フェイス」（face）と呼んだが（Goffman 1967），ゴフマンとは異なり（さらに進めて?），他者と交わって受け入れられたい自我と，他者から踏み込まれずに保っていたい自我という具合に，「ポジティブ／ネガティブ・フェイス」という2面的な概念として再構築した。このフェイスの2面に対応する形で，言語的な対人配慮の方も2面に分かれると考えたところに，彼らのオリジナリティがあった。そうすれば，いわばそのおのおのの典型が，現代アメリカ的な親しさの礼儀と近代イギリス的な畏まりの礼儀であると言えることになる。その全体を**図5-1**で示そう（括弧内に筆者の補足を加える）。

　先の呼称の話で，対人距離の大小という説明があったが，この枠組もまた，抽象的な意味での対人距離の遠近と対応していると見ることができる（詳しくは滝浦2008を参照されたい）。丁重に・恭しく，という（遠隔的なあり方）だけが礼儀ではなく，親しく・触れ合って，という（近接的なあり方）もまた礼儀なのだと見るこの考え方自体[6]，それまでの「ポライトネス」概念に対するひとつの"異議申し立て"だったと言える。ここではまだ"洋の東西"ではなく，西洋社会の中での"旧世界"

（近接的配慮）		（遠隔的配慮）
ポジティブ　⇒	ポジティブ／ネガティブ　⇐	ネガティブ
ポライトネス	フェイス	ポライトネス
共感的配慮		敬避的配慮
例：（アメリカ的親しさ）		（イギリス的礼節）

図5-1　ブラウン＆レヴィンソンの2面的な「ポライトネス」

6）彼らはポライトネスのコミュニケーションを可能にする具体的な手段のことを「ストラテジー（方略）」と呼び，そのリストを掲げている。ネガティブ・ポライトネスの方では，謝る，敬意を表す，悲観的に言う，名詞化する，一般則として言う，相手に借りを負わせない，といったものが並び（日本語のことも十分意識されている），ポジティブ・ポライトネスの方では，誇張する，一致を求め不一致を避ける，共通性に訴える，楽観的に言う，冗談を言う，といったものが挙げられる。

対"新世界"という構図ではあるが，じつは，少し視点を変えると，この対立は"東西"の対立としての様相を見せるようになる。

●わきまえ（敬語型ポライトネス）vs. 働きかけ（非敬語型ポライトネス）

　この枠組みで日本語的な「礼儀」を考えるなら，何の留保も躊躇もなく「ネガティブ・ポライトネス」的な配慮として思い描くだろう。「ポジティブ」な方を「礼儀」と呼ぶこと自体，咎められてしまいかねない。そうした日本的な礼儀は「敬語」と深く結び付いているので，先の図の右側の例のところには，「日本的敬語」の礼儀を書き入れることも可能である。そうした場合には，同じ図が"洋の東西"の対立ともなる。

　西洋 対 東洋ということなら，こんどは英語 対 日本語という具合に，また別の観点で見ることもできるようになる。日本語のような敬語は，対人関係を表すための専用の形であるのに対し（敬語は日本語のほか，韓国・朝鮮語，チベット語などアジアの言語に多く見られる），英語などヨーロッパ系言語はそうした敬語の体系をもたないから，対人関係専用ではない形（例えば英語なら仮定法や時制の使い分けなど［詳しい説は滝浦 2008，2018 などに当たってほしい]）を転用してポライトネスを表すことになる。そうすると，アジアの言語 対 ヨーロッパの言語という軸に緩やかに重ねながら，敬語型のポライトネスに対して，非敬語型のポライトネスもまたれっきとしたポライトネスなのだと主張することも可能となり，それまたひとつの"異議申し立て"となる……。

　そうだったはずなのだが，現実には，敬語型ポライトネスからの"逆異議申し立て"が早々になされることとなり，事態は少し混迷してくる。ブラウン＆レヴィンソンの議論は「西洋中心主義」であるとして，非西洋社会からの批判と逆提案が行われた。その主は，後に国際語用論学会長も務めた井出祥子で，「ストラテジー」として話者が選択するような「ポライトネス」は，日本語の敬語には当てはまらない典型的に西洋的な思考の産物だとの批判を展開した（井出 1987，Ide 1989 など）。井出の考えによれば，日本語で例えば，（どんな文でもいいが）「今日は土曜日です」と言ったとして，そこに含まれる敬語（丁寧語）「です」によっ

て話者が何かを意図して伝達しようとしているわけではなく，単に場面や相手を考えた上でふさわしいと考えられる形を用いているに過ぎない。そうした“選ばされるもの”としての日本語の敬語使用のあり方を名付けるなら「わきまえ」（英語では‘discernment’）と呼ぶのがふさわしく，一方，ブラウン＆レヴィンソンが考えたような話者が“選びとるもの”としてのポライトネスは，「働きかけ」（英語では‘volition’）と呼ぶべきあり方であって，そうした枠組みに日本語敬語を「押し込め」てしまうなら，「敬語はその本来の機能が歪められて」しまうと井出は批判した。敬語の機能を捉えるには「わきまえ」概念がふさわしく，互いに働きかけ合って親しい人間関係を構築していくようなモデルとは相容れない，という主張である。

　井出の主張はかなり受容され，日本語的なポライトネスのあり方として，そのまま‘wakimae’という英語も学界で通用するほどになっている。しかしながら，日本語の母語話者として，井出のような“東西対立”図式をよろこんで受け取れるかというと，少々複雑な気持ちを禁じ得ない。たしかに日本語では，どんなことを言うのにも，場面や相手に合わせて，普通体か丁寧体か，つまり非敬語か敬語かを決めなければならない。しかし，もしそれが，完全に「わきまえ」として受動的に選ばされるだけのことだと言われたら，結構な違和感を覚えるのではないだろうか？　例えば私たちは，初対面の相手と話していて，初めは「です・ます」の敬語で話していたのが，だんだん打ち解けてくるとお互いに「です・ます」を外してみたりして，相手との距離を縮めるような話し方をしないだろうか？　人の家に呼ばれて料理を振る舞われ，一口食べて美味しいと思ったとき，「これ，美味しいです」と言う代わりに，「です」を外して「これ，美味しい！」と言った方が実感がこもっている，と感じたりすることはないだろうか？　これらはすべて敬語の使い方に関わるが，いずれも話し手がただ選ばされているのではなく，発話の“効果”をある程度承知しながら話し手が自ら選び取っていると言うべきだろう。だとすると，そうした敬語のオン／オフは，話し手が語用論的に行っている選択であって，ブラウン＆レヴィンソンの「働きかけ」的な

使い方を日本語話者もかなり行っているものと見なければならない。

　では，他方で，例えばアメリカ的ポライトネスの世界に「わきまえ」的側面はないと言うことができるだろうか？　もし「ない」と答えるならば，相当に荒唐無稽なことになるだろう。例えば，「エチケット」という言葉で呼ばれるような事柄は，何か特別な意図によって選択される言動ではなく，その文化において当然従うべきものと考えられていて，もし反したら常識のない人と見なされるような暗黙のルールのことである。つまりそれは，その社会・文化において，当然「わきまえ」ていなければならないとされる事柄だと言える。いわゆるビジネスマナーのようなものもその延長線上で考えられるから，実のところ「わきまえ」に無縁な社会・文化など存在しないと言うべきだろう。世紀が変わる頃から「ポライトネス」の捉え方も大きく変わってくるところがあり，場面や相手によって「期待される」レベルの振る舞いを別の用語で呼ぶようなことも行われるようになってきた[7]。そうした枠組みに置き直してみれば，井出の「わきまえ」は，「期待される」振る舞いとしての言葉（敬語）の選択に関わるものだったと見られるようになる。こうした背景の中で，「わきまえ—働きかけ論争」に対する"調停"的な議論もなされるようになってきた。言語の違いによらず，すべての社会においてこの両側面は存在しており，おのおのの比率が異なっているだけである，といった穏当と思われる見解も出され（Pizziconi 2003），この"対立"はおおむね止揚されたと言えるだろうか[8]。

3. ヨーロッパの"T/V"vs.日本の「近きは賤しく遠きは貴し」

　アリスが迷い込んだ「不思議の国」は，あらゆる秩序が逆さまであべこべだったから，アリスが教わっていたしっかり距離を取る礼儀は無作法であり，反対に対人距離のない無遠慮な呼び方がそこでの礼儀だっ

---

7) 例えば，ワッツは 'polite' と区別して 'politic' という概念を提唱している（Watts 1992）。'Politic' は日本語にしにくいが，「妥当な・穏当な」といった意味があり，'politic behaviour' のように，'expected' と近い使い方がされている。

た。だから，アリスが手を焼いたネズミも，機嫌を直した後はアリスに 'my dear'（「ねえ君」）と親しげに呼びかけるのだった。こうした呼びかけ語や二人称代名詞（以下「呼称」と一括する）の機能は，まずもって自分が相手をどのような関係における存在と見ているか？という関係認識を表すところにあり，そうした認識を手っ取り早く示す方法は，（抽象的な意味での）対人距離の"遠近"の尺度に乗せてしまうことである。

● T/V 代名詞

　ヨーロッパの言語には，二人称代名詞の単数形を 2 種類ももつものが多く見られ，その対は「親称／敬称」として，ラテン語の 'tū/vōs'（フランス語の 'tu/vous'）の頭文字を取った「T/V 代名詞」との略称で呼ばれている。イタリア語の tu/Lei，スペイン語の 'tú/usted'，ドイツ語の 'du/Sie' など，これらの語学をかじったことがある人なら皆知っていることだろう。形はさまざまだが，明確な共通性もある。まず，本来の二人称単数形代名詞，つまり（1 人である）話し相手（聞き手）を指す語は必ず T 形（親称形）の方であり，V 形（敬称形）はどこからかの転用形であるという特徴がある。V 形の由来はというと，複数形を転用しているもの，三人称形を転用しているもので大部分となる。V 形を具体的に見ていくと，ラテン語，フランス語は二人称複数形（つまり「あなたたち」）由来であり，イタリア語は三人称（単数女性）形由来，ドイツ語はその複合型で三人称複数形由来[9)]，という具合となる。人称の方は見て明らかなように，二人称より三人称の方が端的に"遠い"と

---

8) じつは，ポライトネス論における"異議申し立て"にはまだ先がある。ここまで見てきたようなポライトネスは，ポライトであろうとする話し手が意図して伝達しようとする言語的配慮のことであって，それを聞き手が受け取って話し手の意図どおりに受け取るかどうかまではわからない。しかしながら，コミュニケーションは相手が言葉の意味を解釈したところではじめて完結するのだから，聞き手の解釈を入れないポライトネス論は欠陥である，との"異議申し立て"がその後なされることとなった（Eelen 2001 など）。今世紀に入ってからのポライトネス論は，「インポライトネス（失礼）」にも同じだけの比重をかけながら，会話の流れの中で聞き手の解釈と受容に焦点を当てて見ていくスタイルへと，大きく変わってきている。その転換は「談話論的展開」（discursive turn）と呼ばれる。

言えるし，単数形と複数形を比べても，後者は指示が拡散する分だけ間接化されると言え，総じて対象（人物）の指示（reference）をぼかすことで直称を避けるところにV形の機能的核心を見ることができる。

　ここまで，英語の話が出てこないのを訝しく思った人もいるだろうか。二人称単数形代名詞は‘you’1つ，というのが現代英語のパラダイムだが，シェイクスピアの頃まではもうひとつの代名詞‘thou’が使われていた（よく「汝」と訳される）。現在でも‘you’は二人称の複数形でもあるように，じつは単数形の方が複数形からの転用形である。つまり，英語の二人称代名詞は，本来の形が‘thou’で親称，複数形から転用された‘you’が敬称形，という対だったのが，17世紀になる頃から，転用形の‘you’の勢力が拡大して本来の形‘thou’が廃れていき，ついにはほぼ‘you’だけになってしまったというユニーク（大胆？）な歴史をたどっている。

　さて，この点をヒントにして考えていきたい。"使い勝手"の観点からT形とV形の特徴を述べるとしたら，T形とは，家族やその比喩的拡張としての疑似家族的共同体における呼称であり，V形とは，階級や身分が異なる上位者やどこの誰とも知れない未知の相手（"お客さん"）に対する呼称である。英語は17世紀に大英帝国の世界戦略とともに世界に進出したが，その際，顔と名前が一致する気の置けない間柄で使うT形を捨て，匿名的ないし臨時的な対人距離の大きなV形に一本化したことになる[10]。現在，英語は"世界言語"としての地位を得たように見えるが，過去に生じたこのT→Vのシフトが，一種の対人的な構えとして，世界言語化することに好都合だった側面はありそうに思う。

---

9) ドイツ語のV形は新陳代謝が激しく，歴史的に，二人称複数形Ihr→三人称単数男性形Er→三人称複数形Sieと代替わりしてきている。だんだん"遠く"なってきて，とりあえず代名詞表の中では極限まで来ていることがわかる。スペイン語のustedは，代名詞表を飛び出して外から借りてきたもので，まったく別の表現‘vuestra merced’（「あなたの厚意」）が縮まった形と言われる。T/Vが研究対象として注目されるようになったのは，Brown (R.) and Gilman (1960) がきっかけだが，こうした考察が可能になったのはBrown (P.) and Levinson の功績が大きい。

●「近きは賤しく遠きは貴し」

　さて，ここまではすべて T/V システムを採用している言語の話だっ
た[11]。翻って日本語はどうかと眺めてみると，日本語の呼称事情は T/
V よりもはるかに複雑で，日本語史上表れては消えた呼称は数知れな
い。とはいえそこには，"近い"呼称もあれば"遠い"呼称もあるので，
T/V システムと同様のことをより煩雑な仕方で行っているのが日本語
だ，と考えてみるのはどうだろう？　例えば，明治の法学者だった穂積
陳重は，忌み名の習俗について考察する中で，呼称の"遠近"に関して
「近きは賤しく遠きは貴し」という先駆的なポライトネス的原理とも言
うべき知見を得た（穂積 1919）。親しい関係では相手を直称するが，そ
うでない場合に直称するのは"不当な領域侵犯"のような働きによって，
相手を軽んじることになってしまう。相手に敬意を払う呼び方をしよう
と思うなら，直称を避け，いわばなるべく呼ばないようにして呼ぶこと
になる。「閣下」や「陛下」のような敬称は，人でなく建物やその階段（の
下）を呼んでいるわけで，人を呼ぶ場合に，個人の名を呼ぶことを避け
て肩書や職名で呼ぶのも"遠い"呼称を求めてのことだと言える。

　もうひとつ事情を加えておけば，日本語の呼称や敬語では，使ううち
に敬意が"すり減って"使えなくなり，ついには代替わりが起こるとい
う，「敬意漸減」の現象が生じることが知られている。相手を呼ぶ呼称
の例でいえば，室町末期から現代にかけて，「こなた」→「おまえ（お
まへ）」→「あなた」という代替わりが生じてきており，コ系列の指示
詞による呼称から，「御前」という間接呼称（避称）へ，さらにはア系

---

10) 社会が都市化し経済活動が活発化するにつれ，人びとの生活でも匿名的で臨時
的な関係が増えることになる。「改革開放」政策以降の中国はまさにそうした変化
を経験していると言えるが，この半世紀ほどの間に，二人称の敬称代名詞「您（nín）」
が誕生し急速に拡大することで，従来の「你（nǐ）」との T/V 的な対が生じている
ことも，非常に示唆的である。

11) ここで急いで注を加えておけば，T/V のシステムはヨーロッパの言語に固有の
特徴ではない。（系統的にはまったく異なる）タミル語をはじめインドの言語にも
あるし，前の注で触れた中国語のケースもある。そうした留保は必要だが，人を
T/V で分けて呼称するという習慣としては，やはりヨーロッパの流儀としての面が
大きいと言えよう。

列の“遠い”指示詞による呼称へのシフトが見られる。現在では，コ系
列は「こいつ」などと人を軽んずるときに使われ，それより“遠い”ア
系列の「あなた」も対等かやや下扱いぐらいに落ちかけており，「お前」
に至っては（「貴様」と同様）完全に卑称の地位に落ちてしまった。こ
こで気づかれるのは，こうした代替わりが繰り返されるのは，つねによ
り“遠い”呼称が求められるからであって，そうした意味で，日本語で
は距離の大きな遠距離呼称がつねに必要とされているということであ
る。日本語では敬語が大事とされているのと同じ事情であると考えれば
いいだろう。

　そこで再び考えてみると，英語がＴ形を捨ててＶ形一本にしたのも
“遠い”呼称を重視した結果であり，そうであれば，呼称という問題系
においては“洋の東西”の対立はなく，ヨーロッパも日本もさしたる違
いはない，との結論を導きたくなるかもしれない。が，そう言ってしま
うのは早計だと言わなければならない。なぜなら，ヨーロッパ語でＴ
形を捨てたのは英語だけの話であり，ほかのＴ/Ｖ言語では，変わらず
Ｔ形も使われ続けているからである。ならば，ヨーロッパの言語におい
てＴ形の占める位置というのを考えてみる必要があることになろう。

●見えない対立

　東の端の日本から見ていると，ここが落とし穴になりやすいように思
われる。見かけ上平行的な仕組みがあるからといって，それの働き方ま
で同じである保証はないはずなのに，ついつい自分たちと同じように思
い描いてしまうことになりやすいからである。ヨーロッパのＴ形は，
我らが穂積と同じく「近きは賤しく遠きは貴し」と言えるだろうか？
答えは，かなり微妙な（否定に傾く）ものとなる。フランス語やドイツ
語を習うと必ず，Ｔ/Ｖ代名詞とともに，相手をどう呼ぶかが大きな問
題となると教わり，そのことにまつわる動詞まであることを習う。フラ
ンス語なら ‘tutoyer/vouvoyer’（「tu で呼び合う／vous で呼び合う」）
であり，ドイツ語なら ‘duzen/siezen’（「du で呼び合う／Sie で呼び合
う」）である。初対面の相手や事務的な関係などでは遠距離呼称が規範

的のようだが，家族や友人，職場の同僚など "仲間" 的な関係では近距
離呼称が用いられる。親しくなる過程では遠距離から近距離への呼称の
切り替えが行われることになるが，それが双方の同意によってなされる
ところが特徴的で，「tutoyer してちょうだい」「そろそろ duzen しても
いい頃じゃない？」といった "交渉" がなされるという。日本語と大き
く異なるのは，tutoyer や duzen は単に T 形を用いるという 1 回ごと
の呼び方を意味するのではなく，"T 形で呼び合う関係にある・入る"
という人間関係そのものだという点で，それゆえ，同じ相手に T 形と
V 形を気分次第で使い分けるといったことはないし，いったん入った関
係は基本的に不可逆的である。明治末ごろからの作法教育でひたすら
「親しき仲にも礼儀あり」を教え込み，親しい関係にまで大きな距離を
持ち込んだ日本とは（滝浦 2013），考え方の根幹がかなり違っていると
言わなければならない。

　日本人には想像しにくい究極の T 形とも言えるのが，キリスト教の
神に対する呼称である。時代的・地域的な変異もあるが，神への呼びか
けは圧倒的に T 形である。次の引用を見てほしい。神を賛えるフラン
ス語の歌の一節だが，'Dieu'（「神」）を受ける代名詞は，一貫して 'tu'
が用いられている。

　　　Mon Dieu, tu es grand, tu es beau　　神よ，あなたは偉大で美しい
　　　Dieu vivant, Dieu très-haut　　　　　生ける神，至高の神
　　　Tu es le Dieu d'amour　　　　　　　あなたは愛の神
　　　Mon Dieu, tu es grand, tu es beau　　神よ，あなたは偉大で美しい
　　　Dieu vivant, Dieu très-haut　　　　　生ける神，至高の神
　　　Dieu présent en toute création　　　あらゆる被造物にいます神
　　　（Patrick Richard, "Mon Dieu, tu es grand, tu es beau"）

神は家族や友人のような意味で "近い" 存在というよりも，最後の 1 行
にあるような，あらゆる被造物の内にいるといった意味で，自分とも直
につながっている存在なのだと考えた方がわかりやすいかもしれない。

日本なら到底考えられないことで，神様の言動は『古事記』の昔から敬語だし（それを表すためにわざわざ音注を付けている），かつて「現人神（ひとがみ）」だった天皇を最高敬語で呼ぶのに倣って，日本語訳『聖書』では多くの版が神の言動を敬語で表している。そのように敬語で呼ばれる神と，近距離呼称のＴ形で呼ばれる神とは，その存在の質感が相当に異なったものとならざるを得ないのではないだろうか？[12)]

　ここまで，呼称に焦点を当てて，ヨーロッパの言語と日本語を対比させながら見てきた。"遠近"を同じように利用していると言えそうな両者の仕組みにもかかわらず，それを通してコミュニケーションする人びとの意識は，むしろ反対を向いているように見えてくる。相手に失礼のない"遠い呼称"にいつも心を砕いている日本人に対して，ヨーロッパの人々は，"近い呼称"を誰に使うかということを意識しているように見える。だとすれば，ここには，表面上の平行性の下に，ともすると見逃してしまいそうな"対立"が隠れていたと言うことができるのではないか？

4. "表敬"（の敬語）vs. "品行"（の敬語）

　ポライトネス表現にせよ敬語にせよ遠近の呼称にせよ，各言語文化がコミュニケーションで大事に扱う必要があると考えるものを大事にする道具として，形作られていく点では変わりがない（だからこそポライトネスは"普遍"現象として提唱されたのだと言える）。一方，各言語文化が大事と考えるものはそれぞれであり，近代イギリスの"礼節"，「不思議の国」の"無遠慮"，現代アメリカの"親しさ"，日本の"礼"，等々その幅は大きい。その間に生じるものは文化差と呼ばれ，それをメタレベルで取り扱う学問などの枠組みにも反映されてくる。

　日本（語）でコミュニケーションを考えるという場合，「敬語」絡みの誤用を中心とした"問題な日本語"を取り沙汰することへの著しい偏りが観察される。それを裏付けるかのように，人びとの意識としても，

---

12) 本書第1章の「聖書と日本語」をめぐる深い考察をも参照されたい。

「今後とも敬語は必要だと思いますか」との問いに「必要」と答える人の率が大きく上昇しているという，どこか不思議とも見える現象がある[13]。敬語は，タテ社会的な上／下の関係だけでなくヨコ的な内／外関係をも表せるから，現在の日本社会にも十分適応可能な道具であるとはいえ，戦後に"脱・身分社会"を果たしてから3四半世紀が経過しタテ社会性もだいぶ薄れてなお，人びとがより強く「敬語」を求めているという心の内で何が起こっているのかを知ることは容易そうでない。

●他者 vs. 自己

コミュニケーションにおいて「大事に扱う必要がある」ものは，端的に"守る"べきものと言い換えられる。敬語を使うことで守られるのは，しばしば目上である他者の尊厳のようなことになろう（身分社会的なあり方が強いほどそうだと言える）。ここで目をポライトネスに転じると，前にも触れたアメリカの社会学者ゴフマンが，「フェイスワーク（フェイス保持行為）」において守られるものという観点から興味深い考察をしている（Goffman 1967）。彼は，英語で「守る」ことを表す言葉が2つあることに着目する。ひとつは 'defend'，もうひとつは 'protect' である。2つの違いは守る対象の違いであって，前者は「自己」を守ることであり，後者は「他者」を守ることである。ならば，とゴフマンは考える。フェイスワークにも2つの面を見ることができるから，他者を指向する構えと自己を呈示する構えを分ければよいと。そのようにして提案されたフェイスワークの2面が，「表敬（deference）」と「品行（demeanor）」である。表敬は，他者のフェイスを尊重し受容するような言動であり，日本語の敬語も，他者を立てるものとして考えるかぎり，表敬の手段と言うことができる（ブラウン＆レヴィンソンもそう考えた）。もうひとつの「品行」の方は少し像を結びにくいかもしれないが，

---

13) 1995年以降毎年文化庁が行っている「国語に関する世論調査」の結果。1994年，2003年，2013年と3回繰り返された調査の結果，敬語が「必要」と答えた率が49％→68％→85％と上昇していた。
〈https://www.bunka.go.jp/tokei_hakusho_shuppan/tokeichosa/kokugo_yoronchosa/index.html〉2021年3月閲覧

ゴフマンにとって「自己」とは自分が見る自分であるよりも、他者の目に映る自分である。自分が相手を見ているように相手もまた自分を見ているとしたら、自分がコミュニケーションしたいと思うような相手であってほしいのと同じ意味で、自分もまた相手がコミュニケーションしたいと思うような自分でありたいと思う。そうした、コミュニケーションするに値する“まっとうな人間”としての自己を呈示することが品行である。

　さて、ゴフマンの概念はポライトネスの概念だが、日本語の敬語もまたポライトネスを表すための道具である以上は、ゴフマンの概念装置を日本語敬語に当てはめて考えてみる意味もあるのではないか？との考えが浮かぶ。上で、「他者を立てるものとして考えるかぎり」日本語の敬語は「表敬」の手段だと書いた。少し留保のあるような書き方をしておいたのは、日本語敬語に生じている変化に目をやったとき、どうも変化がこの点において生じているように見えてくるからである。

●自分を見せる敬語？

　2007年に出された文化審議会の答申「敬語の指針」以降、日本語の敬語は公式に「5分類」となった。従来の「3分類」のうち、「謙譲語」と「丁寧語」からおのおの「丁重語」と「美化語」を“分離独立”させてカテゴリーを整理することで、類型が2つ増えて5分類となった。詳しく説明する余裕はないが（滝浦2021を参照されたい）、この新たに整理された5分類において、「尊敬語」「謙譲語」「丁寧語」という従来からあるラベルの付いた類型は、各々、動作主指向、受容者指向、聞き手指向、という格好で、いずれも会話参与者である他者を指向する敬語であることが明瞭になった。他方で、新たに増えることとなった類型を見ると、まず「丁重語」は、「いたす」「おる」「存ずる」あたりに明瞭なように、話し手が自分自身のことをへりくだって述べる敬語であり、言い換えれば、指向すべき他者が具体的に表現されない敬語である。もうひとつの「美化語」はというと、特定の誰かの所有物などでない一般的な事物について、典型的には「お……」を付ける形で、「お弁当」「お教

室」「お安い」といった言い方をするもので，こちらも同様に，具体的な他者を指向することなく，"何となく丁寧・上品"に言う敬語である（この新たな2類についての解釈は「敬語の指針」とは少し異なる）。では，なぜ，このような分類の変更がこの期に及んでなされたのか？と考えてみると，他者指向の丁寧な言い方だったはずの敬語表現が使いにくくなって忌避され始めているといった現象があり，それに伴って，謙譲語の丁重語化や，美化語の増殖といった現象が目につく状況があることに気づかれる[14]。

　つまり，現在，日本語の敬語自体にある変化が生じており，それは他者指向的な敬語から自己呈示的な敬語へと人びとの選好が移りつつある現象として捉えることができる。ここで筆者は，「他者指向的」と「自己呈示的」という区分を平然と行っているが，実のところそれは，ゴフマンの「表敬」と「品行」に倣ったものである。日本語の敬語は他者指向が基本であり，だからそのことについてことさらに何か言われたりすることもなかったのが，ここへ来て，どうやらそこに変化が生じていて，人びとは直接的には他者を指向しない敬語を好みつつあるらしいことがわかってくると，そうした選好の変化をゴフマンの言う「表敬」から「品行」への変化として捉えることができるようになる。「今後とも敬語は必要だ」と考える人びとの心の内は知り難いと書いたが，こうした考察を通して見てみれば，人びとが思っていることの傾きはある程度知ることができそうに思われてくる。見えてくる像は，他者をいかに丁寧に遇するかに心を砕くよりも，"ちゃんとへりくだって丁寧に物を言うことのできる"自分を立てることの方に関心を寄せつつある，というものである。その先の日本語がどんな敬語をもつことになるのかは，もちろん目が離せない。

　以上，最後の節では，"自己 対 他者"を軸に，見ているものがまっ

---

14) 具体的には，授恩表現である「（て）差し上げる」が（とりわけ対面的に）非常に使いにくくなっていること，動作主主語の「（て）くださる」から話し手側主語の「（て）いただく」への大きなシフトが観察されること，その延長線上で他者と無関係な（それゆえ丁重語的な）「させていただく」の使用が増大していること，といった例を挙げることができる。詳しくは，椎名・滝浦（2021）も参照されたい。

たく異なるように思える彼我の差があっても，同じ対象に対するアプローチであるという点において，どこかに接点のある可能性があること，そしてそこに着眼することで，思考が開かれる可能性があることの一端を見た。

発展的課題

1. 自分が属しているコミュニティ（地域方言的なものでも社会的なものでも）における「共感的配慮」にどんな特徴があるか考えてみよう。
2. 現代の日本語で，見知らぬ人にちょうどよく使える呼称がないことの原因について考えてみよう。
3. 同じことを言うのに「……てくださる」も「……ていただく」もどちらも使える文脈で，自分の語感がどう異なるかを説明してみよう。

参照文献

- 阿部公彦（2015）『善意と悪意の英文学史—語り手は読者をどのように愛してきたか—』東京大学出版会.
- 井出祥子（1987）「現代の敬語理論—日本と欧米の包括へ—」『月刊 言語』16(8)，1987 年 7 月号，pp. 26-31，大修館書店.
- 椎名美智（2017）「丁寧さ〔ポライトネス〕のスタイル—アリスとハリーのおしゃべりに注目して—」豊田昌倫・堀正広・今林修編『英語のスタイル—教えるための文体論入門—』pp. 102-114，研究社.
- 椎名美智・滝浦真人（2021）「薄幸のベネファクティブ『てさしあげる』のストーリー—敬意漸減と敬意のナルシシズム—」田中廣明・秦かおり・吉田悦子・山口征孝編『動的語用論の構築へ向けて』第 3 巻，pp. 204-240，開拓社.
- 滝浦真人（2008）『ポライトネス入門』研究社.
- 滝浦真人（2013）『日本語は親しさを伝えられるか』岩波書店.
- 滝浦真人（2018）「語用論③ —日本語の語用論—」滝浦真人編『新しい言語学』pp. 163-179，放送大学教育振興会.
- 滝浦真人（2021）「なぜいま敬語は『5 分類』になったのか？ —日本人の敬語意識に起こっていること—」近藤泰弘・澤田　淳編『敬語の文法と語用論』pp. 58-88，開拓社.
- 穂積陳重（1919）『諱に関する疑』（帝国学士院第 1 部論文集 邦文第 2 号）帝国学士院.（現代語訳：穂積陳重（穂積重行校訂）（1992）『忌み名の研究』（講談社学術文庫）講談社.）
- Brown, P. and S. C. Levinson (1987) *Politeness: Some Universals in Language Usage*. Cambridge University Press.（ペネロピ・ブラウン，スティーヴン・C・レヴィンソン（田中典子監訳）（2011）『ポライトネス 言語普遍におけるある普遍現象』研究社.）
- Brown, R and A. Gilman (1960) The Pronouns of Power and Solidarity. In T. A. Sebeok (ed.), *Style in Language*, pp. 253-276. MIT Press.
- Culpeper, J. (1996) Towards an Anatomy of Impoliteness, *Journal of Pragmatics* 25(3), pp. 349-367.
- Culpeper, J. (2011) *Impoliteness: Using Language to Cause Offence*. Cambridge University Press.
- Eelen, G. (2001) *A Critique of Politeness Theories*. Manchester: St.Jerome Publishing.
- Goffman, E. (1967) *Interaction Ritual: Essays on Face-to-Face Behaviour*. New

York: Anchor Books.（E・ゴッフマン（浅野敏夫訳）（2002）『儀礼としての相互行為 対面行動の社会学』〈新訳版〉（叢書・ウニベルシタス 198）法政大学出版局.）

- Ide, S. (1989) Formal Forms and Discernment: Two Neglected Aspects of Universals of Linguistic Politeness. *Multilingua* 8 (2-3), pp. 223-248.
- Pizziconi, B. (2003) Re-examining Politeness, Face and the Japanese Language. *Journal of Pragmatics* 35(10-11), pp. 1471-1506.
- Watts, R. (1992) Linguistic Politeness and Politic Verbal Behaviour: Reconsidering Claims for Universality. In R. Watts, S. Ide and K. Ehlich (eds.), *Politeness in Language*, second edition, pp. 43-69. Berlin: Mouton de gruyter.

【付記】本章の内容は，『最新英語学・言語学シリーズ 第15巻 語用論の展開』（開拓社より刊行予定）への寄稿論文と内容が大きく重なっていることをお断りしておく。

6 | 中国における音韻観念の形成とその拡大（1）
──反切の口唱性

| 宮本　徹

《**本章の目標＆ポイント**》　音韻観念の形成には，言語音の音声的把握が前提となる。中国における言語音についての学術は，さまざまな外来文化との接触を通じてその方法論や対象を拡大させてきたが，その根本にあるのは反切の制作を通じて獲得された精密な言語音の把握であった。
　本章では「口唱性」の観点から切韻系韻書の反切の実相に迫る。
《**キーワード**》　音韻学，切韻系韻書，反切，口唱性

1. 序

　中国の伝統的な音韻学[1] において，その核心に位置づけられるのが「反切_{はんせつ}」と「字母」である。後に詳述するように，反切はある漢字の読音を別の二文字の漢字を用いて表す標音方法であり，字母とは中国語に存在する声母[2] をある特定の漢字を用いて代表させたものである。このうち反切は中国で生み出されたと考えられ，一方の字母はインド伝来

---

1) 特に定義せずにこの語を用いるときには，領域としての中国に存在する各種の言語音に対する研究の総体を指す。もちろんその中心にあるのは漢字音に対する共時的あるいは通時的な研究である。
2) 日本語の音節構造の基本となるのはCV（Cは子音，Vは母音を表す）という構造であるが，中国語の音節構造はそれとは大きく異なり，一般にはIMVE／Tの形で表される。I (Inital) は頭子音（音節初頭の子音），M (Medial) は介音（母音の一種），V (Principal Vowel) は主母音（音節の中心となる母音），E (Ending) は韻尾（音節末尾の子音あるいは母音），T (Tone) は声調（音節における高低アクセント）を表す。例えば「天」は現代北京方言において [tʰiɛn] と発音され，音韻的にはこれを /tjan¹/ と表記することができるが，t, j, a, n がそれぞれ順に声母・介音・主母音・韻尾に相当し，1 が声調のカテゴリーのひとつである高平調（第1声）を表す。声調は音節全体を覆うと見なすのが一般的である。一方，伝統的な音韻学では，Iを「声母」と呼ぶのに対し，MVF/T を「韻母」と呼ぶ。もちろん声調の概念は存在しているが，通常はその区別を韻母の中に含めて考えている。なお，この中で必須の要素はVとTであって，他の要素はゼロの場合がある。

の仏教の影響下で成立した概念である。

　中国語は単音節語的性格を強く持つ言語であり，その言語音の分析と体系化は，勢い漢字を単位として行われることになる。漢字一文字は中国語の一音節を代表するからである。漢字という表語文字からいかに言語音を抽出し，それをどのような枠組みの中に位置づけるかというのは伝統的な音韻学の中心的課題であったが，それは反切と字母とを基本的なツールとしてなされてきた。その意味で，この2つのツールこそが伝統的な音韻学の核心に位置づけられるのであるが，同時にまさにその存在こそがこの学問の限界を予見させるものであったのである。

　これから述べようとするのは，近代以前の中国において言語音に関する学術がいかに形成され，それによってどのような言語観が生み出されたかである。在来の字音分析方法である反切と，外来の字母あるいはその応用としての等韻図との融合は，この学術の基本的な性格を定義した。そして，そのようにして生まれたこの学術は，一方で「小学」3) の一翼を担うものとして古典解釈という実用的な目的に奉仕すると同時に，一方でこの人間世界に対する解釈系として応用された。私たちはその究極の姿を，清朝における帝国の言語観に見ることができる。そこでは中国語・満州語・梵語・チベット語といったあらゆる言語を覆い尽くす単一の解釈系が構築され，王朝の正当性を下支えしている。これは一面からすれば，従来の解釈系の及ばない外来文化との接触が，過度に普遍性を追求させたと批判することもできるだろうが，一面では伝統的な音韻学に内在する論理の当然の拡張とも見なすことができる。

　以上のような見通しに立って，伝統的な音韻学の展開を，外来文化との接触という面に焦点を当てつつ，中国における伝統的学術のあり方の一端を明らかにしたい。

---

3) 漢字の形・音・義について研究する伝統的な文献学的言語学。

2.　直音と反切

　表意文字であるにしろ，表語文字であるにしろ，漢字は表音文字ではないから，アルファベットや仮名のような意味で直接その発音（字音）を表すことはできない。しかしながら，漢字の誕生から長い年月が経過し，その間に蓄えられた膨大な書物・文章が「古典」として知識階級の習得の対象となった時代においては，そこに用いられている漢字の読み方を正確に知る必要が生まれてくる。なぜなら形・音・義が一体のものとなっている漢字においては，音を知ることは即ちその義（意味）を知ることに他ならないからである。このような背景の下に生み出されたのが，「直音」や「反切」といった標音方法である。

　このうち直音は，漢代に盛んに行われた経書（儒教の古典）解釈を通じて，その方法が確立したと考えられる。具体的には「A音B」という形式によって，Aという字の字音がBという字の字音であることを示す方法である。例えば，有名な『論語』冒頭の学而篇に付された音注を見てみる（図6-1）。このうち①と②が直音の例である。

　①は「亦た説ばしからずや」と訓読されるこの「説」字に対して，「音悦，注同。」という注釈がつけられたものであるが，このうち「音悦」が直音による音注である。「説」に

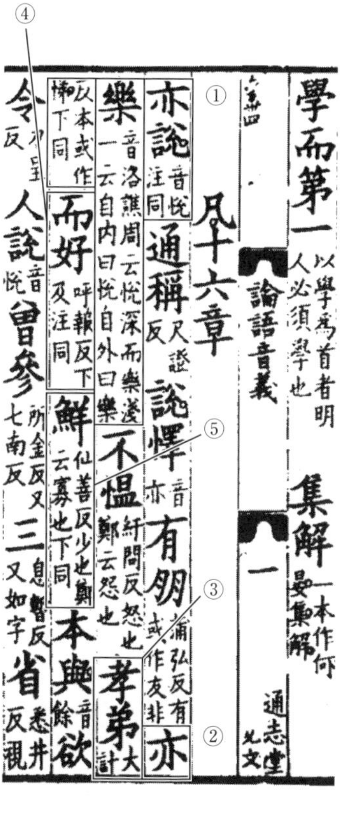

出典：陸徳明『経典釈文』巻24「論語音義」，通志堂本，北京，中華書局，1983年。引き出し線・○囲み数字は筆者。
Donald Sturgeon, Chinese Text Project: a dynamic digital library of premodern Chinese. Digital Scholarship in the Humanities 2019

図6-1　『論語』学而篇に付された音注

は中古[4]で çyɛi^{去}（『広韻』舒芮切，現代音 shuì），jyɛt^{入}（弋雪切，yuè），çyɛt^{入}（失爇切，shuō）の3音があり，それぞれ「説誘」，「姓，傅説之後」，「告也」という意味を表すが，この音注はそのうちの jyɛt^{入}という音で読めという指定であり，その意味するところはこの字を「悦」の假借字として読めということである。また，②は「亦た楽しからずや」の「楽」に対する「音洛」という音注である。「楽」にはやはり中古にて ŋau^{去}（五教切，yào），ŋauk^{入}（五角切，yuè），lɑk^{入}（盧各切，lè）の3音があるが，ここでは「喜樂」を意味する lɑk^{入}で読めという指定である。

　このような直音による漢字の読み方の指定は，多くの場合，単に発音の明示というよりもその文字の意味解釈に関連して行われるものである。しかしながら，ある漢字の発音を別の漢字一文字を使って表すというこのやり方は，たいへん簡便でわかりやすいという長所を持つ一方，誰しもがその発音を知っている同音字を見つけることが必ずしも容易ではないという短所を持つ。B字の発音を誰も知らないようでは，注釈としての意味をなさないからである。

　直音の持つこのような欠点を補うべく登場したのが反切である。この方法が現れたのは後漢の後期，2世紀半ば頃だと考えられている。

　直音が漢字一文字による表音法であったのに対し，反切は漢字二文字を用いて別の漢字の発音を表すやり方である。一般的には，「A　BC 切」という形式によって書き表される（『経典釈文』を含めより古い資料では「BC 反」と表現される）。A を反切帰字，B を反切上字，C を反切下字という。さきの**図 6-1** の例では③から⑤が反切である。

　まず③は「其の人と為りや孝弟にして」の「弟」に対して与えられた音注である。兄弟の弟という意味の時，「弟」は dei^{上}（徒禮切，dì）で発音されるが，ここで与えられた反切は「大計反」である。これは図式的に示せば，以下のような足し算の結果として表現できる。

4）狭義には，隋・仁寿元年（601）に成立した陸法言『切韻』に反映する音韻体系を「中古音」と呼ぶ。広義には隋唐時代の音韻体系を指す。なお，『切韻』原本はすでに亡佚しており，一般には宋・大中祥符元年（1008）に成立した陳彭年等『大宋重修広韻』（略称『広韻』）を以てそれに代える。

大 dɑi^去 ＋ 計 kei^去 → 弟 dei^去

　つまりこれは「弟」の最も一般的な読音である上声の音ではなく，去声で読めとの指示である（『広韻』では特計切。いずれも現代音は dì）。この dei^去という音は「弟」の「第」の本字としての読音であると同時に，「悌」（年長者を敬いよく仕えること）の読音でもある。つまりこの音注は「孝弟」を「孝悌」で読めという指定である。

　同様に，④は「而好」の「好」について，これを「上を犯すことを好<ruby>好<rt>この</rt></ruby>む者」という意味で読ませるために，その読音を「呼報反」〈呼 ho^平 ＋報 pɑu^去 → 好 hɑu^去〉（『広韻』呼到切，hào）と指定するのだが，それは「好」にはもうひとつ hɑu^上（呼晧切，hǎo）という有力な読音があるからである。

　⑤の「鮮」には『広韻』において声調のみを異にする siɛn^平，siɛn^上，siɛn^去という３つの読音がある（それぞれ相然切，息淺切，私箭切）。このうち平声と上声の読音が有力であるが，両者は同じく形容詞でありながら，前者が「あたらしい」，後者が「すくない」という意味を表す。そしてここでの音注は「仙善反」〈仙 siɛn^平 ＋善 ʑiɛn^上 → 鮮 siɛn^上〉であるから，これを「すくない」という意味で読ませるための音注だと理解できる。

　以上の例からもわかるように，反切の基本的なしくみは反切上字の声母と反切下字の韻母を組み合わせることによって目的とする文字（反切帰字）の発音を表す方法と表現することができる。

3. 反切の<ruby>口唱<rt>くしょう</rt></ruby>性

　上述したように，一般に反切による注音では，上字の声母と下字の韻母（声調も含む。以下，本節についてはすべてこの意味で用いることとする）を取り出して組み合わせれば，帰字の音を得ることができる。このように表現すること自体に誤りはないし，現代の我われはまさにそのようなやり方で反切の表す音を求めようとする。ただ，反切は声母や韻母といった概念が成立もしくは一般化するはるか前から存在していたのであり，そもそもこのような概念が先に成立していれば，反切のような

標音方法は生み出されなかったかもしれない。反切は同一の声母や韻母を表すにしても，それを1つの文字（あるいはごく少数の限られた文字）に限定するわけではなく，かと言って同じ声母や韻母を表す文字であれば，どんな文字でも区別なく使用されたわけでもない。どの文字をどの反切に用いるかについては一種の「選択」が行われていたに違いない。

　反切の作者が上字と下字を選び出す時には，次の三点がその条件として考慮されたと考えられる。

　　〈条件A〉　帰字に対して上字が双声，下字が畳韻の関係にあること

　　〈条件B〉　口唱を通して可能な限り容易に帰字を導けること

　　〈条件C〉　文字として反切用字にふさわしいこと

　これらをどの程度考慮し，具体的にどのように反切用字を定めていくのかについては，当然作者によって違いが出てくる。ただ，以上の三点は少なくとも中古期以前の反切に共通する原則と考えてよい。

　まず〈条件A〉について，双声とは，ある文字と別の文字との間で声母が同一であるような関係を，また畳韻とは，それらの間で韻母が同一であるような関係をそれぞれ指す。したがってこれは反切の原理原則とでもいうべきものであり，上字・下字がそれぞれこのような条件を満たすことは当然と言えば当然である。ただ，反切用字が満たすべき条件を，上字声母（いま反切上字の声母をこのように呼ぶ。以下これにならう）＝帰字声母，下字韻母＝帰字韻母と規定するならば，実際にはこの原則に外れる反切が一定程度存在することもまた事実である。反切は上字から声母を，下字から韻母をそれぞれ切り取り，それらを貼り付けて目的とする音を導くやり方ではない。反切法の前提にあるのは〈条件B〉に述べる「口唱」，つまり口で唱えることであり，その過程を通じて目的とする音を導くための微調整を加える余地があったと考えることができる。したがって，〈条件A〉の段階で上字声母が帰字声母と，下字韻母が帰字韻母と完全に一致していなければならないという原則を立てる必要はないし，またそれは反切の現実にも合わない。反切は，歴史的にはおそらく双声・畳韻についての認識を基礎とするものであること，またこれらは必ずしも声母・韻母それぞれの完全な一致を条件とするもので

はなかったことから，いま上字と下字について求められる条件も，このように表現しておく。

　次に〈条件 B〉であるが，前述したように，反切は口唱を前提とする標音法である。ただ，具体的にどのように口唱するかについては必ずしも明らかではない[5]。反切の具体的な口唱方法については，言語学者の呉宗済が自身の体験に基づく興味深いエピソードを紹介している（『韻学驪珠』，呉氏序文，北京，中華書局，2006 年）。

　　あれは民国の初年，まだ小学校ではなく家塾に通っていた頃だが，招かれた先生は清朝の挙人であり，弁髪を結っていた。先生は「反切」法を使い，私たち 7，8 歳の子供たちに『康熙字典』の反切を引いて新しい字を覚えることを教えた。やり方は，まず反切の二文字を 2 回続けて読み，今度はすぐにそれをひっくり返して 1 回読めば，簡単にその字の音を導き出すことができるというものだった。例えば，「東」の「徳紅切」はこのように唱える。「徳紅徳紅紅徳東」。「謀」は「莫侯切」なので，「莫侯莫侯侯莫謀」といった具合である。……反切を続けて 2 回読み，まだ頭の中に畳韻の印象が残っているうちに，すぐさまそれをひっくり返して読む。すると上字が下字となるので，今度は下字と帰字が双声の関係になるが，発音器官の慣性の法則で，思わず下字声母の双声と上字の畳韻が結びついて，その字の音となるのである[6]。

　もちろんここで述べられている方法が反切誕生以来，二千年にわたっ

5）中村雅之「古代反切の口唱法」（http://www.for.aichi-pu.ac.jp/museum/pdf/kushoho.pdf）が従来の説を整理するのを参照。
6）「那是在民国初年，还是不上小学而上的家塾，请的塾师是前清的举人，尚留辫子。他用「反切」的方法，教我们这些七八岁的孩子们查《康熙字典》的反切学认生字。办法是：先把反切的两字连读两遍，紧接着再把这两字倒过来读一遍，这时这个字音就很容易读出来了。例如「东」字「德红切」，要这样念：「德红德红红德东」；「谋」字，「莫侯切」，要这样念：「莫侯莫侯侯莫谋」等等。……两字连读两遍，脑中还留有叠韵的印象，就马上倒反过来读，上字变成下字，下字和所切的字是双声，根据发音器官动作的惯性，就不由自主地把下字声母的双声和上字的叠韵连上，就读出此字了。」

て連綿と受け継がれてきたとは考えがたく，実際にはさまざまな口唱法
があり得たであろうが，反切の基礎となる双声・畳韻の原理を応用して
いる点で，古代においてもこれと似た口唱法の存在を想定することは許
されるであろう。

　ところで，反切が口唱を前提とする以上，口唱の過程で「捨て去られ
る」要素は，口唱の過程に対してまったく無関係の存在ではあり得ない。
言い換えれば，これらは帰字を導くという口唱の過程に対して，直接ま
たは間接の影響を及ぼし得る存在であったと考えることができる。「捨
て去られる」要素とは，具体的には上字韻母と下字声母がこれに相当す
る。これらは音節から声母と韻母を取り出して考察の対象とする字母の
学（あるいは等韻図）的立場に立てば，どのようなものであっても構わ
ないということになるが，実際にはこれらの要素は反切の口唱過程に大
きな影響を及ぼすものであるがゆえに，前述したように反切用字の「選
択」が行われるのである。その影響は2つの面に分けて考えることがで
きる。すなわち，(1) 上字韻母の帰字声母への影響（つまり，「捨てら
れる」部分からの「残る」部分への影響）と，(2) 上字韻母と下字声母
の「捨てられやすさ」である。

　最後に〈条件C〉についてであるが，ある文字が反切用字として適切
であるためには，その音声的条件の他に，易識・易写といった非音声的
条件をも考慮する必要がある。音声的には申し分ない文字であったとし
ても，誰もその発音を知らないようでは反切としての用をなさないし，
また他に有力な異読があったり，他の字形と混用されやすいような文字
も，反切用字としてはふさわしくない。またそれとは逆に，反切用字と
しては一般的ではない文字を，その字義ゆえにあえて用いるということ
もあり得る[7]。これらは反切の用字選択上の非音声的条件とまとめるこ
とができる。

---

7) 平山久雄「陸法言『切韻』十巻稿本的仮定及其藍本的探討」（語言学論叢 50，
2014 年）では，『広韻』上平声 1 東韻の「徳紅切」「陟隆切」がこれに該当するとす
る。

4.『完本王韻』の反切

では反切は具体的にどのような特徴を持っているのか。『切韻』の原本はすでに失われているので，ここではその代替として唐・神龍 2 年（706）に成立した王仁昫『刊謬補缺切韻』の反切を用いる（**図 6-2**）。

『切韻』はその誕生後，次々と増訂本を生み出した。その背景にあるのは科挙制度の整備と印刷術の発展である。科挙制度は隋代（598 年，九品官人法の廃止。605 年，明経・秀才・進士・俊士四科にて貢挙実施）に始まり，唐代においてその制度が継続的に整備された。その中で進士科には詩賦の制作が課されたが，科挙の実施規則（「功令」）に基づく押

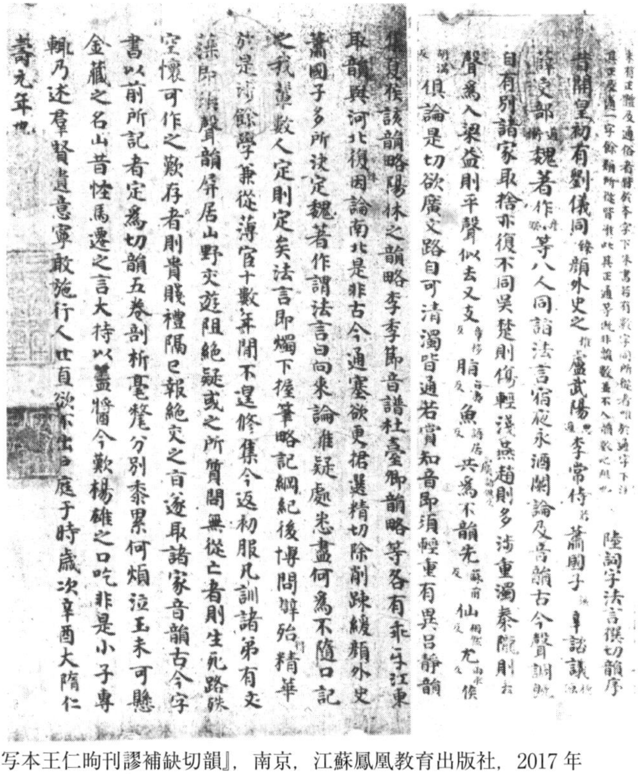
陸詞字法言撰切韻序
昔開皇初有劉儀同顏外史之盧武陽李常侍蕭國子辛諮議
薛吏部魏著作等八人同詣法言門宿夜永酒闌論及音韻古今聲調
既自有別諸家取捨亦復不同吳楚則時傷輕淺燕趙則多涉重濁秦隴則去
聲為入梁益則平聲似去又支脂魚共為不韻先仙尤侯
俱論是切欲廣文路自可清濁皆通若賞知音即須輕重有異呂靜韻
集夏侯該韻略陽休之韻略李季節音譜杜臺卿韻略等各有乖互江東
取韻與河北復殊因論南北是非古今通塞欲更捃選精切除削疎緩顏外史
蕭國子多所決定魏著作謂法言曰向來論難疑處悉盡何為不隨口記
之我輩數人定則定矣法言即燭下握筆略記綱紀後博問辯殆得精華
於是更涉餘學兼從薄宦十數年間不遑修集今返初服凡訓諸弟有文
藻即須聲韻屏居山野交遊阻絕疑惑之所質問無從亡者則生死路殊
空懷可作之歎存者則貴賤禮隔已報絕交之旨遂取諸家音韻古今字
書以前所記者定為切韻五卷剖析毫氂分別黍累何煩泣玉未可懸
金藏之名山昔怯馬遷之言大持以蓋醬今歎楊雄之口吃非是小子專
輒乃述群賢遺意寧敢施行人世直欲不出戶庭于時歲次辛酉大隋仁
壽元年也

出典：『唐写本王仁昫刊謬補缺切韻』，南京，江蘇鳳凰教育出版社，2017 年
写真提供：ユニフォトプレス

図 6-2　王仁昫『刊謬補缺切韻』陸法言序

韻規則として採用されたのが『切韻』である。科挙の答案が満たすべき押韻規則を記した国家頒布の韻書を，後の時代に「官韻」と呼ぶが，『切韻』は唐代における官韻と位置づけられる。その地位は650年代に定まったようであるが[8]，これ以後，『切韻』の増訂本は爆発的に増えていき，最終的には50家にも及んだ[9]。この中で，宋初に編まれた切韻系韻書の集大成とも言うべき『広韻』とともに，唯一完全な形で今日に伝えられているのが，王仁昫切韻の一エディションである清内府旧蔵の5巻本である。これが『完本王韻』と呼ばれる韻書である。

　韻書はそれが基づく方言に存在した全ての音節を収録していることが期待されるので，今日の我々の立場から言えば，そこに収録された反切を分析することは，すなわち当該韻書の基礎方言の音韻体系を分析することに等しい[10]。これを韻書の編者の立場——切韻系韻書の反映する音韻体系は基本的に一致しているので，ここでは原本『切韻』の編者である陸法言を想定している——から言えば，編者は反切の制作を通じて当該方言に存在するあらゆる音素を分析し，その異同を反切の用字上に反映していたということになる。もちろん現実には反切の制作には誤りがあり得るだろうし，なにより反切はきわめて継承性の強いものであるから，多くの反切は先行する韻書から踏襲されたものであったろう。しかし，少なくとも編者は反切から帰字の音を正確に導き出せたであろうし，今日の目から見てもきわめて微細と言える区別も，反切を通じて認識していたと考えられる。つまりこれは，文字を単位とする，換言すれば音節を単位とする漢字音の異同を，反切を用いて分析・表現していたということになる。

　以上のような観点に立ちながら，『完本王韻』の反切の状況を前節の

8）王顕「有関『切韻』二三事」，『古漢語研究論文集3』，北京出版社，1987年。
9）上田正『切韻逸文の研究』，東京，汲古書院，1984年。
10）もちろんその「基礎方言」が，果たして現実に存在した一方言に同定できるか否かについては，別個検討が必要である。
11）以下，『完本王韻』における反切の状況については，李栄『切韻音系』（語言学専刊第4種，北京，科学出版社，1956年），陸志韋「古反切是怎様構造的」（中国語文1963年第5期），平山久雄「陸志韋教授『古反切是怎様構造的』を読む」（中国語学140号，1964年）等に基づく。

3 条件への補足という形で説明する[11]）。

〈条件 A〉への補足：音韻論的同一性との乖離

　音節の音韻論的分析に基づけば，反切の構成原理として，上字声母は帰字声母と，下字韻母は帰字韻母とそれぞれ完全に一致するはずである。もちろん『完本王韻』所載の 3,600 あまりの反切においても，圧倒的多数はこの条件を満たす。ただ，前項で掲げた〈条件 A〉はそのような音韻論的な同一性に基づいて反切用字が選択されているという立場ではなく，口唱を通じて帰字を得るような用字選択がなされているとの立場であるので，両者の間には一定の乖離がある。いまそれを以下に掲げる。

（1）反切上字

　上字声母と帰字声母の音韻論的不一致を，等韻学[12]では「類隔」と呼び，このような反切を「類隔切」と言う（より正確に言えば，上字・帰字の声母が調音部位を同じくし，かつ調音方法を異にする関係を指す。ただし，この場合の調音部位とは伝統的な七音（後述）の分類に基づくものであり，現代音声学によるそれとは異なる）。『完本王韻』では舌音（歯茎破裂音等）と歯音（歯茎破擦音・そり舌音・歯茎硬口蓋音）においてこれが見られる。

　①　舌音類隔

　中古の舌音声母には端組（「舌頭音」ともいう；t, tʻ, d, n[13]）と知組（「舌上音」；ṭ, ṭʻ, ḍ, ṇ）の 2 系列があり，少数の最小対立語（Minimal pair）を除き，大多数は韻母について相補分布をなす。中古の韻母は一等韻～四等韻と呼ばれる 4 つのグループに分類されるが，知組声母が二・三等韻のみと結びつくのに対し，端組声母は一般に一・四等韻のみと結びつく。ただし，数は少ないながらも端組声母は二・三等韻とも結びつく。この端組声母が二・三等韻母の前に現れる現象を「舌音類隔」

12）第 10 章を参照。
13）本章で用いる中古音の推定音価および音韻論的解釈は，特に注記しない限り平山久雄「中古漢語の音韻」（『中国文化叢書Ⅰ　言語』，大修館書店，1967 年）による。

という（逆に知組声母が一・四等の前に現れることはない）。

『切韻音系』によって該当する反切を挙げると以下のとおり（p. 90）。

端母二等　椿（都江反）；戇（丁降反）；斲（丁角反）；鵽（丁刮反）；
簎（丁滑反）；罩（丁教反）；艖（都下反）；打（德冷反）；
魤（都陷反）

※下線は知組字のミニマルペアが存在することを表す（下文「地」も同じ）。

端母三等　胝（丁私反）

透母二等　獺（他鎋反）

透母三等　?躨（他用反）　※「惷（丑用反）」との見かけ上の対立は，増補の過程でのミス？

定母二等　袒（大莧反）；塗（徒嫁反）；場（徒杏反）；湛（徒減反）

定母三等　地（徒四反）

舌音声母は上古では *t- 等の一系列しかなく，それが中古に至るまでに端組と知組の二系列に分裂した。舌音類隔はそのような歴史的過程（すなわち，舌音がいまだ二系列に分裂する前の古い段階における反切を踏襲している可能性）を反映しているという側面と，端組声母と知組声母の間に存在する音声的類似性を反映しているという側面があるだろう。類隔が単方向でしか起こらない（知組の代わりに端組が用いられることはあっても，その逆はない）というのも，この両面から説明することが可能である。

② 歯音類隔

歯音声母は3系列に分けられるが，これらは舌音声母と同様に，結びつく韻母に制限がある。すなわち，精組（歯茎破擦音）が一・四等韻と，荘組（そり舌音）は二・三等韻と，章組（歯茎硬口蓋音）は三等韻とのみ結びつく。その枠を越えて声母と韻母が結合するとき，これを「歯音類隔」という。

『完本王韻』における該当反切は以下のとおり（『切韻音系』p. 91）。

荘組一等　挫（側臥反）荘母；鯫（士垢反）崇母

精組二等　酀（昨閑反）従母；篠（蘇寡反）心母；覽（子鑑反）精母

　これらについては，南北朝期の古い反切がそのまま踏襲されたと考える立場と，やはりそれなりに音声的な吟味を経て採録されたとの立場があり得る[14]。いずれにしてもかなり例外的な存在であることは間違いない。

（2）反切下字

　下字韻母と帰字韻母との音韻論的不一致は，開合の不一致と直拗の不一致の 2 つのケースがある。いずれも介音についての不一致である。

　①　開合の不一致

　下字韻母と帰字韻母が，開合（合口介音 -u- を持たない韻母を開口，持つものを合口と言う）について音韻論的に一致しない反切が少数ながら存在する。この場合，反切上字はほとんどが合口あるいは模韻の牙喉音声母（軟口蓋音・声門音；すなわち見組）字である。模韻は開・合の対立がない「独韻」に分類されるが，その音価は [o] と推定されており，合口相当の韻であったと見なすことができる（音韻論的解釈では /uʌ/ と再構される）。

　牙喉音声母は合口介音の影響を受け，音声的にはきわめて円唇化しやすい。したがって，上字の円唇化された牙喉音声母の口のかまえを，そのまま下字との結合に利用するならば，そこから合口帰字を導くことは決して無理なことではないと考えられる。あるいは，同様の理由で音節の持つ合口性が声母の上により強く表れていたということもあり得る[15]。

　もうひとつ問題となり得るのは，唇音声母（両唇音・唇歯音；幇組）字を下字に用いた場合である。一般に中古の唇音声母字は，音韻論的に開合の対立がない。したがって唇音声母字を下字に用いることは，下字・帰字の開合一致についての見かけ上の例外となる。唇音下字は下字が開口・合口のいずれの場合にも用いられ，またその数も少なくない。その中には本来は開合で対立する 2 つの夬韻見母字（それぞれ kai ^{去} と

14）前掲の陸氏論文 p. 350 および平山氏論文 p. 21 を参照。
15）この点については平山論文 pp. 21-22 を参照。

kuai^{去}）を同じ「古邁反」で表すなど，他に適当な反切用字がないなどの非音声的条件から，やむを得ずこれを用いた場合もあったと考えられるものの，口唱の過程を経るという前提の下では，目的とする帰字を導くためには唇音下字がよりふさわしいということも少なくなかったのであろう。したがってこのような反切も異例なものと考える必要はない。

② 直拗の不一致

拗介音 -i- を持たない韻母を直音，持つ韻母を拗音と呼ぶが，下字韻母と帰字韻母の間で直拗に関する不一致が少数ながらみられる。このような不一致が規則的に現れているとみられるのが庚韻とそれに相配[16]する上・去・入声（順に梗・敬・陌韻）である。これらの韻は二等韻と三等韻を同時に含む数少ない韻のひとつである（もうひとつは麻韻とその上・去声）。

このうち荘組字は**表6-1**のような分布をなす（李書 p. 101 による）。

下線を付したものが二等下字，それ以外が三等下字である。一見してわかるように，両者は相補的な分布をなしており，同一声母の下で衝突することはない。

直拗の不一致で言えば，庚韻（の去声と入声）と麻韻（の上声）にはさらに次のような異例な反切がある（李書 p. 102）。

表6-1　荘組字の分布

	庚　韻	梗　韻	敬　韻	陌　韻
荘 ʦ- 初 ʦʻ- 崇 ʣ- 生 ʂ-	鎗（楚<u>庚</u>反） 傖（助<u>庚</u>反） 生（所京反）	省（所景反）	瀅（楚敬反） 生（所<u>更</u>反）	嘖（側陌反） 栅（惻戟反） 齚（鋤陌反） 索（所戟反）

16）「相配」とは声調の違いだけで対立する韻同士の関係性について言う。入声は他の三声（併せて舒声と呼ばれる）に比べて際立って短くかつつづまって発音されるために，鼻音韻尾 -ŋ, -n, -m がそれぞれ -k, -t, -p と発音されたと見なすことができる。太田斎『韻書と等韻図』（神戸市外国語大学研究叢書，神戸市外国語大学外国学研究所，2013年）の p. 30 を参照。

麻韻上声　灺（徐雅反）；觲（車下反）
庚韻去声　敬（居孟反）；迎（魚庚反）
陌韻　　　㘕（于陌反）；虄（乙百反）

　これらの反切はいずれも〈三等上字＋二等下字 → 三等帰字〉という組み合わせで，下字と帰字との間で直拗の不一致を生じているが，このような反切はこれらの韻にしか見られない。一般的には拗介音 -i- のほうが合口介音 -u- に比べて主母音に対する影響は大きいと考えられる。1 つの韻に開合で対立する 2 つの韻母が含まれる例は多く見られるが，拗介音の有無によって対立する二等韻と三等韻を同時に含む韻は，麻韻と庚韻しかない（それぞれ相配する韻を含む）。両者は主母音が広母音の a であり，かつ韻尾がゼロと ŋ であるから（それぞれ a, ua, ɪa と aŋ, uaŋ, ɪaŋ, ɣaŋ[17]），拗介音が主母音の音色にそれほど大きな影響を与えなかったのだろう。そこに拗介音の相対的な弱さを想定してもいいかもしれない。いずれにしても口唱の過程を経てその音声的状態を正確に再現できたものと推測される。

〈条件Ｂ〉への補足：口唱性を支えるもの

　音韻論的な分析に基づけば，反切は上字声母と下字韻母がそれぞれ帰字の声母と韻母に一致していればよく（ただしこの条件も絶対ではないことは，前項でみたとおり），上字韻母と下字声母は「捨てられる」要素であるがゆえに，任意のものでよいということになる。しかし，現実には反切用字の選択には一定の傾向があり，これは選択の結果が帰字を導く過程において音声上より有利であったことの証左であると考えられる。以下これを（1）上字韻母の帰字声母への影響と，（2）上字韻母と下字声母の「捨てられやすさ」という 2 つの面に分けてみていく。

（1）上字韻母の帰字声母への影響

① 直拗一致原則

　反切の用字法としてしばしば指摘されるのが，上字と帰字の間におけ

17）ただし入声・陌韻は ak, uak, ɪak, ɣak。

る直拗一致の原則である。中古の韻母では一・二・四等韻は拗介音 -i- を持たず（いわゆる直音類），三等韻のみ拗介音を持っていたと考えられている（拗音類）。これらを反切として表現する場合，直音帰字反切には直音上字を，拗音帰字反切には拗音上字を用いる傾向が顕著である。このような現象を「直拗一致原則」と呼ぶ。

　直拗一致原則を支えているのは，拗音類と結合する各種声母の音声的な口蓋化である。一般に子音に前舌狭母音の i, y が後続する場合，これを記号として表現するかどうかは別として，一定の口蓋化が生じる。もし帰字音節が拗音類で，帰字声母にこのような口蓋化が生じているならば，当然，上字の声母も口蓋化が生じているものを選択する方が，口唱の上で有利であるから，上字にも拗音類韻母を持つ文字を選択することになる。

　②　類相関
　中古の三等韻のうち，唇牙喉音（帮組および見組）と結びつくものは，A・B・C の三類に分けることができる[18]。
　　A 類　主母音 /a, e/，介音は /i, y/
　　B 類　主母音 /a, e/，介音は /ɪ, ʏ/
　　C 類　主母音 /ɑ, ʌ/，介音は /i, y/（[ɪ, ʏ]）
　A・B 類は前舌主母音をもつ拗音類で，唇牙喉音字が韻図の三・四等の2つの欄に分布する[19]。C 類は中舌・奥舌主母音を持つ拗音類である。
　以上において，反切の用字上，A 類上字は A 類帰字反切にのみ用いられ，B 類上字は B 類帰字反切にのみ用いられるのに対し，C 類上字は A・B・C 類いずれの帰字反切にも用いられるという現象が存在す

---

18)　平山久雄「切韻における蒸職韻と之韻の音価」，東洋学報 49：1，1966 年。以下の推定音価および音韻論的解釈は同論文による。平山氏は，A 類を声母に口蓋化要素 /j/ を含むもの，B 類を含まないものとして分類する。重紐の音韻論的解釈としては，その差異を声母あるいは介音のどちらに帰すことも可能であるが，今は上字韻母の帰字声母への影響という観点から整理を行うため，これを介音の口蓋化の有無の違いに帰す。なお，C 類の介音については同氏「中古漢語の音韻」（前掲）pp. 151-152 の記述に基づく。
19)　いわゆる「重紐」現象。韻図（第 10 章参照）では A 類が四等欄に，B 類が三等欄に配置される。

る[20]。これを「上字―帰字の類相関」と呼ぶ（同論文 p. 43）。

　平山氏によれば，三者の口蓋化の程度は A 類＞ C 類＞ B 類である。A 類は口蓋化の程度が最も強く，B 類は口蓋化を伴わないか，伴ったとしてもごくわずかであり，C 類は中間的である（pp. 44-45）。このような口蓋化の強弱は当然介音から声母に向かって及ぶものであるから，上字に帰字声母の口蓋化の程度を予め設定しておくことは，口唱にとって非常に望ましいことになる。

（2）上字韻母と下字声母の「捨てられやすさ」

①　二・四等上字と合口上字の忌避

　上字の選択にはいくつかの明らかな傾向が看て取れる。そのひとつが二等および四等上字の忌避である。これは二等韻と四等韻の主母音がそれぞれ /a, ɐ/ と /e/ であり，より積極的な口形である張唇の前舌主母音であるために，口唱の過程で下字主母音の調音に影響を与える可能性があることから，忌避されたものと考えられる。また合口上字も合口帰字反切以外では忌避される傾向が強い。鈍重な器官である口唇の閉鎖を解くことが困難なことにその原因があるだろう。

②　遇摂上字の多用

　遇摂の諸韻（魚・虞・模韻およびそれに相配する上・去声）を上字とする反切は圧倒的に多く，全反切のほぼ半数を占める。特に魚韻と模韻は突出した多さである。これらの推定音価はそれぞれ魚韻 [ɪə]（/iʌ/），虞韻 [ʏu]（/iuʌ/），模韻 [o]（/uʌ/）である。これらはともに主母音が /ʌ/ の非円唇半狭広母音であり，韻尾はゼロである。また，音声的には魚韻の主母音は非円唇であり，模韻もその上字としての用例の多さから，その円唇性はかなり弱いものだったと推定される[21]。したがって，これらは下字韻母に対する影響が比較的少なく，「捨てられやすさ」という点ではきわめて上字に適した条件を備えていたと言える。

　音韻論的に同じ主母音を持っていたと考えられる之韻（/iʌɯ/［ɪɤɪ］）

20）ただし，A 類上字である「匹」は C 類上字と同じ振る舞いをする。
21）平山「陸志韋教授『古反切是怎様構造的』を読む」p. 27。

も，止摂諸韻の中では上字として圧倒的に多用されている。

③　-ŋ, -k 韻尾上字の多用

陽・入声韻においては，牙喉音韻尾である -ŋ, -k の上字使用が突出しており（それぞれ 285 回と 589 回），それに比べると舌音韻尾（-n, -t）はかなり少なく（72 回と 136 回），唇音韻尾（-m, -p）はほぼ皆無である（-m が 2 回。いずれも陸氏論文 pp. 357-358 による）。これは各韻尾の「捨てられやすさ」を比較したとき，鈍重な円唇や，鋭敏であるがゆえに強く閉鎖される舌尖は，これを取り除くには相対的に大きな労力を要するために忌避されたと考えられる（平山氏論文 p. 26）。

④　見組下字の多用

③と同様の傾向を示すのが，下字における見組（牙喉音声母）字の多用である。特に一・二・四等帰字反切でその傾向が顕著である。やはり③と同じく，その「捨てやすさ」が多用の理由であろう。

〈条件C〉への補足

〈条件B〉はある反切用字の多用もしくは忌避の情況を，音声的側面から説明したものであるが，もし反切用字の選択が純粋に音声的側面のみからなされているのなら，上で述べた傾向はより明確な形で観測されるだろうし，反切の用字もより少数に収斂していることが予想される。しかしながら，現実には必ずしもそのようにはなっておらず，反切用字は一定の“多様さ”を保っている。これは反切用字がその音声的条件の他に非音声的条件を満たす必要があるからである。反切用字の多様さの原因は，一義的には汎時代的・汎地域的な性質に根ざした用字の継承という点に求められるだろうが，これを支えていたのは易識・易写の文字を用いた標音方法としてのわかりやすさにあったと考えられる。

5.　小　結

　以上みてきたように，切韻系韻書の反切はかなり精緻なものであったと言ってよい。そこでは字音（漢字音）を対象とした緻密な観察が行われ，またその結果を反切用字の選択を通してきわめて正確に再現したであろうことが看て取れる。ただし，そのような観察は音節を構成する各音素を抽出するまでには至っていないと推定される。なぜなら前節で述べた『完本王韻』の反切の状況が，まさしくそのことを物語っているからである。

　これをさらに一歩先へと進めたのが，インド文化との接触によりもたらされた字母の学である。これについては第10章に譲る。

130

発展的課題

1．平山久雄「中古漢語の音韻」（『中国文化叢書 I　言語』大修館書店，
　1967 年）を読んで，中古音と反切についての理解を深めよう。

参考文献

● 本文および脚注で引用した諸文献を参照のこと。

7 | 話し方を合わせる
―― コミュニケーション調節理論（1）

大橋　理枝

《**本章の目標＆ポイント**》　異文化との「出会い」方にはさまざまな形があり
得るだろう。自分にとって馴染みのない言語で書かれた文学に接するのもそ
のひとつであろうし，実際に外国の土地に滞在してみるという形もあるだろ
う。文化的背景を異にする他者とコミュニケーションを取る，というのも，
異文化に出会う形としてはひとつの典型であることは間違いない。ここでは
そのような「出会い方」を想定し，そこで行われるのはどのようなやり取り
になり得るのかを，異文化間コミュニケーション分野の代表的な理論の一つ
である「コミュニケーション調節理論（Communication Accommodation
Theory）」に基づいて考えてみたい。
《**キーワード**》　文化，コミュニケーション，言語変種，同化，異化，維持

1.「文化」と「コミュニケーション」の捉え方

（1）「文化」

　「コミュニケーション調節理論」に則って「異文化との出会い」を考
えるに当たり，まずは「文化」というものをここではどのように捉える
かを押さえておきたい。

　例えば「海外に日本文化を紹介しましょう」というような場合の「文
化」として典型的に想定されるのは，茶道，華道，能，歌舞伎のような
ものかもしれないが，コミュニケーション学で「文化」というときに念
頭に置くのはもっと日常生活に密着したものである。「文化」を定義す
ることは極めて困難（板場，2010）であり，岡部（1996）は「社会科学
の文献にはおよそ 100 以上の定義がリストされている」（pp. 41-42）と
しているが，ここでは「その文化の構成員なら誰でも知っている，ある
いは身につけている，いわば共通の知識とでも呼べるようなもの」（池

田・クレーマー, 2000, p. 15) や,「学習され, ある集団の成員に共有された思考や行動の枠組み」(根橋, 2011, pp. 135-136), さらには「自分の所属している集団, 自分の居住している地域などでは『あたりまえ』とされている共通の『考え方』『行動の仕方』『ものの見方』『対処の仕方』であり, ある状況においてどのように振る舞えばよいのかについて瞬時に判断するときに個々人が知らず知らずに基準としてとらえているルールのようなものの集大成」(石井・久米, 2013, p. 14) という定義を紹介しておきたい。

この定義に含まれている重要な点として,「異文化」は「外国」のことではない, ということを指摘したい。「日本」という国の中にも上記の定義にあてはまる集団はたくさんある。比較的わかりやすいところでいえば, 日本各地にある地域文化が挙げられるだろう。さまざまな地域にはその土地特有の言葉があるし, 食べ物がある。例えば, お正月の御雑煮に何を入れるか, 汁は味噌仕立てか澄まし汁か, 餅は丸餅か角餅か, など, 地域ごとに「当たり前」が異なるだろう。この「当たり前」を共有している集団それぞれが「文化」であると捉えるのが, コミュニケーション学での「文化」の捉え方である(ただし, この「『当たり前』を共有している人々」が何人以上であれば1つの「文化」であるといえるのかという点については明確な線引きはできない)。

岡部(1996)は文化の機能として,「学習性・伝承性」「規範性」「意味付与性」「永続性」の4つを挙げているが, ここでは「規範性」と「意味付与性」に特化して説明を加えたい。「規範性」というのは, ある文化の中では何が「善し」「悪し」とされ, 何が「然るべきやり方」であるとされるかについての規範があり, その文化を共有する人びとはこの文化的規範に沿った形で言動を行うことが期待される, ということである。例えば, 初対面の相手に対しては比較的丁寧な言葉遣いをするのが礼儀に適っている, とする文化的規範がある社会を考えると, 初対面の相手に対してはいきなりくだけた口調で話そうとはしない人が多い, ということになる。一方「意味付与性」というのは, ある文化を共有している人たち同士の間では, 物事に対して似たような意味づけをする, と

いうことである。先に挙げた例を引き継げば，初対面の相手に対しては比較的丁寧な言葉遣いをするのが礼儀に適っている，とする文化的規範がある社会では，初対面の相手に対してくだけた口調で話す相手に対しては「失礼な人」であるという意味付与がなされてしまうであろう。

　しかも，ある文化の中に特定の規範や意味付与の仕方が存在することを知っているということと，一個人としてその規範や意味付与の仕方に従うという選択を行うかどうかという点は次元が異なる。規範の存在や意味付与の仕方そのものは知っていても，自分はその規範や意味付与には与<ruby>与<rt>くみ</rt></ruby>しない，という選択をすることも可能だからである。ただし，規範に従わないという選択をした場合は周囲から否定的な評価を受けることも多いし，意味付与を共有しない場合は周囲から変わった人だという評価を受けることも珍しくないだろう。

　私たちは日常生活の中でさまざまな社会集団に所属しているが，それぞれの社会集団はその内部での規範を共有し，その集団に所属している人であれば同じ現象に対して同じような解釈をする。すなわち，私たちは一人ひとりがさまざまな文化背景を持っているといえる。例えば，同じ一人の人が，出身地に関わる文化を持ち，職業に関わる文化を持ち，性別に関わる文化を持つ，というようなことである。

（2）「コミュニケーション」

　「コミュニケーション」という語は今やカタカナ語として日本語の日常生活の中でも使われている。広辞苑第六版（電子版）では「社会生活を営む人間の間に行われる知覚・感情・思考の伝達。言語・文字その他視覚・聴覚に訴える各種のものを媒介とする。」と定義されているが，

表7-1　コミュニケーションの類型

言　語 音　声	使　う	使わない
使　う	言語音声コミュニケーション	非言語音声コミュニケーション
使わない	言語非音声コミュニケーション	非言語非音声コミュニケーション

コミュニケーション学の分野では，コミュニケーションを**表7-1**のように分類して考えることが多い。

　言語音声コミュニケーションというのは，音声言語，すなわち話し言葉を使ったコミュニケーションを指す。友だち同士のお喋りのような双方向的なものでも，スピーチのような一方向的なものでも，音声言語が使われていれば言語音声コミュニケーションである。これは行われる場が時空間を共有する対面状況であっても，電話のようなメディアを介する場合（時間は共有していても空間は共有していない）であっても当てはまるし，一部のラジオやテレビの放送のように事前に録画・録音されたもの（時間も空間も共有していない）であっても当てはまる。

　一方，言語非音声コミュニケーションというのは，言語は用いても音声は用いないコミュニケーションである。典型的には書かれた言葉を介したコミュニケーションが当てはまるが，手話もこの分類に入る。古典的には友だち同士や事務的な手紙のやり取りが思い浮かぶが，現代では電子メールやライン，さまざまなSNSを用いたコミュニケーションの方が一般的かもしれない。いずれにしても，文字を用いて言語を記すことによって行われるコミュニケーションはすべてここに入る。

　非言語音声コミュニケーションというのは，音声は用いるが言語は用いないコミュニケーション，というのが定義になるが，これは言わば「話し方」に当たる。話す速度，声の大きさ，声の高さ，声の張り具合，間の取り方などが含まれるが，これらはすべて話し手についての情報を伝える要素となる。このことは「おはよう」という同じ言葉を，元気よく「おはよう！」と言われた場合と，力ない声で「おはよう。」と言われた場合とでは相手の状態が異なっていることが感じられる，ということから納得できるだろう。

　非言語非音声コミュニケーションというのは，音声も言語も用いないコミュニケーションである。最も典型的なのはジェスチャーだが，それ以外にも顔の表情や姿勢などの身体動作，髪型や服装などの人工物，握手やハグなどの接触行動，相手との間に取る距離なども，それぞれメッセージを伝える。これらのメッセージを用いて行うコミュニケーション

はすべて非言語非音声コミュニケーションになる。

　私たちは普段これらさまざまな手段を駆使してコミュニケーションを行っているが，どのような場面でどのようなコミュニケーションが適切であるかについては，個人個人が持っている感覚があると同時に，文化で決められている規範もある。日本では初対面の相手に対してはお辞儀をする（接触行動はしない）が，欧米では握手をする（接触行動を行う）というのが文化的規範の典型例として挙げられる。文化的規範はさまざまな面で存在するが，文化背景が同じ人とはこのような規範を共有しているため，規範があること自体気づきにくい（単に「当たり前」だと捉えてしまいやすい）。一方，文化的背景を異にする人と接すると，相手が自分の予想したのとは異なる行動をすることが往々にしてあり，そのような場面では自分が無意識のうちに前提にしていた規範に気づきやすい。

（3）言語変種

　言語を使ったコミュニケーションを考える際に必要な概念として「言語変種」という概念を紹介しておきたい。言語変種というのは，ある言語の中にあるさまざまな方言，文体，言語使用を指す中立的な表現である（田中，2015）。ある地域特有の語彙や強勢（すなわち以前は「訛り」と呼ばれていたもの），ある社会的役割を担う人がその役割の一部として使う言葉遣い（例えば医者が専門用語を使って話す場合など），社会の中で特定の役割を期待されている人がその役割を表現するために使う言葉遣い（例えば「男言葉」「女言葉」など）は，すべて言語変種の例である。

　ある社会の中では必ず複数の言語変種が使われている（日本という社会の中でも「方言」や「医学用語」など複数の言語変種が使われている）が，特定の言語変種がその社会の中で高い地位を占めたり低い地位に置かれたりする。難波（2014）は「あらたまった公の場で使われ，学習によって身に付けていくもので，より広範囲な人とのやりとりに使われる」（p. 209）言語変種を「高位言語」，「私的で非公式な場面で使われる言語で，第1言語[1]として生活の中で身につけていくもので，共同体や，

近い関係の人とのやりとりに使われる」（p. 209）言語変種を「低位言語」であると説明している。具体例としては，「高位言語」として「学校」「マスメディア・インターネット」「仕事や商売上のやりとり」「行政府とのやりとり」「宗教的行事」などで使われる言葉遣いを挙げており，「低位言語」としては「家族や友人とのおしゃべり」「コミュニティー内での社会／文化活動」「友人とのeメールやSNSでのやりとり」などで使われる言葉遣いを挙げている（p. 209）。また，田中（2015）は「高位言語」として「教会やモスクでの説教」「公式な手紙」「議会での政治的な演説」「大学での講義」「ニュース報道」「新聞の論説」「詩などの純文学」を挙げ，「低位言語」としては「給仕・労働者・事務員などへの指示」「家族・友人・同僚との会話」「ラジオの連続ドラマ」「政治漫画のせりふ」「大衆文学」を挙げている（p. 20）。

　ある社会の中に「標準語」や「共通語」がある場合，その言語変種が高位言語となり，地域特有の話し方などは低位言語として扱われることが多い。また，例えば医療従事者が使う医学的な専門用語などは，難波（2014）のいう「仕事や商売上のやりとり」の場面で使われるため「高位言語」となる。

　前置きが長くなってしまったが，「文化」「コミュニケーション」「言語変種」について，これまで述べてきたことを踏まえながら，次節から「コミュニケーション調節理論」を見て行こう。

2. コミュニケーション調節理論の基本

　「コミュニケーション調節理論（Communication Accommodation Theory）」はその最初期の段階から40年以上も修正を重ねて来た理論であり，ハワード・ジャイルス（Howard Giles）および彼の共同研究者たちが理論展開の主な牽引役となっている。最初は対話者同士がどのように自分のアクセント（「訛り」）を相手に合わせる／合わせないかに

1）自分自身が最も使いやすい言語であり，その言語を使って考えたり数えたりする言語を指す。母語（最初に習得した言語）である場合が多いが，家庭内言語と社会で使われる言語が異なる場合などは必ずしも母語が第1言語になるとは限らない。

ついての理論だったが，その後話し方全般に関する理論（Speech Accommodation Theory）となり，その後さらに発展を遂げて，現在では話し方に限らずコミュニケーション全般の調節に関する理論となっている。ここでは主に Dragojevic, Gasiorek, & Giles（2016）に沿って理論の概要を説明する[2]。

　理論の根幹となるのは「人々はコミュニケーションをする際に，相手のコミュニケーションスタイルに対して『同化（convergence）』，『異化（divergence）』，『維持（maintenance）』のうちどれかの調節（accommodation）をみせる」（太田，2000, pp. 200-201）という大原則である。「同化」とは自分のコミュニケーション行動を相手のものと合わせるように調節することである。一方「異化」とは自分のコミュニケーション行動を相手のものと違えるように調節することである。さらに「維持」とは相手のコミュニケーションスタイルにかかわらず自分の「デフォルト」のコミュニケーションスタイルを保ち続けることである。

　例えば他人と話すときに，自分が普段話している速度よりゆっくりした速度で相手が話しかけて来たとする。その時に自分の話すスピードを緩めて相手の速度に合わせて答えるという選択をした場合（相手への便宜を図ろうとした際などが当てはまるだろう），これは「同化」の例になる。一方，相手がゆっくり話すのに対してかえって早口で答えるという選択をした場合（相手の話に苛々している場合などはこのような選択をするかもしれない），これは「異化」の例になる。そして，相手の話す速度にかかわらず普段から自分が話している速度を変えずに話すという選択をした場合（苛々しているわけではないが特段相手に合わせる必要も感じない場合などが当てはまるだろう），これは「維持」の例となる。

　ちなみにこの例は「非言語音声コミュニケーション」の同化／異化／維持だったが，その他のコミュニケーションのパターンでも例を考えることができる。「言語音声コミュニケーション」の範囲で考えるのであ

2) 以降，特段に出典を挙げていないものはすべて Dragojevic, Gasiorek, & Giles（2016）による。

れば，例えば対面でコミュニケーション行動を行う際の言語の選択について論じることができる。「言語非音声コミュニケーション」の範囲で考えるのであれば，例えばSNSメッセージにどの程度絵文字を使うかなどが論じやすいだろう。「非言語非音声コミュニケーション」の範囲では，対人距離[3]などがわかりやすいと思われる。

　この例では相手と自分との間に文化背景の差があるか否かは問題にしなかったが，別の例として明らかに話し手同士の間に文化背景の差がある場合を考えてみよう。初めての海外旅行先にオーストラリアを選んだX氏が，目的地にしていた動物園に行く方法がわからなくなり，観光案内所に入ったとする。自分の前にもうひとり客が居て，案内所の職員と何やら英語で話している。が，いざ自分の順番になったら，急に「動物園」という英語をど忘れしてしまい，「I want to go to」まではどうにか英語で言ってみたのだが，どうしても「動物園」を英語で言えないので，「I want to go to…動物園…コアラ…カンガルー…だちょう…」のような言い方になってしまったとする。

　さて，この後の観光案内所職員の応じ方を3通り考えてみよう。

　　Aさん：「日本からいらしたのですね。オーストラリアへようこそ！」から始まり，動物園までの行き方を日本語で説明してくれた。
　　Bさん：「ハロー！　ウェルカム　トゥー　オーストラリア！」から始まり，前の客に対して話していたのと同じような話し方で動物園への行き方を説明してくれた。
　　Cさん：「グダイマイ！　イェフェスタイダウナンダ，エイ？」から始まり，動物園までの行き方を説明してくれたらしいが，最後まで一言も分からないまま終った。

　この場合，Aさんが行ったコミュニケーション調節は「同化」，Bさんが行ったコミュニケーション調節は「維持」，Cさんが行ったコミュニケーション調節は「異化」となる。

---

3) 他人と話す時に，どのような相手（初対面／旧知の仲，立場の上下の有無など）であればどの程度離れて話すべきか，という点については文化ごとに異なる規範がある。

　それぞれの例をもう少し詳しくみてみよう。Ａさんは X 氏が日本語を使ったことに着目し，日本語で応答するという選択を行った。相手が話す時に使っている言語に自分が話す言語を合わせたので，これは「同化」というコミュニケーション調節（以降「同化調節」と称す）の例となる。日本語で応じる場合だけでなく，X 氏が使ったのと同じような英語—例えば，発話速度が通常より遅かったり，使用語彙や構文が平易だったりするような英語—を使って応じた場合も，同化調節の例となる。

　それに対し，Ｃさんの場合は，前の客に対してしていた説明に比べてオーストラリア英語の特徴を遥かに強く出した話し方をしている。これは X 氏の発話の中で使われていた英語とはわざと違う話し方の英語を使っていることになるので「異化」というコミュニケーション調節（今後は「異化調節」と称す）の例となる。仮にＣさんが普段の日常生活の中ではオーストラリア英語の特徴が色濃く出ている英語を使っていたとしても，それが案内所での仕事という文脈の中で通常使われる話し方ではないなら，観光案内所に来た観光客である X 氏とのやり取りの中では「異化」となるのである。

　一方，Ｂさんの場合は，前の客への説明の仕方と同じ説明の仕方を X 氏に対してもしており，X 氏に向けて発話する際に自分の発話を変えていないので「維持」の例となる[4]。例えばこの案内所の職員が「仕事の時の話し方」と「プライベートでの話し方」を使い分けていた場合，X 氏に対応するのが仕事上での文脈なのであれば，普段からの「仕事の時の話し方」をそのまま使うのが「維持」になる。（「維持」については「調節」が含まれないため，今後も単に「維持」と称す。）

　なお，「同化調節」は基本的な姿勢として相手に合わせるという志向性を持つが，「異化調節」と「維持」は基本的な姿勢として相手に合わせないという志向性をもつ。したがって「異化調節」と「維持」とを合わせて「不一致型調節」と呼んでおく。

　コミュニケーション調節に関して重要な点のひとつは，相手に対して

---

4)「維持」というのはそれまで自分が行って来た発話を変えないということなので，普段の話し方がわからないと「維持」なのかどうかは判断できない。

同化調節を行おうとした場合，必ずしも相手本人のコミュニケーション行動そのものに対して同化・異化・維持を行うのではなく，相手がどのような集団に属しているかを考え，その集団に典型的な特徴を使って同化や異化を図ろうとする場合がある，ということである。例えば，日本で金髪碧眼（へきがん）の人に日本語で道を聞かれた際に英語で答えようとしてしまう場合があるというが，これをコミュニケーション調節理論で説明すると，道を聞いた金髪碧眼の人は，「相手が日本人だから日本語を話すだろう」という前提に基づいて日本語で道を聞くという同化調節を行ったといえる。一方，答えようとして英語で話した日本人は，「金髪碧眼の人は日本人ではないので，『世界の共通語』である英語で答えよう」という考えの下に同化調節を行ったことになる。実際には外見が日本人に似ていても日本語が第一言語ではない人もいるし，金髪碧眼でも日本で生まれ育って日本語が第一言語の人もいるので，外見だけでは相手が使う言語は判断できないはずなのだが，相手が所属していると思われる社会集団を想定したうえで，その集団の典型メンバーが話すであろう話し方を選択するというコミュニケーション調節を行ったのだと説明できる。

3. コミュニケーション調節の類型

　コミュニケーション調節にはさまざまな類型がある。「全面的／部分的（full/partial）」という類型は，コミュニケーション調節を全面的に行うか，一部だけを調節するかということである。先の例でみた観光案内所の職員が，構文も単語も日本語で話し，発音も日本語らしくする（「その動物園ではコアラを抱っこできます。」など）のであれば，それは「全面的同化」となるが，基本的な構文は英語でその中に多数の日本語の単語を取り入れるような形で話す（「あなたは，できます，抱っこ，koala bear をね，その動物園でね。」など）のであれば「部分的同化」となる。

　また，双方が相手に対してコミュニケーション調節を行う場合もあるし，片方のみが相手に対してコミュニケーション調節を行う場合もあるだろう。前者を「対称的（symmetrical）」，後者を「非対称的

（asymmetrical）」調節という。上記の観光案内所の例では，X 氏が英語で話そうとしたこと自体がオーストラリアの観光案内所の職員の話し方に対する同化調節であった。それに対して相手も X 氏が話の中で用いた日本語という言語を使う場合は「対称的調節」（この場合は対称的同化調節）となる。一方，X 氏のみが自分が話す言葉を英語に変え，観光案内所の職員は英語で話し続ける場合は「非対称的調節」の例といえる。もちろん，互いに異化を行うなら「対称的異化調節」となる。

　さらに，コミュニケーション調節が一つの側面のみにおいてなのか，さまざまな側面に及ぶのかをいう点に着目して「一面的／多面的（unimodal/multimodal）」という類型もある。X 氏が英語を使う場合や A さんが日本語を使う際に，単語の発音が極めて母語に近い場合（X 氏の英語が日本語的な発音の場合や，A さんの日本語が英語的な発音の場合）は，同化調節は語彙面のみとなっており，発音については同化調節を行っていないということができる。このようなコミュニケーション調節の仕方は「一面的同化」であるといえる。一方，X 氏が英語の単語を英語らしく発音する場合や，A さんが日本語らしい発音で日本語の単語を用いるのであれば，それは「多面的同化」であるといえる。

　加えて，コミュニケーション調節は一度行ったらずっとそのままとは限らない。先の観光案内所の職員が，最初日本語で話していても，途中から英語で説明し始めた場合などは「短期的（short-term）」同化調節だったといえる。一方，X 氏が何度尋ねてもいつも日本語で説明し続けてくれ，しまいには観光案内所以外の場所で会っても日本語で話すような場合は「長期的（long-term）」同化調節といってよいだろう。

　これらに加えて「上方的／下方的（upward/downward）」という類型があるが，これには始めに述べた「言語変種」の「高位言語」「低位言語」という概念が関わってくる。端的に言うと「上方的同化」というのは，コミュニケーションのために使う言語を高位言語に同化させること，「下方的同化」というのはコミュニケーションのために使う言語を低位言語に同化させることである。2011 年 3 月 11 日に東日本大震災が起きた後，日本各地から医療支援が入ったが，その時に被災者が話す言

語変種（東北地方の方言）が理解できずに困った例が珍しくなかったと聞く[5]。このような現場において，例えば「せんせー，せながっこいてー。[6]」と訴える患者に対して，普段は標準語を話している医師が患者と同じ言語変種を用いて「せながっこな」と応じるなら「同化調節」，普段から使っている標準語をそのまま使って「背中ですね」と応じるなら「維持」，日常生活では使わないような医学用語を使って「背部ですね」と応じるなら「異化調節」になる。そしてこの標準語話者である医者が「せながっこな」という地域特有の言語変種を用いて応じる場合，このような調節の仕方を「下方的同化」という。一方，普段なら「せながっこいて」というような話し方をしている人が「先生，背中が痛いんです。」というような話し方をした場合，これは特定の地域特有の言語変種という低位言語から標準語という高位言語への調節になるので「上方的同化」となる。

4. 心理的同化と言語的同化

　同化調節を行う際に，本人は相手に同化しているつもりでも実際には同化になっていないという場合がある。例えば，筆者はある時出張先で地元出身の友人と共にロープウェイに乗った時，乗務員さんが車窓（？）の景色を説明してくれたのだが，それを聞いた私は，この乗務員さんはこの地方で普段使われている言語変種を使って説明してくれているのだと思った。ところが，ロープウェイを降りた後，一緒に乗っていた地元出身の友人が「今の乗務員さん，あれでも標準語で話しているつもりだよ。」と私に耳打ちした。この場合，この乗務員さんは心理的には標準

5）国立国語研究所では「『東北地方の被災地で活動なさる医療機関の方々が地元の方言を理解するときの手助けになるようなものがほしい』という今村かほるさん（弘前学院大学）の呼びかけに応え」て，『東北方言オノマトペ（擬音語・擬態語）用例集：青森県・岩手県・宮城県・福島県』を作成したという（https://www.ninjal.ac.jp/publication/catalogue/onomatopoeia/　2021年4月29日参照）。この例は，このような手引書が必要であったほど，日本各地の医者が使い慣れている言語変種は東北地方の人びとが日常的に使っている言語変種とは異なっていたことを示している。
6）八島（2012）を参考に筆者作成。

語話者である私のコミュニケーション方法に同化調節を行ったつもり
だったにもかかわらず，言語的には同化は達成されていなかったという
ことになる。このような場合を説明するために，心理的調節と言語的調
節とを区別することが有用である。

　心理的な面で相手に同化することを「心理的同化（psychological
accommodation）」，言語的な面で相手に同化することを「言語的同化
（linguistic accommodation）」という。「言語的同化」をさらに外部から
観察可能な側面とそうでない側面とに分け，前者を「客観性（objective）
言語的同化」，後者を「主観性（subjective）言語的同化」と呼ぶこと
ができる。「客観性言語的同化」は，実際の発話行動が語彙や発話速度
などの点で観察可能な形で変わる場合を指す。例えば，先のロープウェ
イの例では，私が乗務員さんの発話で最も非標準的だと感じたのは語彙
面より単語や文の中での強勢を置く位置だった。これは外部から客観的
に観察可能なので，この乗務員さんは「客観性言語的同化」が行えてい
なかったということができる。一方，本人が本当に標準語で話している
つもりになっていたのであれば，「主観性言語的同化」は行われていた
といえよう。

　一方，言語的同化調節を行うことによって，心理的には異化を行う場
合もある。例えばある特定の言語変種を真似してからかうという言動
は，真似するというところで言語的同化を行っているにもかかわらず，
からかうという形で心理的異化を行っているといえる。このような場合
は心理的同化調節ではないことを示す必要が生じるため，特徴を過剰に
真似るなどということが行われる。それをされた方が不愉快に感じるの
は，自分の発話を真似している言語的同化の背後にある心理的異化が
はっきりと感じられるからであろう。

　例えば社会的立場に差がある間柄の場合，立場が下の方が立場が上で
ある相手に対して敬語を使ったり丁寧な言葉遣いをしたりすることが多
い。一方，立場が上の方が立場は下である相手に対して同じように丁寧
な言葉遣いをしないことも多い。この場合は言語的異化調節が行われて
いることになる。

　一方，心理的にはどうだろうか。例えば，生徒と教員とのコミュニケーションを考えてみよう。生徒側が教員側に丁寧な言葉遣いをする場合，教員側が同じように丁寧な言葉遣いで生徒側に応じれば，これは言語的同化調節が行われていることになる。が，実際には教員側はもっとくだけた口調で生徒側とのコミュニケーションを取ろうとすることも珍しくないだろう。この場合は言語的異化調節が行われていることになる。だが，自分に対して丁寧な言葉遣いで話してきた生徒に対して教員がくだけた口調で応じる場合は，生徒との心理的距離を縮めようとしている場合が多いのではないだろうか。そうであれば，ここでは言語的異化調節を行うことが，心理的同化調節を行うことにつながるということになる。

　例えば，標準語話者である私がある地方に行った時に，その地方特有の言語変種で話してみようとしたとする。その際に，普段はその地方特有の言語変種で話している人が，敢えて標準語を使って私に応じるという選択を行うかもしれない。この場合，私としては相手に対して心理的同化調節を行おうとしたし，言語的にも同化調節を行おうとしたのだが，相手が標準語を使って応じたことの心理的意図は，よそ者に自分たちの言葉は使わせない，という気持ちだったかもしれない。そのような気持ちがあって標準語を使ったのであれば，私に対して言語的同化を行うことによって，心理的異化を達成したことになる。しかしながら，この場合はお互いが使う言語変種が一致しなくなってしまうので，結果的には言語的にも異化調整が行われたことになるだろう。

＊

　次章では引き続き「コミュニケーション調節理論」について検討していく。

🎙️ **発展的課題** ——————————————————————

1．自分がこれまでに行ったことがある「同化調節」「異化調節」「維持」
　の例を考えてみよう。
2．さまざまなコミュニケーション調節の類型について，具体例を考え
　てみよう。

参考文献

- 池田理知子・クレーマー，E. M.（2000）『異文化コミュニケーション・入門』有斐閣

- 石井敏・久米昭元（2013）「異文化コミュニケーションの基礎概念」石井敏・久米昭元・長谷川典子・桜木俊行・石黒武人『はじめて学ぶ異文化コミュニケーション：多文化共生と平和構築に向けて』第 1 章（pp. 11-34），有斐閣

- 板場良久（2010）「文化を定義することの困難さ」池田理知子 編著『よくわかる異文化コミュニケーション』第 II 章第 1 節（pp. 12-13），ミネルヴァ書房

- 岡部朗一（1996）「文化とコミュニケーション」古田暁 監修，石井敏・岡部朗一・久米昭元 著『異文化コミュニケーション：新・国際人への条件』改訂版，第 2 章（pp. 39-59），有斐閣

- 太田浩司（2000）「異文化集団間におけるコミュニケーション理論」西田ひろ子 編著『異文化間コミュニケーション入門』第 5 章（pp. 184-214），創元社

- 田中春美（2015）「言語の変種」田中春美・田中幸子 編著『よくわかる社会言語学』第 1 章第 2 項（pp. 4-5），ミネルヴァ書房

- 難波和彦（2014）「社会の中のバイリンガリズム」山本雅代 編著『バイリンガリズム入門』第 14 章（pp. 207-218），大修館書店

- 根橋玲子（2011）「異文化間コミュニケーション」鈴木健 編著『コミュニケーション・スタディーズ入門』第 6 章（pp. 135-157），大修館

- 八島良幸（2012）「序文」竹田晃子 著『東北方言オノマトペ（擬音語・擬態語）用例集：青森県・岩手県・美亜技研・福島県』（pp. 3-7），国立国語研究所

- Dragojevic, M., Gasiorek, J., & Giles, H. (2016) Accommodative Strategies as Core of the Theory. H. Giles (ed.,) *Communication accommodation theory: Negotiating personal relationships and social identities across contexts*, ch. 3. (pp. 67-113) Cambridge University Press.

8 | 合わせ方を選ぶ
—— コミュニケーション調節理論（2）

大橋　理枝

《**本章の目標＆ポイント**》　前章では Dragojevic, Gasiorek, & Giles（2016）に沿って「コミュニケーション調節理論」の概要や，さまざまなコミュニケーション調節の類型を整理した。本章では引き続き「コミュニケーション調節理論」について詳細に検討し，コミュニケーション調節を行う動機や影響を与える要因をみたうえで，「コミュニケーション調節理論」の原理をまとめる。
《**キーワード**》　過剰同化，同化不足，感情的動機，認知的動機，根本的な帰属の誤り

1. コミュニケーション調節の方法

　Dragojevic, Gasiorek, & Giles（2016）によれば，コミュニケーション調節を行う際に，その目的や相手の特徴に着目すると，相手の発話，相手の理解度，やり取りの成立，対人関係，相手の感情，という5つの観点から考えることができる。相手の発話に着目した場合，自分の言語や非言語を相手に合わせる（同化）か，違える（異化）ことによってコミュニケーション調節を行うことができる。また，相手によらず「わが道を行」き続ける（維持）というコミュニケーション方法もあり得る。一方，相手の理解度を重視した場合，使用語彙を減らす，構文を平易にする，大きな声で話す，などの「解釈可能化」（太田，2000）の方略を用いてコミュニケーション調節を行うことができる。（もし相手に対してこちらの話を理解しにくくしたければ，より難しい語彙を使ったり，構文を複雑化したり，小さな声で話したりすればよいことになる。）他方，やり取りの成立を重視した場合，発話順序を整えたり，互いに関心のある話題を選んだりする「談話統制」（太田，2000）の方略を用いて

コミュニケーション調節を行うことができる。さらに，やり取りの中での対人関係を重視した場合，割り込みや敬語を使って立場の違いを明確化させるなどの「関係性管理」（太田，2000）の方略を用いてコミュニケーション調節を行うことができる。また，相手の感情に着目した場合，安心させるような言語的・非言語的メッセージを出すことによってコミュニケーション調節を行うことができる。

　コミュニケーション調節を行う際には，ある面では同化調節，ある面では異化調節，ということが行われつつ，上記の方法のうちさまざまなものが同時に矛盾なく使われる。例えば，M氏がN氏に対して話す際，ゆっくりした速度で簡単な構文と簡単な語彙を使っており，話す様子も自信なさそうだったとする。N氏は，M氏に対して「同化調節」「異化調節」「維持」のいずれかの対応が可能である。M氏が自分の発話を理解できるようにすることに重点を置く形でN氏がコミュニケーション調節を行う場合，自分の発話速度を落とし，簡単な語彙と構文を使って話せば，解釈可能化の方略を用いた同化調節を行うことになるだろう。また，通常より早く話し，必要以上に難しい語彙や構文を使って話すのであれば，解釈可能化の方略を用いた異化調節を行うことになるし，N氏がM氏に対して通常と同じような速度で話し，最も自然な語彙と構文を用いるのであれば，解釈可能化の方略に関しては維持となろう。一方，やり取りを行うこと自体に重点を置くのであれば，N氏は「是非話して下さい」「聞かせて下さい」など，相手が発話の順番を得るタイミングを明示するような言葉を差し挟むなどの談話統制を用いてコミュニケーション調節を行うかもしれない。また，対人関係にも配慮するなら，相手に対する親しみを伝えるために名前で呼びかけたり，相手に対する敬意を表すために苗字にMr.／Ms.を付けたりして関係性管理に基づいた調節を行うこともあるだろう。さらに，「ゆっくりで大丈夫です」「うまく言えています」など，M氏を安心させるような発話も混ぜて，コミュニケーション調節を行うかもしれない。

　そしてN氏はこれらすべての調節を同時に行っているかもしれない。M氏が学ぼうとしている言語の先生がN氏であり，これが会話教室の

場面であれば，容易に想像できる状況だろう。

2.　過剰同化と同化不足

　前章で，コミュニケーション調節を行う際には相手がどのような集団に属しているかを考え，その集団に典型的な特徴を使ってコミュニケーション調節を行おうとすることを述べたが，相手が属していると思われる集団の典型的な一員ではない場合，その集団に典型的な話し方を選択することによって相手に同化しようとした場合は「過剰同化（overaccommodation）」や「同化不足（underaccommodation）」が起こってしまう。例えば医療従事者が 80 歳の患者に対して話す場合，相手を「高齢者」という集団の一員であると考え，「高齢者」にとってわかりやすいと思われるような話し方をすることで同化調節を図ることがある。具体的には，比較的大きめの声でゆっくり話し，医学的専門用語は避けて説明する，などが考えられる。しかしながら，もしこの患者が現役の医者で，特に耳が遠いこともないようであれば，医学用語を避けたり大きめの声でゆっくり話したりすることは不必要であろう。このような同化調節は過剰同化となる。

　一方，医療従事者の側で，この患者が現役の医者であることを把握していたとしよう。そうであれば，医学用語を使って説明したほうが話が早いと考え，専門用語をふんだんに使って早口で説明したとする。もしこの患者が一般的な高齢者によくあるような他人の発話に対する聞き取り辛さを感じているとしたら，専門用語を多用した早口の説明はうまく聞き取れないかもしれない。そのような場合は「同化不足」となってしまう。

　異化調節を行う際には，そこに「相手と異なった形でコミュニケーションを行う」という意図があるので，そもそも同化調節を行おうとしていないため，「同化不足」の状況は起こりにくいと考えられる。一方，相手に同化調節を行う必要がない（同化調節をしなくても相手は自分の話を理解できる）と考えている場合は「維持」という形を取るかもしれない。しかし，それが結果的に相手による理解を妨げることになってし

まう場合には，十分な同化が行われなかった場合（例えば相手が非母語話者の場合に，相手の理解度を考えて話す速度を落としたが，まだ理解できなかった場合など）と同様に，「同化不足」という状態になる。

　先のM氏とN氏の例で考えれば，M氏が上記のような様子であったにも拘わらず，N氏が「維持」を行った場合は，M氏はN氏の発話を十分理解できないかもしれないし，N氏と会話を行う際にも自分の発話の順番をうまく取れないかもしれない。そのような状況が生じれば，N氏の行った「維持」は，「同化不足」であったということができる。一方，もしM氏が比較的目標言語に堪能で，通常の速度で自然な構文や語彙を使っており，話す様子も特段自信なさそうではなかったにもかかわらず，N氏が上記のようなさまざまな方略を用いた場合には，「過剰同化」となるだろう。外国語母語話者に対して母語を簡略化させた形の話し方を用いてコミュニケーションを行おうとする「フォリナー・トーク」は，同化調節として適切な場合もあるが，過剰同化となって不適切な場合もある点に注意が必要である。

3. コミュニケーション調節を行う動機

（1）感情的動機

　人がコミュニケーション調節を行う動機はさまざまだが，その中に「相手に対する親しみを表したい」「相手と仲間であることを表現したい」「自分と相手とが異質の存在であることを示したい」などの動機があり得る。これらの動機は感情的動機と呼ばれるものである。

　例えば前章で挙げたオーストラリアの観光案内所の例で，X氏はAさん，Bさん，Cさんのうち誰に一番親しみを感じるだろうか。Aさんに最も親しみを感じるのであれば，それは多分X氏の発話に「合わせてくれた」と感じられ，「同化調節」を好意的に感じるからであろう。一方，Bさんに最も親しみを感じる場合は，普段の話し方をそのまま維持してくれたのだろうと思うからであろう。他方，Cさんが英語という言語の中でオーストラリア特有の言語変種を使ってくれたことは，X氏を仲間に入れてくれたからだと感じられるかもしれない。この場合はC

さんに対して最も親しみを感じるだろう。特に，観光案内所での職員と
客との間のやり取りという文脈では，職員側が客にわざと嫌われるよう
な態度を意図することはないと考えられるため，一見異化調節に見える
ようなコミュニケーションであっても，相手に好意的に受け入れられる
という目的の下に何らかの意図があってそのような調節を行っているの
だろうと推測することは可能である。

　一方，もし街中で道を聞いた時に，相手がこちらが理解できないほど
にその地域特有の言語変種の特徴を強調して答えて来た場合（この場合
はオーストラリア特有の話し方の特徴を強調して応じてきた場合），そ
の背後にある意図はどのようなものだろうか。もちろん，Cさんと同じ
ように，相手を自分の仲間であると扱うことを意図していたのかもしれ
ない一方，自分が所属する言語集団の独自性を強調することによって，
相手と自分とを峻別するという意図がある場合も考えられる。このよう
な異化調節は，自分が所属している集団への帰属意識を示すものである
と解される。

　以前，海外旅行帰りの人の話として，「○○の人はこちらが英語で話
しても英語で答えてくれない，英語がわかっているのに○○語で返して
くる，意地悪だ」ということを聞くことがあった。この場合，○○語で
答えてきた人は異化調節を行っていることになるが，相手に合わせない
という異化調節は，相手から好感を得たいと思わないというメッセージ
であると同時に，自分が所属している集団への帰属意識を表現したメッ
セージでもあるといえる。

　前章でも述べたとおり，人は常に複数の社会集団に所属している。例
えばAさんは観光案内所の職員という集団の一員であると共に，アウト
バック[1]でのツアーガイドという集団の一員でもあるかもしれない。
観光案内所では日本語で応じていたとしても，アウトバックのツアーガ
イドとしてならCさんに近い話し方をするかもしれない。ある時点にお
いて，自分をどの集団の一員であると認識しているか，相手をどの集団

1)「奥地」や「内陸部」を指す語だが，オーストラリアでは都市部を離れた未開拓
の地域を指して称することが多い。

の一員として認識しているかによって，コミュニケーション調節はさまざまな形を取り得るだろう。

　さらに興味深いことに，この例には特定の役割に期待されるコミュニケーションスタイルという面も絡んでくる。日本から来たツアー客への専属のツアーガイドでない限り，アウトバックのツアーガイドに日本語での説明が期待されるとは考えにくい。そうだとすれば，この場合はあえて同化調節を行わず，むしろ異化調節を行うほうが，役割コミュニケーションには合致していると認識され，そのような異化調節は悪印象には繋がらないだろう。つねに同化調節が最も望ましいというわけではなく，異化調節が必要な場合や，かえって求められる場合もあるということにも留意が必要である。

（2）認知的動機

　コミュニケーション調節を行う動機は相手に対して与える印象の操作だけでなく，理解を促進したりコミュニケーションの効率を上げたりする目的で行う場合もある。このような動機を認知的動機という。

　例えばある地域特有の言語変種の話者が，標準語の話者に街中で道を聞かれたとする。ここで同化調節が行われた場合，それは一期一会の関係である相手に対して好かれたいという特段の動機がないのであれば，むしろ相手のニーズに沿った情報提供を行うために，相手にとってわかりやすい話し方を採用したということであろう。また，慌てている様子で早口でまくし立てる相手に対して，発話速度を落として落ち着いた声で応じる場合，ここで行われている言語的異化は相手に対して悪印象を与えることが目的ではなく，相手がこちらに同化調節を行えば本人の心理状態を改善させられるという意図があるだろう。これらのような動機は認知的動機の例となる。

　第二言語学習者が目標言語コミュニティに行った場合に行う調節の中に，この点に関して興味深いものがある。目標言語話者の人びとに好印象を与え，その言語コミュニティに受け入れてもらいたいと考えるのであれば，そのどちらの面からも同化調節を行うのが理に適っていると思

われる。ところが，実際にはそこで行われる調節が異化調節である場合
もある。その背後にある認知的動機として，まだ自分がそのコミュニ
ティの一員となれるほどその言語文化を学習できていない，ということ
を示すという目的があり得る。あえて非母語話者的な発音で話すことに
よって，もし自分が何か失礼なことをしてしまった場合でも，それが自
分の性格などによるものではなく，言語文化習得の不十分さからきてい
るのだということを示そうとするのである。

　このことを考える際には，「帰属理論」と「根本的な帰属の誤り」に
ついての説明が必要であろう。私たちは他人の言動に対してそれが行わ
れた理由を見いだそうとするが，それが本人のせい（内的要因が原因）
だと考えることを内的帰属，本人のせいではなく外的要因のせいだと考
えることを外的帰属という。そして，自分自身（および自分が仲間だと
感じられる人）が望ましくない言動を行った際には外的帰属を行いやす
く，他者（および自分が仲間だと感じられない人）が望ましくない言動
を行った場合は内的帰属を行いやすいとされる。また，自分自身（およ
び自分が仲間だと感じられる人）が望ましい言動を行った場合には内的
帰属を行いやすく，他者（および自分が仲間だと感じられない人）が望
ましい言動を行った場合には外的帰属を行いやすいとされる。このよう
な形で言動に理由づけを行うのが「根本的な帰属の誤り」である。

　言語学習者は基本的には「他者」に当たる存在である。したがってこ
の理論に照らして考えた場合，何か望ましくない言動があった場合には
内的帰属が行われやすく，本人の性格のせいであるとみなされがちであ
る。それを避けるために―すなわち，望ましくない言動があった場合に
それが外的要因（自分がまだ十分に当該言語文化を学習しきれていない
ということ）によるものであることを示すために―わざと母語話者とは
異なる発音や強勢で話をすることが考えられるのである。

　例えば，中国語や韓国語を母語としている日本語学習者が，意図的に
たどたどしい日本語で「もうご飯食べましたか？」と聞いたとする。中
国や韓国では「もうご飯食べた？」という発話が挨拶として機能するが，
日本ではこの発話は挨拶ではなく質問であると理解されるであろう。し

たがってこの質問は日本語では挨拶としては相応しくないと判断され，挨拶代わりにそのような質問をする人は「変な人」だと思われてしまうかもしれない。この「変な人」であるという判断が「内的帰属」である。日本語学習者の立場としては，それをあえてたどたどしい日本語で言うことによって，挨拶の仕方が不適切なのは「変な人」だからではなく，自分が日本語母語話者ではないからである，ということを示そうとすることで，外的帰属を導き出そうとするかもしれない。このような異化的調節は相手に対する印象を左右する目的というより，認知的動機によるものであるといえるだろう。

4. コミュニケーション調節に影響を与える要因

　これまでみてきたとおり，ある特定のやり取りでコミュニケーション調節が行われる場合，影響を与える要因にはさまざまなものがある。どのような要因があるか，整理してみよう。

　最初に考慮すべき要因として，「相手の把握」，すなわち「相手をある集団の一員として見るか，一個人として見るか」という点がある。相手をある集団の一員として見た場合，相手が属している集団に対して，自分がどのような立ち位置を取りたいか次第で，同化調節を行う場合もあるだろうし，異化調節を行う場合もあるだろう。仮に相手が自分の憧れる集団の一員だった場合は，相手に対して良い印象を与えたいと考え同化調節を行うと考えられるし，逆に自分はその一員にはなりたくないと思っている集団に相手が属している場合は異化調節を行うであろう。

　多くの場合，初対面の相手のことは，相手が所属している集団の一員であると見なすことが多い。やり取りを重ねていくにつれて，相手の捉え方が徐々に「ある集団の一員であるO」という捉え方から「一個人としてのO」に変わっていくと考えられているが，このような経時的変化に従ってコミュニケーション調節の仕方も変わって来ることは往々にしてあり得る。例えば最初は同化調節を行っていた相手であっても，コミュニケーションを重ねるにつれて，徐々に維持というコミュニケーションスタイルになっていくことなどが考えられる。その意味で，コ

ミュニケーション調節に対して影響を与える要因の二番目に対人関係の経歴を挙げておきたい。

コミュニケーションを重ねることで対人関係が構築されていく際に，両者の関係は「初対面の相手」から「既知の仲」へと変わっていくが，同時に相手に対する評価も変わっていく可能性がある。最初は快く思っていなかった相手でも，コミュニケーションを重ねることで友達になれたりする。その場合，もしかしたら最初は異化調節を行っていた相手に対して，いつの時点からか同化調節を行うようになるかもしれないし，もちろん逆の経緯もあり得る。

社会文化的規範も，コミュニケーション調節に影響を与える要因のひとつである。例えば日本では部下は上司に対して丁寧な言葉遣いをすることが期待されている。いくら上司の側が部下に対して親しい口調で話しかけても，部下としてはそのコミュニケーションに対して同化調節を行うことは期待されていないだろう。この文脈では異化調節が期待されているのであり，逆に部下が上司に対して丁寧な言葉遣いをしない場合—例えば「無礼講」の飲み会など—は，まさにそのことによって「業務外」であるというメッセージを発信することになる。

相手を集団の一員として捉えた場合は，自分が属している集団と相手が属している集団との間の関係というのも，コミュニケーション調節に影響を与える要因となる。集団間の関係が険悪である場合のほうが，相手を一個人としてではなく，集団の一員として捉える傾向が強まるという。そうであれば，そのような集団の一員である相手に対して悪い印象を与えるために，異化調節を行う可能性が高まることが考えられる。

自分が所属している集団が用いる言語がどの程度活力を保てていると感じられるか，という点も，コミュニケーション調節に影響を与える要因のひとつである。言語的活力は，その言語の地位（経済的・社会的優位性），人口統計学的要素（話者数・話者の地理的分布），および制度的支援の程度（教育言語や行政言語として使われているか否か）によって決まるとされる。ある言語の話者が，これらの要素において自分の言語が活力をもっていると判断した場合，異化調節を行う可能性が高まる。

　また，先にも述べたとおり，自分が属している集団に対する帰属意識が
強い人の方が異化調節を行う可能性が高い。

　いったんやり取りが始まると，そのやり取りの中で自分が感じるアイ
デンティティや，相手の動機や言動がコミュニケーション調節を左右す
る。例えば，最初は相手を特定の集団の一員と捉えており，自分自身の
ことも集団の一員と捉えていた場合でも，途中から相手のことを一個人
として捉えるようになれば，そうなったときのコミュニケーション調節
はそれまでとは違ってくるだろう。同様に，最初は一個人として捉えて
いた相手を，何かのきっかけで特定の集団の一員として捉えるようにな
ると，その後のコミュニケーション調節も変化するであろう。それまで
同化調節を行っていたのが急に異化調節になる場合もあり得る。

　また，同化調節であれ，異化調節であれ，コミュニケーション調節を
行いたいと思っても，どの程度調節が可能であるかは本人の言語能力に
依存するのは言うまでもないことである。例えば，自分が学習している
言語を使う相手に対して同化調節を行いたいと思っても，言語的・非言
語的な学習が不十分であれば，同化調節を行うことはできないだろう。
また，心理的な抵抗感が障壁となる場合もある。自分に馴染みのない言
語を発音する際に恥ずかしさを感じるということはよく指摘されるが，
これも同化調節を阻む要因のひとつであるといえる。さらに，例えば電
子メールやラインのように主にテキストを用いてコミュニケーションを
行っている場合は，文字を通して伝えることができない要素（例えば発
話速度やイントネーションなど）は表現されないため，非言語的な同化
調節も異化調節も行うことはきわめて難しいであろう。

5. 調節の結果

　同化調節は好意的な評価につながることが多く，同化調節が対称的に
行われた場合は特にこの傾向が強い。これは，人が他人に対して魅力を
感じる要素のひとつに，自分と相手との類似性がある（宮原，2006）と
いうことから説明できる。そのことを考えると，基本的に人は相手に対
して良く思われたいと思う場合は「同化」というコミュニケーション調

節を行うであろうと考えられるし，逆から見れば自分に対して「同化」
というコミュニケーション調節を行ってきた相手のことは好意的に捉え
る可能性が高いと考えられる。

　例えば，外国に行ったときに挨拶だけでも現地の言葉でできるように
しておくと喜ばれるというのはよく聞く話だが，仮にあいさつ程度で
あっても同化調節を行おうとしている努力が感じられるがために好意的
に受け止められるのだろう。一方異化調節や維持は否定的な評価に繋が
りやすい。それを考えると，自分が生活している地域と，自分が生まれ
育った地域とで使われる言語変種が異なる場合，現在生活している地域
で使われている言語変種を使わずに，自分が生まれ育った地域で使われ
ている言語変種を使い続けた場合には，必ずしもそれは本人にとって有
利は結果を招かないと言えそうだ。言語的活力が低く，社会の中で低い
位置に置かれている言語変種の使用者が，その社会の中で標準的である
とされている言語変種への同化調節を行わない場合は，言語的活力が高
い言語変種の使用者が同化調節を行わない場合より，否定的に評価され
る度合いが高いという。一方，ある言語変種を使用する集団が標準語話
者の集団に対して脅威になると見做されるような場合は，前者と後者の
評価が逆転するという。

　具体例を挙げてみよう。アメリカ合衆国では白人が話す英語と黒人が
話す英語は異なるとされ，それぞれ別の言語変種として扱われる。それ
に加えて，移民一世や二世は出身国で使われている言語の発音を色濃く
反映した英語を使う場合があり，これもひとつの言語変種として扱うこ
とができる。このような状況下では，移民一世や二世が話す英語は話者
が少ないため，黒人英語より言語活力が低く，社会の中で低位置に置か
れている。したがって移民の人たちに対して白人英語への同化調節を要
求する圧力は黒人英語を話す黒人たちに対する圧力より強い。一方，何
らかの社会的状況によって白人たちが黒人の力を脅威に感じるようにな
ると，黒人英語に対する否定的評価が激しくなる，というような例が考
えられる。

　また，同化調節は好意的な評価につながることが多いとはいえ，ある

立場からみて好意的な評価は別の立場からみれば否定的な評価に繋がる場合もある。先にも述べたとおり，自分が属している言語集団が用いているのとは異なる言語変種に対して同化調節を行った場合，その相手からは好意的に評価されても，自分が属している言語集団からは否定的に評価されるかもしれない（例えば一種の「裏切り」のように見なされる可能性もある）。また，ある言語を学習している人が目標言語の話者に対して同化調節を行う場合，全面的同化が期待されていない場合もある。この点については，母語話者でないにもかかわらずあまり堪能に口語的言い回しや俗語を使うと必ずしも好意的に評価されないという現象がその例となるだろう。

　さらに，相手を集団の一員と捉える限りにおいて，相手が属している集団に典型的な話し方に向けて同化調節を行ったほうが好意的に評価される。例えば男女間でのコミュニケーションの場合，男性側はより男性的であるとされる話し方（低い声など）を，女性はより女性的であるとされる話し方（高い声など）をしたほうが好印象につながる。このような調節を行えば，実際には両者は異化調節を行っていることになるにもかかわらず，その結果は否定的評価には繋がらないようである。

　このことは，相手に対する評価は同化調節や異化調節そのものから生じるものではなく，その背後にある動機から生じるものであることを意味しているといえる。例えば相手が自分との文化的差異を縮めようとして同化調節を行っていると見なされる場合は，その同化調節は好意的に評価されるし，同化調節が行われていない場合でも，それが本人の意図的な言動によるものではなく，その場の状況の下で仕方なく行われたものであると見なされる場合—すなわち，同化調節が行われない理由について，内的帰属ではなく外的帰属が行われた場合—には否定的に評価される程度は比較的軽い。「根本的な帰属の誤り」の理論に立ち返れば，他者と見なす相手が「不一致型調節」を行った場合は，内的帰属が行われて本人の悪意によるものであると捉えられ，否定的な評価に結び付きやすいだろう。一方，自分の仲間であると見なす相手が「不一致型調節」を行った場合は，外的帰属が行われて周りの状況のせいだと見なされて

否定的評価が和らぐだろう。

6. コミュニケーション調節の原理

　これまで述べてきたことを「コミュニケーション調節の原理」としてまとめると，次の7点を挙げることができる。

　　1．コミュニケーション調節は社会の中で行われるやり取りにおいて普遍的で根本的なものであり，筋の通ったやり取りの実現を可能にするとともに，やり取りを行う当事者同士の社会的距離を調整することを可能にする。

　　2．人は誰もが，ある特定の状況下におけるコミュニケーション調節の適切な在り方や望ましい在り方についての考えを持っている。その考えはそのやり取りが置かれている社会的・歴史的な文脈，個人間および個人が所属している集団の相互交流の歴史，そして個人的な好みに基づいて形成される。

　　3．やり取りの中で個人が行うコミュニケーション調節の程度や質は，調節を行おうとする動機と，調節を可能にするための能力によって決まる。

　　4．やり取りを重ねていき，相手と親しくなりたい（すなわち社会的距離を近づけたい）と望む場合には，相手のコミュニケーションパターンの特徴に対して同化調節を行うようになる。これは集団同士の関係として親しくなりたい場合でも，個人同士の関係として親しくなりたい場合でも同様である。また，自分が相手に伝えようとしているメッセージをよりわかりやすくしようとする場合にも同様の調節が行われる。

　　5．相手が自分に同化調節を行っていると感じられる場合は，その程度が増すほど社会的距離が縮まり，やり取りに対する満足度が高まると感じられ，相手に対する評価も好意的になり，相互理解が深まる。これはその背後にあると考えられる意図や動機との兼ね合いで実現される。

　　6．やり取りを重ねていき，相手と親しくなりたくない（すなわち

社会的距離を遠ざけたい）と望む場合には，相手のコミュニケーションパターンの特徴に対して異化調節や維持を行うようになる。これは集団同士の関係として親しくなりたくない場合でも，個人同士の関係として親しくなりたくない場合でも同様である。また，自分が相手に伝えようとしているメッセージをよりわかりにくくしようとする場合にも同様の調節が行われる。

7．相手が自分に異化調節や維持を行っていると感じられる場合は，その程度が増すほど社会的距離が開き，やり取りに対する満足度が低下すると感じられ，相手に対する評価も否定的になり，相互理解が阻害される。これは当該コミュニケーションの背後にあると考えられる意図や動機や，その結果生じる帰結との兼ね合いによって実現される。

これらに加え，やり取りの中で個人が行うコミュニケーション調節の程度や質は，そのやり取りのダイナミクスの中で決まるものであり，それには発話の順番取りや，やり取りの目的およびその目的の達成，そしてやり取りに参加する人の個人的および社会的アイデンティティの調整などが関わる，ということも，忘れてはならない重要な点である。

＊

次章でも引き続きコミュニケーション調節理論を取り上げ，文化背景が異なる者同士の間で行われるコミュニケーション調節を中心に検討する。

発展的課題

1．自分がこれまでに行ったことがある「過剰同化」や「同化不足」の
　例を考えてみよう。
2．「コミュニケーション調整の原則」について，それぞれ当てはまる
　具体的な例を考えてみよう。

参考文献

- 太田浩司（2000）「異文化集団間におけるコミュニケーション理論」西田ひろ子
  編著『異文化間コミュニケーション入門』第 5 章（pp.184-214），創元社
- 宮原哲（2006）『入門　コミュニケーション論』新版，松柏社
- Dragojevic, M., Gasiorek, J., & Giles, H.（2016）Accommodative Strategies as
  Core of the Theory. H. Giles（ed.,）*Communication accommodation theory:
  Negotiating personal relationships and social identities across contexts*, ch. 3（pp.
  67-113）Cambridge University Press.

9 | 選び方を考える
——コミュニケーション調節理論（3）

大橋　理枝

《**本章の目標＆ポイント**》　第7章，第8章と続けてコミュニケーション調節理論を検討してきたが，ここで改めて異文化と出会う際に行われるコミュニケーション調節について整理してみたい。前に述べたことと重複している箇所もあるが，ここでは特に所属している集団が異なる場合のコミュニケーション調節に焦点を当てる。
《**キーワード**》　社会的アイデンティティ／個人的アイデンティティ，集団間の社会的・歴史的背景，集団の一員／一個人

1.「異文化」と出会うこと

　異文化と出会う際に行われるコミュニケーション調節について改めて整理するにあたって，そもそも「異文化と出会う」というのはどういうことなのかを考えてみたい。自分にとっての「異文化」とは，自分にとってどのような存在なのだろうか。

　この問いに答えるためには，そもそも「自分」とはどのような存在なのかを考える必要がある。その際に関わってくるのが「アイデンティティ」という概念である。

　末田（2013）は「『アイデンティティ』という言葉は分野によってその定義が異なる」（p. 54）と指摘したうえで，「同一性あるいは自己同一性と訳されることが多く，自分の『同一性（sameness）』と『連続性（continuity）』という要素を重視している」（p. 54）ようなエリクソンのいう「単数で表記するアイデンティティ（identity）」（p. 54）と，「社会的アイデンティティ理論の枠組みで使われるアイデンティティ（identities）」（p. 54）とを区別して論じている。末田（2013）によれば，後者についての最も端的な定義は箕浦（1995）による「自分は何者であ

るかについて自分が抱いているイメージ，信念，感情，評価などの総体
で，『わたし』を『わたし』以外から区別する全ての特徴を含んでいる」
(p. 19) というものである。これについて末田 (2013) は「個人は，ある
社会に所属し，その文化を共有しているという自覚を意味する社会的ア
イデンティティ（social identity），個人の性格や独自性に基づく個人的
アイデンティティ（personal identity），人類に共通するアイデンティティ
やコミュニケーターに共通する超越アイデンティティ（superordinate
identity）を同時にあわせもっている」(p. 55) と述べている。さらに
末田・福田 (2011) は「ある集団の社会的アイデンティティを持つとは，
その集団のメンバーであることがその個人にとって心情的にも大切であ
り，意義があると感じている」(p. 61) ことであるとしている。

　末田・福田 (2011) はまた，「国籍や，職業や，人種や，性別や，宗
教などに基づくこのカテゴリーは常にコミュニケーションのパートナー
と対照化されることによって引き出される」(p. 61) と指摘する。そし
て，「コミュニケーションの当事者がお互いに文化的に違うという自覚
を持っているときに異文化間コミュニケーションが強調され，個人の独
自性や特徴が浮き彫りになるときに対人コミュニケーションが強調され
る」(p. 63) ということを示す，下記の図（**図 9-1**）を提示している。

　このように考えると，「異文化との出会い」というのは，互いに社会
的アイデンティティが強く意識された状態でのコミュニケーションであ

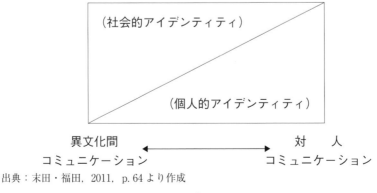

出典：末田・福田，2011，p. 64 より作成

図 9-1　社会的／個人的アイデンティティとコミュニケーション

る，と捉えることができるだろう。

2. 異文化と出会う際のコミュニケーション調節の前提

この「社会的アイデンティティ」のあり方を踏まえ，異文化と出会う
際のコミュニケーション調節のあり方について，Gallois, Ogay, & Giles
（2005）に沿って見ていく[1]。

基本前提として，次の3点が挙げられる。

A．異文化と出会うやり取りには，必ず社会的・歴史的背景がある。

どんなコミュニケーションも必ず何らかの場の中で起こるが，特
に異文化と出会うやり取りの際には社会的・歴史的背景が影響を与
える割合が高い。これは直接的には，コミュニケーションの当事者
同士が互いに相手をどのような集団に所属していると捉えるかとい
う問題であるのと同時に，相手が所属していると見做す集団をどの
ように捉えているかという点が関わってくる。具体的には，

・双方が所属している集団間のこれまでの関係（敵対的であったか
友好的であったかなど）

・双方が所属している集団の活力（両者の集団に活力差があるか否
かなど）

・集団内外の境界の強さ（仲間内と外とを明確に区別したがる集団
かどうか）

・双方が所属している集団の間の関係の安定感や正統性など
などが挙げられる。

それぞれが所属している集団の内部でもやりとりに関する社会規
範があることに加え，これらの要素は，誰が，どの程度，どのよう
な形で，やり取りすることが相応しいかという面での規範を形成す
ることになる。

**B．コミュニケーションとは，相手に伝える内容面に関わる意味的
なやり取りと同時に，個人的・集団的なアイデンティティの交渉**

---

1) 以降，出典はすべて Gallois, Ogay, & Giles（2005）である。

でもある。

　相手に対してどのようなコミュニケーション調節を行うかということは，すなわち相手に対して自分をどのように捉えてほしいかということを示すことでもある。例えば，相手に対して同化調節を行うのであれば，自分は相手個人に対して，および相手が所属している集団に対して，友好的な人物であるというアイデンティティを示すことになる。一方，相手に対して異化調節や維持を行うのであれば，自分は相手とは異なる集団に所属しているというアイデンティティを示すことになろう。これは異化調節や維持が相手にそのように解される（少なくともその可能性がある）という点では，意図的に行われる場合でもこちらの能力不足で結果的に生じる場合であっても同じである。

C. コミュニケーションが行われる際には，言語的および非言語的な言動を通して，情報的な内容面と同時に，当事者同士の対人関係もやり取りされるが，これは相手個人や相手が所属している集団が持っていると見なされている特徴に沿った形で調節される。

　第7章でも述べたように，コミュニケーション調節は言語的な面だけでなく心理的な面でも行われるが，それは実際の相手の言動に対するものでは必ずしもなく，相手が個人として持っているとこちらが見なしている特徴，および相手が所属している集団が持っているとこちらが見なしている特徴に，沿う／違う形を取る。例えば，相手が非日本語母語話者だった場合，非日本語母語話者であれば英語のほうがわかりやすいだろうと考えて英語で話そうとする（実際には相手が英語使用者ではないかもしれないにもかかわらず）というのはこの例である。

このようなことを前提に置くコミュニケーション調節理論は，意図的に行われるコミュニケーションについてより適切にあてはまる。コミュニケーション自体は必ずしも意図的に行われるメッセージ交換だけを指すものではないが，この理論については自分のコミュニケーションをどのように調節するかしないかという点が問題となるので，意図的なコ

ミュニケーションを想定していると考えてよい。

　また，コミュニケーション調節理論では，コミュニケーション調節を
行う動機，行われたコミュニケーション調節に対する印象，実際のコ
ミュニケーション調節行動（言動）の三者を区別する。片方がコミュニ
ケーション調節を行う動機とその調節から相手が受ける印象とは一致す
るかもしれないし，しないかもしれない。また，コミュニケーション調
節を行う動機と実際の言動も，一致するかもしれないし，しないかもし
れない。言動は外部から観察できるため，相手の言動が相手の印象に繋
がり，それが相手に対する評価につながるのだが，その評価が相手の動
機とは異なっている可能性があるということには注意が必要であろう。
また，コミュニケーション行動は本人の動機だけでなく，社会的な規範
などにも影響を受ける。その点を考慮しても，動機と言動とが直結しな
い可能性があることはうなずけるだろう。

　さらに，やり取りを続けていくにつれて，コミュニケーション調節を
行う動機が移ろって行くことは十分に考えられる。それに従って実際の
言動も変わっていき，それに伴って相手から受ける印象も変わってくる
だろう。コミュニケーションは常に変化を続けるプロセスである，とい
うコミュニケーションの基本前提が思い出されるところである。

3. コミュニケーション調節理論のモデル

　これらの要点を踏まえたうえで，所属する集団が異なる二者のコミュ
ニケーションをモデル化すると，**図9-2**のような形で描くことができ
る。

　異文化との出会いとは，すなわち所属している集団が異なる者同士が
出会うことだが，それぞれが所属している集団同士の関係は良好な場合
も険悪な場合もあるし，立場的な上下がある場合もない場合もある。ま
た，その関係が継続的にそうだった場合もあるし，たまたま今現在その
ような状態になっている場合もある。また集団内外の境界が堅固な場合
も緩やかな場合もあるし，集団間の関係の安定性や正統性もさまざまな
形で捉えられ得る。それぞれの所属集団内の社会規範もあるため，その

集団の一員としてはそれを守らなければならないだろう。と同時に，異文化との出会いにおいては自分と相手との間の個人間の関係もある。初対面なのか旧知の仲なのか，友好的な間柄なのか敵対的な間柄なのか，という点に加えて，個人が持っている価値観やアイデンティティも関わってくるだろう。このように，異文化との出会いでは集団間の関係と個人間の関係とが共に影響を与えることになり，出会いは集団対集団の

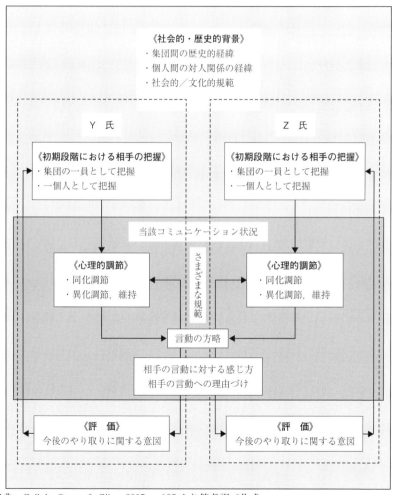

出典：Gallois, Ogay, & Giles, 2005, p. 135 より筆者訳で作成

図9-2　コミュニケーション調節理論のモデル

要素が強く出る場合も，個人対個人の要素が強く出る場合もある。

4. 異文化と出会う際のコミュニケーション調節理論の命題

　これまでに述べたことから，次の 11 の命題が導き出せる。これらの命題は，所属する社会集団が異なる者同士のやり取りの際に行われるコミュニケーション調節を念頭に置いたものである。

●やり取りの初期段階

命　題a) 下記の条件が満たされる場合，Y 氏は Z 氏を自分とは異なる集団の一員であると見なし，Z 氏が所属している集団が持っている特徴とは違える形でコミュニケーション調節を行う可能性が高い。

　①Y 氏が所属している集団と Z 氏が所属している集団との間に否定的な関係が構築されており，かつ下記の 2 つのいずれかが満たされる場合

　　ア．Y 氏が，自分が所属している集団への帰属意識が強く，その所属集団が Z 氏が所属している集団より活力が低かったり立場が弱かったりする場合

　　イ．Y 氏が，Z 氏が所属している集団の典型的なメンバーとかつてやり取りをしたことがあり，そのやり取りが否定的なものであった場合

　一方，下記の条件のいずれかが満たされる場合，Y 氏は Z 氏を自分とは異なる集団の一員であると見なすが，Z 氏が所属している集団が持っている特徴に合わせる形でコミュニケーション調節を行う可能性が高い。

　②Y 氏が所属している集団の社会的立場が強くなく，Y 氏が自分が所属している集団に対してあまり強い帰属感を持っておらず，さらに自分が所属している集団の活力が低く，その集団を他から区別する境界が堅固でなく，集団間の関係が安定しており，正当であると見なしている場合

　③Y 氏が，自分が所属している集団の社会的立場が強く，活力が

高く，集団間の関係が安定しており，正当であると見なしている
場合
④Y氏が，Z氏が所属している集団の典型的なメンバーとかつて
やり取りをしたことがあり，そのやり取りが肯定的なものであっ
た場合

命　題 b） 下記の条件が満たされる場合，Y氏はZ氏を一個人であると
見なし，Z氏個人が持っている特徴と合わせる形でコミュニケーショ
ン調節を行う可能性が高い。
①Y氏とZ氏が肯定的な対人関係を築いており，かつ
②Y氏が所属集団に対して持っている帰属意識が弱いか，帰属意
識を持っている集団が存在しない場合
　一方，下記の条件が満たされる場合，Y氏はZ氏を一個人である
と見なすが，Z氏が所属している集団が持っている特徴とは違える形
でコミュニケーション調節を行う可能性が高い。
③Y氏とZ氏が否定的な対人関係を築いている場合

　命題a） と**命題b）** について，もう少し具体的に考えてみよう。例え
ば，vという国とwという国があり，かつてwはvを植民地にしてい
たとする。Y氏はv国の，Z氏はw国の出身であり，Y氏は自分がv
国人であるという意識が強いとしよう。v国はw国に統治されていた
時代からw国に対して反発し続けているため，v国とw国の関係は決
して良好であるとはいえないとする。そして，植民地だった時の影響か
ら，v国の教育言語や行政言語はw語となっており，新聞もw語で発
行されているものはあっても，v語で発行されているものはないとす
る。この場合，Y氏はZ氏に対して，異化調節または維持という「不
一致型調節」を行う可能性が高いと考えられる。〈**命題a）**–①ア.〉また，
Y氏がこれまでZ氏以外のw国出身者とやり取りをしたことがあり，
そのやり取りについて悪い印象を持ってしまっている場合も，Y氏はZ
氏に対して不一致型調節を行う（例えばw語を使わずにv語で通そう

とするなど）可能性が高いといえる。〈**命題 a)**-①イ.〉

　一方，v 国と w 国とを比べて v 国のほうが立場が弱く，Y 氏が「自分は v 国人である」という意識をあまり強く持っておらず，v 国がかつて w 国の植民地であったということに対してあまり苦々しい思いを抱いていない場合は，Y 氏は w 語で Z 氏と話そうとするかもしれない。〈**命題 a)**-②〉また，逆に，Y 氏が，v 国は十分に強い力を持っており，その地位を w 国に脅かされる危険はないと思っているようであれば，Y 氏は w 語で Z 氏に話すことを厭わない可能性もある。〈**命題 a)**-③〉さらに，Y 氏がこれまで Z 氏以外の w 国出身者とやり取りをしたことがあり，そのやり取りについて良い印象をもっている場合も，Y 氏は Z 氏に w 語で話そうとする可能性がある。〈**命題 a)**-④〉

　とはいえ，Y 氏が持っているアイデンティティは「自分は v 国人である」という社会的アイデンティティだけではないし，Z 氏を「w 国人」という社会的アイデンティティだけに注目して捉えているわけではないだろう。特に，Y 氏と Z 氏が個人的に良好な関係を築いている場合は，相手が v 国人／w 国人であるということはあまり意識に上らず，一個人として相手を捉えるだろう。そして，特に Y 氏が「自分は v 国人である」と強く意識しないようであれば，Y 氏は Z 氏個人が持っている特質に沿った形で同化調節を行う可能性が高い（例えば w 語を「旧宗主国の言語」という意識ではなく「Z 氏が使う言語」として捉えて w 語で話す，など）と考えられる。〈**命題 b)**-①＋②〉一方，Y 氏が Z 氏を（w 国人の一人としてではなく）一個人として捉えている場合でも，これまでに行ってきたやり取りに対して悪い印象を持っている場合（例えば前回 Z 氏と話したときに意見が合わなくて喧嘩してしまったまま仲直りできていない，など）には，Y 氏は Z 氏に対して不一致型調節を行おうとするかもしれない。〈**命題 b)**-③〉

●心理的コミュニケーション調節

　Y 氏が Z 氏とのやり取りの初期段階で持っていた，Z 氏に対してどのようにコミュニケーション調節を行うか（もしくは行わないか）という

172

判断は，Ｙ氏がＺ氏とのやり取りを経験するなかで，Ｚ氏に対するコミュニケーション調節を行うか否かという点に関わるさまざまな意図に置き変わっていく。Ｙ氏が行う心理的調節は，個人的・社会的にどのようなアイデンティティが強く意識されるか，およびやり取りの背後にある動機によって変わってくる。Ｚ氏とやり取りすること自体に対する規範（例えばｗ国人と話すことがｖ国で否定的に捉えられるか否かなど），コミュニケーション調節を行うことに対する規範（例えば相手に同化調節を行うことが望ましいとされているか否かなど），自身の役割として従うことが期待されている規範（例えば職業柄ｗ語を使うことが期待されているか否かなど）なども，行われるコミュニケーション調節に影響を及ぼす。心理的な調節の中には認知面に関するものと感情面に関するものとがある。例えば認知面では発話内容の理解を促進するという目的があり得るが，この目的を達するためには相手に対して同化調節を行ったほうがよい場合もある（使う言語を合わせるなど）し，異化調節を行ったほうがよい場合もある（発話速度を落とすなど）。感情面では自分のアイデンティティをどう提示するかという目的があり得るが，例えば相手に対して同化調節を行うことで相手と同じ集団の仲間であるというアイデンティティを示す場合もあるし，不一致型調節を行うことで相手とは異なる集団に所属していることを示す場合もある。そして，認知面と感情面とが一致しない場合は，どちらを優先させるかが特に問題になる。

　これらの点から，下記の命題が導き出せる。

命　題 c) Ｙ氏がその場のやり取りを個人としてのアイデンティティが強く出ているものであると認識した場合，Ｙ氏がＺ氏に対して行う心理的コミュニケーション調節は，Ｙ氏から見たＺ氏個人としての特徴に向けられる。一方，Ｙ氏がその場のやり取りを集団の一員としてのアイデンティティが強く出ているものであると認識した場合，Ｙ氏がＺ氏に対して行う心理的コミュニケーション調節は，Ｙ氏から見たＺ氏が所属している集団の特徴に向けられる。

命　題 d） Y氏がその場のやり取りを集団の一員としてのアイデンティティが強く出ているものであると認識した場合，Y氏は自分と同じ集団に属している人については規範への違反に対してより寛容となり，仲間の一員ではない人については規範に従うことをより強く求める。一方，Y氏がその場のやり取りを一個人としてのアイデンティティが強く出ているものであると認識した場合，Y氏は自分と同じ集団に属している人についても仲間の一員ではない人についても，規範の遵守についての扱いは同様になる。

命　題 e） コミュニケーション調節を行う動機として感情的動機が主要になり，Y氏がZ氏に合わせる必要を感じた場合，Y氏は内容の理解を犠牲にしてでも心理的に同化調節を行う可能性が高い。一方，コミュニケーション調節を行う動機として感情的動機が主要になった場合でも，Y氏がZ氏と差異を設ける必要を感じた場合には，Y氏は内容の理解を犠牲にしてでも心理的に不一致型調節を行う可能性が高い。

命　題 f） コミュニケーション調節を行う動機として認知的動機が主要になり，Y氏がZ氏に合わせることで内容の理解が進むと感じた場合，Y氏はアイデンティティの保持や醸成を犠牲にしてでも心理的に同化調節を行う可能性が高い。一方，コミュニケーション調節を行う動機として認知的動機が主要になった場合でも，Y氏がZ氏と差異を設けることによって内容の理解が進むと感じた場合には，Y氏はアイデンティティの保持や醸成を犠牲にしてでも心理的に不一致型調節を行う可能性が高い。

命　題 g） 集団の地位が重視されるやり取りでは，Y氏は立場の強い集団の社会言語的な要素や言動に対して心理的に同化調節を行う可能性が高い。

　命題 c） を具体的に考えてみよう。Y氏がZ氏のことを（集団の一員として捉えるのではなく）一個人として捉えた場合，Y氏はZ氏個人のコミュニケーション特徴に焦点を当てて調節を行おうとするだろう。例えばZ氏がかなりゆっくりとした口調で話している場合，同化調節を行うのであれば，Y氏もゆっくりとした口調で話すかもしれないし，Z氏のゆっくりした口調に苛々しているようであれば，心理的異化調節を行うために早口で話すかもしれない。いずれにしても，調節の焦点になるのはZ氏個人のコミュニケーション的特徴になる。一方，Y氏がZ氏のことを（一個人ではなく）集団の一員として捉えた場合，Y氏はZ氏が話すw語に特徴的な発音や語彙（Z氏個人の発音やZ氏個人が使う語彙ではなく）に着目して同化調節や異化調節を行おうとする（例えば，Y氏が自分のv人としてのアイデンティティを主張したければ，w語の発音をオーバーに真似して心理的異化調節を行うなど）ことが考えられる。

　命題 d） の具体例を考えるに当たり，例えばv国に「まださほど親しくない相手に対しては丁寧な言葉遣いで話す」というコミュニケーションの規範があるとする。そうすると，例えばY氏がv国の代表としてZ氏に話す場合，同じv国の人があまり丁寧な言葉遣いをしなくても（すなわち規範に違反しても）咎め立てしないが，Z氏が丁寧な言葉遣いをしなかったらかなり腹立たしく思う，ということが考えられる。一方，Y氏が一個人としてZ氏に話す場合—例えば公式な外交的会議が終わった後の私的な場で話す場合など—には，自分の仲間である他のv国出身者についても，Z氏についても，どの程度丁寧な言葉遣いをすべきかという点に関しては差を設けない，ということになる。

　次に**命題 e）** の具体例を検討してみたい。Y氏がZ氏に対して良い印象を与えたいと感じている場合，v語を母語とするY氏はZ氏が話すw語がよくわからなくても，わからないということを表明しないで笑顔を保ち続けるかもしれない。これは理解を犠牲にして心理的同化調節を行っている例であるといえる。一方，Y氏がZ氏に対して悪い印象を与えたいと感じている場合，Y氏はZ氏が話しているのにそっぽを

向いてちゃんと聞いていないというような異化調節を行うかもしれない。人が話をしている時は本人の方を向いて聞いたほうが理解度が上がる可能性が高いにもかかわらず，そっぽを向いてちゃんと聞いていないということは，理解度を犠牲にしていることになる。（そして，このコミュニケーション行動により，Ｙ氏はＺ氏に対して，「あなたの言うことは聞くに値しない」というメッセージを伝えることになり，ひいてはＹ氏とＺ氏との差異を強調するメッセージを伝えることになるだろう。）

　命題f) を考えるにあたっては，母語話者と非母語話者との間のやり取りを思い起こすとわかりやすいだろう。Ｙ氏はｖ語の母語話者として，ｖ語の母語話者ではないＺ氏がｖ語で言わんとしていることを理解する必要があると考えたとする。その場合，ｖ国人であるという自分のアイデンティティを投げ打ってでも，構文や語彙を簡単にするような同化調節や，格段にゆっくり話すような異化調節を行って，Ｚ氏にとってわかりやすいような話し方をしようとするかもしれない。Ｙ氏がｖ語をＺ氏に教えようとする場合などは正にこの典型例であるといえる。

　命題g) については，例えばｖ国に対してｗ国が対外援助を行う場合を考えてみたい。国際関係としてはｗ国の方がｖ国より立場が強い場合がほとんどだと思われるが，その場合にＹ氏がｖ国代表として話す場合は，より立場の強いｗ国の社会言語的な要素や言動に対して心理的同化調節を行う可能性が高いと言える。具体的にはｗ語で話すということや，ｗ国の規範に沿った形で話そうとする―例えば話す時には相手の目を見て話すのが礼儀である，というような規範がｗ国にあれば，普段なら視線を合わせようとしないＹ氏でもＺ氏と話す時には視線を合わせようとするなど―，ということになる。

●コミュニケーション調節の理由付け，評価，その後のやり取りへの影響

　第8章でも述べたが，基本的には同化調節は好意的に捉えられる。一方異化調節や維持は否定的，または敵対的な言動を伴うし，またそのように見なされる。また，異化調節や維持に加えて，過剰同化や同化不足

もあるが，これらはその場のやり取りが集団の一員同士のものであると捉えられる場合は，行った人の意図にかかわらず，悪い評価を招く可能性が高い。一方，その場のやり取りが個人対個人のものであると捉えられる場合は，相手の善意を信じ，意図としては同化調節を行うつもりだった（が，結果的に言動としては適切でなかった）と捉えられる傾向にある。

　また，すべての条件が同等であれば，同化調節は，本人の意図によるものであると見なされ，好意的に評価され，相手との今後のやり取りに対しても肯定的な影響が及ぼされるのみならず，相手が所属集団の典型的な一員であると見なされる場合はその所属集団全体に対する好意的な評価に繋がる。一方，異化調節・維持・過剰同化・同化不足は，本人の意図によるものであると見なされ，否定的に評価され，相手との今後のやり取りに対して否定的な影響が及ぼされると共に，この影響は相手が所属している集団全体に対しても及ぶものとなる。もっとも，すべての条件が同等である場合はほとんどなく，やり取りには社会規範をはじめさまざまな要素が関わってくる。社会規範に反した形で行われる調節は同化調節とは見なされない（過剰同化と見なされる場合はある）。一方，社会規範に反しない言動は本人の意思より場の状況によって引き起こされたものだと捉えられる傾向があり，場の状況に影響されない言動と比べて極端な評価（非常に高く評価されたり非常に低く評価されたりすること）を招くことは少ない。また，「根本的な帰属の誤り」理論に鑑み，特に所属集団間の差が強調されるような状況の下では，自分が所属している集団の一員が行った言動については，自分の所属している集団に属していない人が行った言動より，同じ行動でも好意的に評価する可能性が高い。さらに，ある個人とのやり取りで生じた評価は，その相手が所属する集団の典型的な一員であると見なされた場合にのみ，その集団全体に波及する。

　これらのことから，下記の命題が導き出される。

命　題h) Ｚ氏がＹ氏に対して同化調節を行った場合，下記のいずれか

の条件が満たされれば，Ｙ氏はＺ氏の言動を好意的に評価する可能性が高い。

　①Ｙ氏がＺ氏の言動を，（その場の状況に強いられたものではなく）Ｚ氏自身の善意から出てきたものであると捉えた場合

　②Ｚ氏がＹ氏と同じ集団に属している場合

命　題 i） Ｚ氏がＹ氏に対して不一致型調節を行った場合，下記のいずれかの条件が満たされれば，Ｙ氏はＺ氏の言動を否定的に評価する可能性が高い。

　①Ｙ氏がＺ氏の言動を，（その場の状況に強いられたものではなく）Ｚ氏自身の悪意から出てきたものであると捉えた場合

　②Ｚ氏がＹ氏とは異なる集団に属している場合

命　題 j） やり取りの中でＹ氏がＺ氏を好意的に評価するなら，Ｚ氏を一個人と捉えた場合でも，Ｚ氏を仲間の一員として捉えた場合でも，Ｚ氏とのやり取りを好意的な意図に基いて行う可能性が高い。また，Ｚ氏を，本人が所属している集団の典型的なメンバーと捉えた場合，Ｚ氏が所属している集団の他のメンバーとのやり取りも，好意的な意図に基いて行う可能性が高い。ただし，Ｙ氏がＺ氏の言動を好意的に評価しても，Ｚ氏を本人が所属している集団の典型的なメンバーではないと捉えた場合は，Ｙ氏はＺ氏が所属している集団に対する自分の初期段階の心構えを変えない可能性が高い。

命　題 k） やり取りの中でＹ氏がＺ氏を否定的に評価するなら，Ｚ氏を一個人と捉えた場合に，Ｚ氏とのやり取りを否定的な意図に基いて行う可能性が高い。また，Ｚ氏を，本人が所属している集団の典型的な一員と捉えた場合，Ｚ氏が所属している集団のメンバーとのやり取りも，否定的な意図に基いて行う可能性が高い。但し，Ｙ氏がＺ氏の言動を否定的に評価しても，Ｚ氏を本人が所属している集団の典型的なメンバーではないと捉えた場合は，Ｙ氏はＺ氏が所属している集

団に対する自分の初期段階の心構えを変えない可能性が高い。

　ｗ国人であるＺ氏がｖ国人であるＹ氏と話す際にｖ語を使うことは
Ｙ氏に対して同化調節を行うことに当たるが，例えば会議での共通語が
ｖ語だからという理由で（すなわちその場の状況に強いられて）ｖ語で話
したのではなく，Ｚ氏が自ら選んでｖ語でＹ氏と話すことにしたと見な
される場合は，Ｙ氏はＺ氏を好意的に評価すると考えられる〈**命題h)**-
①〉。一方，会議での共通語がｗ語であるわけではない（すなわちその
場の状況に強いられたわけではない）のにＺ氏がｗ語でＹ氏と話すこ
とを選んだと見なされる場合（すなわち不一致型調節を行った場合）は，
Ｙ氏はＺ氏を否定的に評価することになると考えられる。〈**命題i)**-①〉
　最後に**命題j)**と**命題k)**の具体例を検討してみよう。Ｙ氏がＺ氏に
対して良い評価をしている場合は，Ｙ氏はＺ氏に対して好意的な意図に
基づいたコミュニケーションを行おうとする（結果的にはこれが同化調
節に繋がる場合も多いだろう）。一方，Ｙ氏がＺ氏に対して悪い評価を
している場合は，Ｙ氏はＺ氏に対して否定的な意図に基づいたコミュニ
ケーションを行おうとする（結果的にはこれが異化調節や維持に繋がる
場合も多いだろう）。これらは，Ｚ氏を一個人と捉えようと，ｗ人のひ
とりとして捉えようと同じである。そして，Ｚ氏を典型的なｗ人であ
ると捉えるならば，Ｚ氏に対して良い評価をしていればｗ人全般に対
して好意的な意図に基づいたコミュニケーションを行おうとするし，Ｚ
氏に対して悪い評価をしていればｗ人全般に対して否定的な意図に基
づいたコミュニケーションを行おうとすることになる。
　相手を個人として捉えるか集団の一員として捉えるかは決して固定化
されたものではないため，ここで挙げた命題のうちどれに当てはまるか
は個々のコミュニケーション状況ごとに異なるだろう。経時的な変化だ
けでなく，場面によって異なるという点も意識しておきたい。

＊

　以上，３章にわたって，他者とコミュニケーションを行う際にどのよ
うな状況下ではどのように話し方を変えるのかということを整理した

「コミュニケーション調節理論」について検討を重ねてきた。異文化との出会いはすなわち他者との出会いでもあるが，その他者を異文化の一員として捉えるか一個人として捉えるかで，出会い方が異なってくる。異文化と出会う時に相手とどのようなコミュニケーションを行うかはもちろん個々の場合によるが，その出会いの際にはこれまでみてきたようなさまざまな要素が絡んでいるということを認識しておくことは重要であろう。

🔘 発展的課題

1. 社会的アイデンティティと個人的アイデンティティの例をそれぞれ考えてみよう。
2. 文中の**命題 a)** から**命題 k)** にあてはまる具体例を自分でも考えてみよう。

参考文献

- 末田清子（2013）「アイデンティティ」石井敏・久米昭元 編集代表『異文化コミュニケーション事典』pp. 54-55, 春風社
- 末田清子・福田浩子（2011）『コミュニケーション学：その展望と視点』増補版, 松柏社
- 箕浦康子（1995）「異文化接触の下でのアイデンティティ―問題提起にかえて」『異文化間教育』第 9 号（特集：異文化接触とアイデンティティ）pp. 19-36.
- Gallois, C., Ogay, T., & Giles, H. (2005). Communication accommodation theory: A look back and a look ahead. In W. B. Gudykunst (Ed.), *Theorizing about intercultural communication.* (pp. 121-148). Thousand Oaks, CA: Sage Publications.

10 │ 中国における音韻観念の形成とその拡大（2）
── 三十六字母と域外文字

宮本　徹

《**本章の目標＆ポイント**》　反切の制作を通して実現された言語音の音声的把
握は，表音文字との邂逅によって新たな段階へと入った。即ち，字母の"発
明"と，それによって可能となった音韻組織の解明および図表化である。
　本章では三十六字母の成立過程を，梵字・チベット文字という域外文字と
の接触という観点から描き出し，併せて「敲韻」が韻図成立に当たって果た
した役割について考える。
《**キーワード**》　三十六字母，梵字，チベット文字，「敲韻」

1. 四声の"発見"

　第6章で見たように，反切のきわめて精緻な構造は，その制作者たち
の言語音に対する認識の深化を如実に示している。しかしその一方で，
反切には大きな限界もある。そもそも反切は経書をはじめとする古典解
釈の必要から生み出されたが，古典解釈の場で求められるのは，異読の
指定[1]や冷僻な字の読音を示すことであって，音節全体として帰字の
読音が示されればそれで十分である。もっとも精緻な反切を制作するた
めには音節を構成する各音素のレベルにまで観察を深めることが必要で
あるが，それらを個別に抽出することは反切の用途からは必要とされな
いことであるし，仮にそれらを抽出し得たとしても，今度はそれを表現
する手段がそこには存在しなかったのである。

　よく知られるように，音節を構成する要素のうち声調（第6章注釈2を
参照）は，5世紀末近くになってにわかに"発見"され，永明年間（483-
493年）にはそれの詩作理論への応用が劇的に進んだ。

---

1) ある漢字が複数の字音を有する場合，そのうちのひとつを指定することは，そ
れと結びつく字義を指定することに等しい。第6章第2節を参照。

（南朝）宋（420～479年）の終わりに，はじめて「四声」という名称が現れた。そして沈（約）氏はそれに関する譜や論を表したが，そこでは，このことは周顒に始まると述べている。（『文鏡秘府論』天巻「四声論」の引く劉善経『四声指帰』)[2]

　当時，文章が盛んに作られ，呉興の沈約・陳郡の謝朓・琅邪の王融が意気投合して互いに上へと推薦し合ったが，中でも汝南の周顒は音韻のことをよく理解していた。沈約らの文章はどれも宮・商（の音階）や**平・上・去・入の四声**を用いて，平頭・上尾・蜂腰・鶴膝という音声上の規則を定めた。一句の中で五文字の音声はすべて違え，二句の角・徴は異なり，増減させることはできない。世間ではこれを「永明体」と呼んだ。（『南史』巻48・陸厥伝)[3]

　（沈約は）さらに『四声譜』を著し，「昔の詩人が千年かかっても分からなかったことが，私だけには理解でき，その奥深い意味を極め尽くした」と考え，自ら〝入神の作〟と言った。しかし（斉の）武帝は常々音韻のことを好まず，周捨（顒の子）に「何を「四声」と言うのか。」と尋ねたところ，捨は，「「天子聖哲」がそうでございます。」と答えた。しかし皇帝は結局のところあまり沈約（の四声説）を守らなかった。（同・巻57・沈約伝)[4]

　注目すべきは「四声」という声調の四つのカテゴリーに「平上去入」という名称が与えられていることである。たとえ周捨が気を利かせて四

2)「宋末以來，始有四聲之目。沈氏乃著其譜論，云起自周顒。」（『文鏡秘府論』，北京，人民出版社，1975年）
3)「時盛爲文章，呉興沈約・陳郡謝朓・琅邪王融以氣類相推轂，汝南周顒善識聲韻。約等文皆用宮商，將平上去入四聲，以此制韻，有平頭・上尾・蠭腰・鶴膝。五字之中，音韻悉異，兩句之內，角徵不同，不可增減。世呼爲「永明體」。」（『南史』，北京，中華書局，1975年）
4)「又撰『四聲譜』，以爲「在昔詞人累千載而不悟，而獨得胸衿，窮其妙旨」。自謂入神之作。武帝雅不好焉，嘗問周捨曰，「何謂四聲。」捨曰，「「天子聖哲」是也。」然帝竟不甚遵用約也。」（同上）

声を「天子聖哲」[5]と表現してみても，相手が理解できないのでは何の意味もないのであり，漢字という衣をまとった一つひとつの音節から，それらを構成する各音素を正確に抽出することはきわめて困難な作業だと言わざるを得ない。「平上去入」という声調カテゴリー（調類）の呼称は，それぞれの文字が各調類の中から選ばれたというだけでなく，それらの字義が中古音における実際の調値（高低・昇降・長短等の特徴）の実相をある程度表現し得ていたものと考えられている[6]。このような呼称が音節を構成する他要素に先駆けて定着したのは，それが「永明体」の核心をなす概念であっただけでなく[7]，声調が音節全体を覆うものであったが故に，相対的に析出しやすい要素であったことにその理由を求めることができる。これが四声の"発見"である。

2.　音韻学の起源をめぐって

ではそれ以外の要素を取り出すためには，何が必要とされるのだろうか。それが音素文字――インド系文字（ブラーフミー系文字）――との接触ではないかと考えられるのである。

そもそも四声の"発見"やそれを前提とする南朝での韻律論の隆盛には，仏教あるいはそれと共に東伝したインド韻律論がさまざまな形で影響を与えたのではないかという議論が，陳寅恪の「四声三問」（1934年）以来活発に戦わされてきた[8]。議論の細部では必ずしも意見の一致を見ないものの，少なくとも南朝の韻律論については，それが総体としてインド韻律論からの影響を受けていたと考えて良さそうである[9]。このよ

---

5) 「君主とは優れた道徳と知恵を備えた人物」の意。なお，「天」「子」「聖」「哲」はそれぞれ順に平・上・去・入声の文字から選ばれている。
6) 安然『悉曇蔵』巻5（『大正新脩大蔵経』巻85）に載せる四家の声調体系の記述を参照。
7) 永明体の声律（韻律の規則）は，四声の認識に基盤を置く8つの忌避すべき禁忌を，明瞭な形で提起したことに特徴付けられる（「八病説」）。陸厥伝に見える「平頭・上尾・蜂腰・鶴膝」の4つ（「前四病」）は，そのうちの直接四声の配置に関わる禁忌である。
8) （劉）躍進「別求新声於異邦――介紹今年永明声病理論研究的重要進展」，文学遺産1999年第4号。

うな南朝の韻律論は当然ながら言語音に対する認識の深化と不可分の関係にあったであろうから，韻律論そのものだけでなく，後に「音韻学」と呼ばれるような知的関心の在り方も，総体としては仏教あるいはインド文化の影響を強く受けていたことは当然予想されるだろうし，またそのことは一種の"常識"として伝統的に知識人の間に共有されてきた。そのことをもっとも端的に示すのが，「字母」にまつわる言説である。

　銭大昕（1728-1804年）は清朝考証学の泰斗として著名な学者であるが，音韻学史においては古音研究に声母の問題を導入したことでも知られている[10]。その彼の著書である『十駕斎養新録』巻5には音韻に関する札記（あるいは「箚記」。読書ノートの意）が収められているが，そこには「双声畳韻」・「喉舌歯唇牙声」・「字母」・「西域四十七字」・「字母諸家不同」の順で字母に関する考証がまとめられている。

> 東方喉声　　何，我，剛，鄂，歌，可，康，各。
> 西方舌声　　丁，的，定，泥，寧，亭，聴，歴。
> 南方歯声　　詩，失，之，食，止，示，勝，識。
> 北方唇声　　邦，尨，剝，黿，北，墨，朋，邀。
> 中央牙声　　更，硬，牙，格，行，幸，亨，客。
> 　以上は『玉篇』巻末に載せる僧・神珙の「四声五音九弄反紐図」である。喉・舌・歯・唇・牙の五声に分かち，それぞれ八字を例として示しているが，これが字母の始まりである。（「喉舌歯唇牙声」）[11]

　三十六字母は唐以前には誰も言わなかったことである。伝えられ

---

9) 平田昌司「梵讃与四声論（上）―科挙制度与漢語史第二上―」，『第二届国際暨第十届全国音韻学研討会論文集（一）』，高雄，中山大学中文系，1992年。
10) 清朝考証学において「古音」とは「上古音」を意味する。上古音は，狭義には『詩経』に反映する音韻体系を，また広義には先秦から魏晋の頃までの音韻体系を指す。
11) 「東方喉聲…（中略）…右『玉篇』巻末所載沙門神珙「四聲五音九弄反紐圖」，分喉舌歯唇牙五聲，毎各舉八字以見例，即字母之濫觴也。」（『嘉定銭大昕全集』第7巻，南京，江蘇古籍出版社，1997年）。

るところでは僧・守温から始まるようだが，彼もまた唐末の僧侶である。司馬温公（光）の『切韻指掌図』では字母について詳しく述べているが，その起源が仏学にあるとは少しも言っていない。ところが鄭樵の「七音略」になると，中国人は四声のことは知っていたけれども七音[12]については知らなかったなどと言って，その学問を天竺伝来のものと崇めることを始めたのである。いま考えてみると，『華厳経』の四十二母と三十六字母ではまったく数が異なる。四十二母は梵語の音であり，三十六字母は中国の音である。……ただこれらは僧侶が伝え，また（悉曇学の）「字母」の名称をそのまま使っているので，夾漈（鄭樵の号）は新しもの好きで無知であったために，それが西域から伝えられたものだと誤解したのであり，後人たちも付和雷同し，両者を混同してしまったことは，なんともおかしなことである。（「字母」）[13]

　銭氏は時系列として神珙「反紐図」→守温・三十六字母→司馬光『切韻指掌図』→鄭樵「七音略」の順に成立したと考えているが，このうち『切韻指掌図』については，作者を司馬光（1019-1086 年）とするのは偽託であるというのが現在では定説となっており，時代的には「七音略」よりも遅れ，13 世紀初頭以降に広く流通するようになったものと考えられている[14]。また，銭氏が「反紐図」として掲げる「東方喉声」以下の一覧表は，一見すると未完成な字母一覧表のようにも見えるが，その来歴は不明であって[15]，果たしてこれが本当に字母の原型と言える

---

12) 調音部位による声母の分類のことで，「七音略」では羽・徴・角・商・宮・半徴・半商で表わされる。
13)「三十六字母唐以前未有言之者。相傳出于僧守溫，溫亦唐末沙門也。司馬溫公『切韻指掌圖』言字母詳矣，初不言出于梵學。至鄭樵作「七音略」，謂華人知四聲而不知七音，乃始尊其學爲天竺之傳。今考『華嚴經』四十二字母與三十六母多寡逈異。四十二母，梵音也。三十六母，華音也。…（中略）…特以其爲沙門所傳，又襲彼字母之名，夾漈好奇而無識，遂誤仞爲得自西域，後人隨聲附和，并爲一談，大可怪也。」（前掲『嘉定錢大昕全集』第 7 巻）
14) 平田昌司「『皇極經世声音唱和図』与『切韻指掌図』——試論語言神秘思想対宋代等韻学的影響——」，東方学報 56，1984 年。

かどうかは未詳とせざるを得ない。

　ところでこの時代，「小学」（文字の形・音・義に関する研究）は清朝考証学の精神を体現する象徴的存在であり，またその学問的基盤となるものでもあった。中でもその一角を占める音韻学は，清朝において飛躍的に発展した学問領域であるとともに，その方法論を用いて古典に対する文献学的研究を深化させることは，多くの学者たち——彼らのほとんどは伝統的な漢人士大夫階級出身者であった——のアイデンティティそのものだったと言っても過言ではない。したがって，そのような音韻学の核心的概念である三十六字母や反切の起源をどこに求めるかは，大いに漢民族の自尊心を刺激する問題でもあった。三十六字母のみならず音韻学があたかも西域起源のように語られることに，戴震（1724-1777 年）は激しい言葉で非難を浴びせかけているが[16]，一方，この問題に対する銭氏の態度はきわめて理性的である。彼は三十六字母の起源を全面的に「西域」に求めるのではなく，そこから伝えられた「字母（じも）」を触媒として，三十六字母が生み出されたことを述べる。

　『大般涅槃経（だいはつねはんぎょう）』文字品（もんじほん）には以下のように記されている。

　　字音十四字

　　　裒(a)・阿(ā)・壹(i)・伊(ī)・塢(u)・烏(ū)

　　　嬰(e)・藹(ai)・汚(o)・奥(au)〔・菴(am)・悪(aḥ)〕

　　　理(ṛ)・釐(ṝ)

　　比（毘）声二十五字

　　　迦(ka)・呿(kha)・伽(ga)・嘔(gha)・俄(ṅa)　　　舌根声

　　　遮(ca)・車(cha)・闍(ja)・膳(jha)・若(ña)　　　舌歯声

　　　吒(ṭa)・咃(ṭha)・茶(ḍa)・咤(ḍha)・拿(ṇa)　　　上顎声

　　　多(ta)・他(tha)・陀(da)・蚨(dha)・那(na)　　　舌頭声

15）銭氏が「反紐図」として引くものは，正確には「反紐図」に附された「五音声論」で，王応麟はこれを神珙の作ではないとする。戴震『声韻考』巻4「書玉篇巻末声論反紐図後」（『戴震全集』第5冊，北京，清華大学出版社，1997年）を参照。
16）同上。

　　婆(pa)・頗(pha)・婆(ba)・婆(bha)・摩(ma)　　唇吻声

超声八字

　　虵(ya)・邏(ra)・羅(la)・縛(va)・奢(śa)・沙(ṣa)・娑(sa)・

呵(ha)

　これは（玄応の）『一切経音義』に見えるが，いまの『華厳経』
四十二字母とはまったく異なる。……（しかし）『大般涅槃経』に
載せる「比声二十五字」は，今日伝えられる見・渓・群・疑母の表
と大同小異である。そしてその前に置かれた「字音十四字」は影・
喩・来母字である。そうすると，唐代の人が作った三十六字母は，
実は『涅槃経』の文字を取り，それを中華の音韻に合わせて取捨選
択したものであって，これが『華厳経』から出たなどと言うのはで
たらめである。(「西域四十七字」)[17]

　銭氏が引用するのは，『大般涅槃経』文字品に対する玄応の注釈で，
梵語（サンスクリット語）を書き表す「字母」（即ち悉曇）の漢字音転
写である。悉曇に関する学問，つまり悉曇学においては，「字音」は
「摩多」と呼ばれる母音文字，「比（毘）声」と「超声」は合わせて「体
文」と呼ばれる子音文字である。なお，摩多には音節主音的な子音「理
(r̥)」と「釐(r̥̄)」が含まれる[18]。また，体文のうちの比声は調音部位

17)『大般涅槃経』の引用箇所は，銭氏が意を以て省略した字母（「菴」と「悪」）
及び誤脱とおぼしき箇所があるので，これを玄応『一切経音義』の原文により補い
（徐時儀校注『一切経音義三種校本合刊』，上海古籍出版社，2008 年に基づく），併
せてアルファベット転写を附す。また字母の配列も一部調整した。銭氏の原文は以
下のとおり（ただし各字母に対する音注など，銭氏が注釈として扱う字句は省略す
る）。『大般涅槃經』文字品，「字音十四字，裒・阿・壹・伊・塢・理・釐・鷖・藹・
汚・奥。比聲二十五字，迦・呿・伽・啹・俄，舌根聲。遮・車・闍・膳・若，舌齒聲。
吒・咃・茶・咤・拏，上齶聲。多・他・陀・狄・那，舌頭聲。婆・頗・婆・婆・摩，
唇吻聲。虵・邏・羅・縛・奢・沙・婆・呵，此八字超聲。」此見於『一切經音義』
者也，與今『華嚴經』四十二母殊不合。…（中略）…然『涅槃』所載比聲二十五字，
與今所傳見・渓・群・疑之譜小異而大同。前所列字音十四字，即影・喩・來諸母。
然則唐人所撰之三十六字母，實采『涅槃』之文，參以中華音韻而去取之，謂出于『華
嚴』則妄矣。」（前掲『嘉定銭大昕全集』第 7 巻）
18) この系統の字母（四十九根本字。後述）では，一般にこの他に l̥ と l̥̄ が存在する。

によって5つのグループに分けられ，さらにその内部は調音方法に従って整然と配列されている。比声が破裂・破擦・鼻音であるのに対し，超声はそれ以外の半母音や摩擦音などである[19]。

　さて，この条で銭氏は2つのことを述べている。第一に，三十六字母を『華厳経』四十二字母と結びつけて考えるのは間違いであること，第二に，三十六字母は『大般涅槃経』文字品の字母を，中国語の実態に合わせて改編して成立したものであること，の二点である。

　第一点について言えば，三十六字母を『華厳経』四十二字母に絡めて論じることは，北宋の沈括（しんかつ）（1030-1094年）『夢渓筆談』（むけいひつだん）（巻15「切韻之学」条）に始まり，そこから三十六字母の起源を『華厳経』四十二字母に求める考え方が広まった。そもそも中国に伝えられた梵語の字母には「圓明字輪」と「四十九根本字」の二系統があり，『華厳経』の字母は前者，『涅槃経』のそれは後者に属す。そして少なくとも音理という点で言えば，「四十九根本字」がより体系性を備え，かつ中国語の音韻組織との共通点も多い。したがって，三十六字母の起源としては，『華厳経』四十二字母よりも『大般涅槃経』文字品を想定することがより合理的な判断だと言えるのである[20]。

　第二点については，銭氏は『涅槃経』文字品の字母およびその配列に三十六字母との共通性を大いに認め，これを基礎として三十六字母が成立したと結論づける。上述したように比声二十五字は調音部位と調音方法によって整然と配列されているが，「舌根声」等の調音部位による5分類は韻図の「五音」を容易に連想させるものであるし，それぞれの「声」が5つの字母から構成されることは，韻図のそれがやはり4〜5の字母からなることと偶然の一致とは感じられないであろう。なお，悉曇学では母音文字とされる「字音」（摩多）を銭氏は子音文字と解釈しているが，これは三十六字母との継承関係をひとつでも多くその中に見出

そうとする苦心の跡でもあるし，また「国書十二頭」[21)] の影響もあるかもしれない。

　いずれにしても，三十六字母の直接の起源を『大般涅槃経』文字品に求めたことは，ひとつの卓見と言えよう。

3.「帰三十字母例」と「守温韻学残巻」

　三十六字母の成立を考える上で，直接的かつ最初期の資料が「帰三十字母例」（オーレル・スタイン将来の S.512）と「守温韻学残巻」（ポール・ペリオ将来の P.2012 背）である。これらはいずれも中国西北部の敦煌莫高窟から発見されたもので，いわゆる敦煌文書のひとつである。

　S.512 は表面に「帰三十字母例」（**図 10-1**）として 30 の「字母」（以後，特に断らない限りは，漢語音韻学で用いられる声母代表字としての字母

出典：大英図書館所蔵
写真提供：ユニフォトプレス

図 10-1　「帰三十字母例」（S.512）

190

の意で用いる）と，その下にそれぞれ4つの双声字を配し，背面中央には「三十字母敲韻」と記されている。

　一方，「守温韻学残巻」（**図 10-2**）は P.2012 の背面に書写されており，その表面は「白画曼陀羅仏菩薩等設色稿」と名付けられた彩色前の仏画である[22]。「守温韻学残巻」は3つの部分からなるが，第一部分の冒頭に「南梁漢比丘守温述」（南梁〔現在の陝西省南部か〕の漢人僧である守温が書き記す）とあることから，一般にこの名で呼ばれている[23]。そこには字母や四等といった等韻学の中心的概念や，類隔切，声母・韻母の結合規則，声母の弁別といった問題などが取り扱われている[24]。ただしこれらは抄写者が個人的な使用のために写し取ったもののようで，しかも一人の抄写者の作業ではないようである[25]。

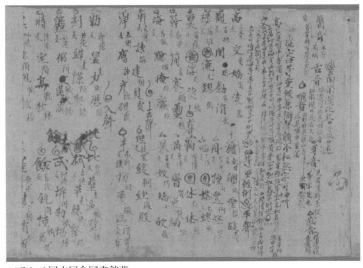

出典：フランス国立国会図書館蔵
写真提供：ユニフォトプレス

図 10-2　「守温韻学残巻」（P.2012 背）

22)『法国図書館蔵敦煌西域文献』第1巻，上海古籍出版社，1995 年。なお，「設色」は着色の意。
23) 張涌泉主編『敦煌経部文献合集』第7冊（敦煌文献合集，北京，中華書局，2008 年）では「切韻法」の名を与えている。
24) 周祖謨「読守温韻学残巻後記」（『問学集』上冊，北京，中華書局，1966 年所収）を参照。なお，以下の「守温韻学残巻」についての記述は，主として周論文に基づく。

　字母について言えば，両者の間で数と名称は完全に一致する。

　　「帰三十字母例」
　　　　　端透定泥　　審穿禪日　　心邪照
　　　　　精清從喩　　見磎[26)]羣疑　　曉匣影
　　　　　知徹澄來　　不芳並明
　　「守温韻学残巻」
　　　　　唇音　　不芳並明
　　　　　舌音　　端透定泥（是舌頭音）
　　　　　　　　　知徹澄日（是舌上音）
　　　　　牙音　　見溪羣來疑（等字是也）
　　　　　齒音　　精清從（是齒頭音）
　　　　　　　　　審穿禪照（是正齒音）
　　　　　喉音　　心邪曉（是喉中音清）
　　　　　　　　　匣喩影（亦是喉中音濁）

　しかしながら，両者の間にはその分類方法に大きな違いが見られる。
「守温韻学残巻」では，まず字母をその調音部位によって「唇音」から
「喉音」までの五音に分かつが，これは初期の代表的な韻図である『韻
鏡』の分類と配列に基本的に一致する[27)]。また，舌音と歯音を各二類
に分かち，これらにそれぞれ名称（「舌頭音」と「舌上音」，「歯頭音」
と「正歯音」）を与えている点や，照母や喩母といった個別字母の配列
についても，「守温韻学残巻」の構成の方がより合理的であると認めら
れる。このことから「守温韻学残巻」は，「帰三十字母例」に基づきな
がらさらにいっそうの整理を加えたもので，時代的にも後出の資料と見

25）遠藤光暁「敦煌文書 P2012「守温韻学残巻」について」（青山学院大学一般教
育論集 29，1988 年）pp. 143-144 および注釈 23 所引『敦煌経部文献合集』p. 3594
を参照。ただし両者の意見がすべて一致するわけではない。
26）「磎」は「溪」の或体。
27）ただし『韻鏡』や「七音略」では来母と日母を喉音の後ろに配置し，それぞれ「半
舌音」「半歯音」として独立させており，後の韻図も基本的にこれに踏襲する。

なすことができる[28]。

　この神珙や守温を始めとして，唐代には音韻学に造詣の深い僧侶が輩
出している。もちろんこのことは当時の音韻学が仏教文化の強い影響下
にあったことを物語るものであるが，その核心にあるのが字母の"発明"
であると考える。ではこのような字母はインド由来の音素文字からいか
にして発明されたのだろうか。

4. 字母の"発明"

　ここでもう一度，銭大昕の言葉を借りよう。
　銭氏は三十六字母の"発明"の具体的過程を，先の『十駕斎養新録』
「西域四十七字」を敷衍しながら，次のような問答体で記している。

　　質問：「三十六字母が中華の音を表したものであるならば，それは
　　誰に基づくものなのでしょうか。」
　　回答：｜その表は実は孫愐の『唐韻』に基づいて作られたものであ
　　るが，『唐韻』はさらに陸法言の『切韻』に基づくものであるから，
　　これは（南朝の）斉・梁以来の古くからある制度なのである。そこ
　　では入声を平・上・去声と並べているが，これもまた『唐韻』のや
　　り方を踏襲したものである。四つの「等」や二つの「呼」といった
　　ものは，すでに陸法言が206韻を分けた際に仔細に区別していたの
　　であり，字母の学者はその分類に基づいて表を作成したに過ぎず，
　　悉曇から始まったのではない。三十六字母と悉曇の共通点は次の通
　　りである。（牙音の）見・渓・羣・疑母は，『大般涅槃経』（文字品
　　の字母である）迦・呿・伽・啀・俄から一つを取り除いたものであ
　　る。（歯音の）照・穿・状・審・禅母は，『涅槃経』の遮・車・闍・
　　膳・若から一つ（若）を入れ替えたものである。（舌上音の）知・
　　徹・澄・娘母は，『涅槃経』の吒・咃・茶・咤・拏から一つを取り

28）注釈24所引の周論文では，「守温韻学残巻」は唐・憲宗の元和年間（806～820
年）以後の人である神珙の「反紐図」の影響を強く受けていることから，守温はそ
れよりも下る晩唐の人物であると推測する（p. 502）。

除いたものである。(舌頭音の) 端・透・定・泥は，『涅槃経』の多・
他・陀・馱・那から一つを取り除いたものである。(唇音の) 邦・
滂・並・明母は，『涅槃経』の波・頗・婆・婆・摩から一つを取り
除いたものである。それ以外の字母はどれも『涅槃経』とは一致し
ない。そこで僧・守温が三十六字母を制定したときも，悉曇を参考
にはしたものの，実際には中華の音を主体としたのである。もとも
と『唐韻』は中華に伝えられてきた学術であり，インドの学術をそ
こに交えることなどできないからである。」(『潜研堂文集』巻 15
「答問十二」)[29]

　ここでの「表」(原文では「譜」) には三十六字母の一覧表だけではな
く，韻図も含まれているとみるべきだろう。銭氏の論理においては，音
韻学の基本的枠組みはすでに陸法言『切韻』に備わっているのであり，
「字母の学者」たちはそれを分類・整理して三十六字母や韻図といった
ものを生み出したに過ぎないのである。ここでは中華文明に対する強烈
な自負心が示される一方で，インド由来の仏教文化が音韻学の進展に大
きな影響を与えたことを否定することはない。ことに字母の“発明”に
ついてはそうである。
　銭氏はこの一段において，三十六字母の成立過程を具体的に描き出し
ている。

---

29)「問，三十六母旣爲華音，則所宗者何家。曰，此譜實依孫愐『唐韻』而作，『唐韻』
又本於陸法言之『切韻』，則猶齊梁以來之舊法也。其以入聲配平上去三聲，亦循『唐
韻』之舊。一二三四之等，開口合口之呼，法言分二百六部時辯之甚細，字母家據其
所分而列爲譜，皆不出於梵書也。其與梵書相似者，見・溪・羣・疑，卽『涅槃』之
迦・呿・伽・啞・俄也，而去其一。照・穿・狀・審・禪，卽『涅槃』之遮・車・闍・
膳・若也，而更其一。知・徹・澄・孃，卽『涅槃』之吒・咃・茶・咤・拏也，而去
其一。端・透・定・泥，卽『涅槃』之多・他・陀・馱・那也，而去其一。邦・滂・
竝・明，卽『涅槃』之波・頗・婆・婆・摩也，而去其一。其餘皆不與『涅槃』合，
是僧守溫定三十六母，雖亦參取梵音，而實以華音爲正。蓋『唐韻』本中華相傳之學，
不能以梵學雜之也。」(『潜研堂集』，上海古籍出版社，1989 年)

三十六字母[30]

唇音	幇滂並明 (重唇音)	非敷奉微 (軽唇音)	
舌音	端透定泥 (舌頭音)	知徹澄 娘 (舌上音)	
牙音	見渓群疑		
歯音	精清従心邪 (歯頭音)	照穿牀審禅 (正歯音)	
喉音	影暁匣喩		
半舌音	来		
半歯音	日		

　三十六字母の唇音・舌頭音・舌上音・牙音の4系列については，『大般涅槃経』文字品・比声の唇吻声・舌頭声・上顎声・舌根声から有声音に相当する2つの悉曇の内のひとつ（例えば舌根声ならば伽（ga）・啒（gha）のいずれか）を取り除く（「去其一」）ことによって，それぞれの字母を作り出すことができる。また，正歯音については，悉曇の舌歯声の中に無声摩擦音の審母に相当する子音がないために，これを若（ña）と入れ替えた（「更其一」）とする。そしてそれ以外の字母，すなわち軽唇音（非・敷・奉・微母），歯頭音（精・清・従・心・邪母），喉音（影・暁・匣・喩母），半舌・半歯（来・日母）については，「華音」を基準に新たに作り出したものだと考えた[31]。

　この考え方をさらに推し進め，そこに同じくブラーフミー系文字に属するチベット文字の影響を指摘したのが近代の言語学者・羅常培（1899-

---

30) 配列は『韻鏡』・「七音略」のそれに従う。なお，「帰三十字母例」・「守温韻学残巻」にすでに見える三十字母を □ で，銭氏が悉曇に直接基づくと見なす字母を**ゴチック体**で示す。
　なお，三十字母と三十六字母の相違は，軽唇音（4声母）と娘母及び牀母が前者では立てられていないことである。軽唇音が音韻的に独立したのは唐代になってからで，比較的新しい事象と言えるが，「守温韻学残巻」には類隔切の例として「方美切鄙」等の重唇音帰字を導く軽唇音上字反切が挙げられていることから，その成書時に軽唇音化がすでに完了していたことは確実である（注釈24所引周論文 p. 505参照）。また，三十字母成立当時，娘母は日母に合流していた可能性が高い。なお，牀・禅母については注釈36を参照。
31) 『十駕斎養新録』「西域四十七字」では，影・喩・来母字は「字音十四字」（摩多）に基づくとしているが（前述），ここではその点は割愛されている。

1958 年）である。敦煌からは漢文資料のみならず，チベット文字資料
も大量に発見されている。そこに含まれるいわゆる蔵漢対音資料には，
『千字文』（P.3419）や『大乗中宗見解』（India Office C93）のように漢
文テキストにチベット文字で音注を加えたものと，『金剛経』（同 C129）
や『阿弥陀経』（同 C130）のように漢文経典をチベット文字で音写した
資料の二種類がある。このような資料の存在は，チベット文字という表
音文字との接触を触媒として，漢字音への内省を必然的に惹起するもの
であったろうから，これらが字母の成立過程に与えた影響は十分予想さ
れるところである[32]。ではそれは具体的にどのようなものであったの
か。羅氏「敦煌写本守温韻学残巻跋」[33]に掲げる三者の対照表を簡略化
して示すと次のようになる。

三十六字母[34]

唇音	幇滂 並明 （重唇音）		非敷奉微 （軽唇音）
舌音	端透 定泥 （舌頭音）		知徹 澄娘 （舌上音）
牙音	見渓 群疑		
歯音	精清従心邪 （歯頭音）		照穿 牀審禅 （正歯音）
喉音	影暁匣喩		
半舌音	来		
半歯音	日		

〔凡例〕

幇母等	悉曇・チベット文字双方に対応するもの
知母等	悉曇にのみ対応するもの

---

[32] もちろんそれらの主要な担い手がともに僧侶であった点も重要である。なお，
これらの資料を用いた研究については，羅常培『唐五代西北方音』（原 1933 年。『羅
常培文集』第 2 巻，済南，山東教育出版社，2008 年所収）を参照。
[33] 原 1931 年。前掲『羅常培語言学論文選集』所収。
[34] 中古音の声母の音価については，本章末の「中古漢語声母音価表」を参照。なお，
中古音の有声音声母は『切韻』の段階では有声無気音であったものが，8 世紀の長
安方言では有声有気音に変化していたと考えられている。平山久雄「中古漢語の音
韻」（『中国文化叢書 I　言語』，東京，大修館書店，1967 年）pp. 143-144 を参照。

|禅母|等　チベット文字にのみ対応するもの
|並母|等　チベット文字と1対1で対応し，かつ悉曇とは2
　　　　対1で対応するもの
|澄母|　　悉曇と2対1で対応するもの（チベット文字とは
　　　　対応せず）
非母等　漢語独自の字母

　これを三十六字母の視点から眺めれば，まず重唇音・舌頭音・牙音については，三十六字母とチベット文字はともに四項（無声無気音・無声有気音・有声音・鼻音）からなり，両者はよく一致する。それに対して悉曇は有声音が二系列（有声無気音・有声有気音）に分かれるため，両者よりもひとつ数が多くなることは，銭氏の指摘したとおりである。

　次に，舌上音は悉曇にのみ対応する。その中古における音価は歯茎口蓋音（ȶ等）かそり舌音（ʈ等）のいずれかだと考えられているが，そのいずれであってもこれらは悉曇のそり舌音（吒 ṭa等）の音価に最も近かったであろう。有声音については茶（ḍa）あるいは咤（ḍha）が澄母に対応することになるが，その関係は唇音等とパラレルである。

　歯音のうちの歯頭音（歯茎破擦音）は，悉曇にはその対応を見いだせない。したがって銭氏はこれを「中華の音を主体とし」て定めたと述べたのであるが，実はその対応はチベット文字との間に見いだすことができる[35]。一方，正歯音は悉曇・チベット文字双方に対応を見いだすことができるが，牀母と禅母の区別はきわめて困難であったと推測される[36]。

　喉音については，悉曇がこれらに相当する音を体文と摩多に分属させた（つまり，すべてを子音として析出しなかった）のに対し，チベット文字では相当する音を ཨ (a)・ཧ (ha)・འ ('a)・ཡ (ya) のように子音として析出しており，より容易に対応を見いだせたものと推測される。

---

[35] 対音というレベルにおいては，歯頭音を梵語の ca, cha 等に対応させることがあり得た（羅常培「本文顎音五母的蔵漢対音研究」，原1931年。前掲『羅常培語言学論文選集』所収）が，字母の作成は韻書に載せられた標準的読書音の整理・分類を通して行われたであろうから，同レベルで扱うことはできないと思われる。

　以上のほかに半舌・半歯音の来・日母も悉曇・チベット文字双方に対応を見いだせるが，唯一両者に存在しないのが軽唇音の 4 声母である。このことは，当時すでに存在していた軽唇音が[37]，「帰三十字母例」や「守温韻学残巻」には立てられていないことの理由を物語るであろう。また，当時はまだ正歯音の二系列（そり舌音の $t\c{s}$ 等と歯茎硬口蓋音の $t\c{\varphi}$ 等）が合流していなかったにも関わらず[38]，三十六字母では正歯音として一系列しか立てられていない。これも悉曇・チベット文字では硬口蓋破擦音だけが存在し，そり舌破擦音がなかったことによるのではないかという疑念を強く抱かせる。つまり，三十六字母は漢語の音韻をその分析対象としつつも，必ずしもその組織を完全に解明したとは言えず，その下敷きとなった悉曇・チベット文字のシステムに相当程度影響を受けていたと考えられるのである。

36）「帰三十字母例」等では牀母が立てられていない。また，悉曇の遮（ca）・車（cha）の有声音である闍（ja）・膳（jha）には，一般に禅母字が当てられる。
　本章末の「中古漢語声母音価表」に示したように，牀母と禅母は『切韻』においてそれぞれ崇・船母および俟・常母の二類に分かれていた。伝統的には船母（牀母三等）が破擦音，常母（禅母三等）が摩擦音と考えられてきたが，現在ではその音価を入れ替える説が有力である（邵栄芬『切韻研究（校定本）』，北京，中華書局，2008 年）。
　これらの唐代および現代までの通時的な変化については未解決な部分も多いが，おおむね以下のような変化をたどったものと思われる。
　　崇母〔平声〕dz>t\c{s}ɦ>t\c{s}ʰ；〔仄声〕dz>t\c{s}ɦ>t\c{s}；（一部）dz>z>ʂɦ>ʂ
　　常母〔平声〕d\c{z}>t\c{ɕ}ɦ>tʃʰ>t\c{s}ʰ；〔仄声〕d\c{z}>z>ɕɦ>ʃ>ʂ
　　俟母（z>）z>ʂɦ>ʂ
　　船母　z>ɕɦ>ʃ>ʂ
　常母が平声では破擦音のままであるのに対し，仄声が摩擦音化したと推定するのは，例えば現代北京方言のように，中古常母平声字が t\c{s}ʰ で反映する場合が多い方言を想定してのことであって，実際には唐代の多くの方言において，船母と常母は合流している（d\c{z}>z。例えば慧琳『一切経音義』，807 年成書）。その一方で，崇母と船母の区別は唐代を通じて基本的に保たれていたようである。以上については，王力『漢語語音史』（原 1985 年。『王力文集』第 10 巻，済南，山東教育出版社，1987 年所収），佐藤明『中国語音史』（東京，白帝社，2002 年），平山久雄「俟母の来源」（『古田教授退官記念中国文学語学論集』，東京，東方書店，1985 年所収）等を参照。
37）注釈 30 参照。
38）注釈 36 所引王書参照。これらは宋初には合流していたと考えられる。

198

5. 小　結

　第6章で明らかにしたように，伝統的な音韻学は精緻な反切を作成することを通じて，言語音への認識を深めていった。反切の誕生を後漢後期と考えると，そこから『切韻』（601年成書）に至る四百数十年間というのは，ちょうど中国において仏教文化の基礎が築かれ，隋唐以降の発展を準備した時期と重なる[39]。特に外国僧としては希有な中国語運用能力を有し，自らも漢訳を行った鳩摩羅什（344-413年，一説に350-409年）以後，真諦（499-569年）や闍那崛多（523-600年頃）に至るまで，重要な経典が次々と漢訳された。船山徹氏の指摘によると，鳩摩羅什の活動を通じて訳経に音訳重視の傾向が強まったという[40]。このことは必然的に訳経の場に関与する者たちに，漢語の音声への省察を促したことだろう。また船山氏は音写語に用いられた漢字について，「例えば現代日本語であれば，外来語を片仮名表記することによって，漢字で書かれた語句と外来語を容易に区別できるが，漢語の場合はもちろん片仮名がないから，すべてを漢字で表記しなければならない。そこで漢字の中から音訳部分と意訳部分を容易に識別するため，音訳には意味のとれない文字のならびを意図的に選択したとみてよかろう。」という興味深い指摘をしている（同書pp. 193-194）。それは本来表語文字である漢字を表音文字的に用いたということに他ならないが，これこそまさしく漢語声母の代表字をある特定の文字で表記する字母と同じ発想である。悉曇やチベット文字といった表音文字との接触と，それに付随して生じた漢字の表音文字的使用が，音韻学の新しい地平を切り拓いたと言えるだろう。

　さて，反切で明らかにされた音韻組織は，手段としての字母を獲得したことでそれを可視化する道へと歩み出す。そしてこれを図表という形

39）鎌田茂雄『中国仏教史』第1巻（東京大学出版会，1982年）に言う第一期（「初期翻訳時代」）と第二期（「準備育成時代」）に相当する。
40）船山『仏典はどう漢訳されたのか　スートラが経典になるとき』（東京，岩波書店，2013年）pp. 100-102およびpp. 191-192。

で体現したのが，『韻鏡』をはじめとする韻図である（**図 10-3**）。ただし，字母から韻図へ発展には，中間段階として敲韻が重要な役割を果たしたのではないかと考える。

　敲韻は，「帰三十字母例」の背面に記された「三十字母敲韻」の敲韻であるが，その意味について遠藤光暁氏は，「これは「三十字母に韻をぶつけて音を出す」という意味であろう。すなわち，字母に韻を配合することによって各字を得るという演繹的な過程を言ったもので，各字を字母に帰納するという方向に着目した「帰三十字母例」とは方向がまさに逆である」と述べている[41]。**図 10-1** に示したように，「帰三十字母例」は各字母の下にそれらと双声の関係に立つ 4 文字を列挙しており，例えば「端 t-」の下には「丁 tieŋ^平 當 taŋ^平 顚 tien^平 敁 tiem^平」などと記される。これらはいわゆる「帰納助紐字」や「三十六字母切韻法」（前

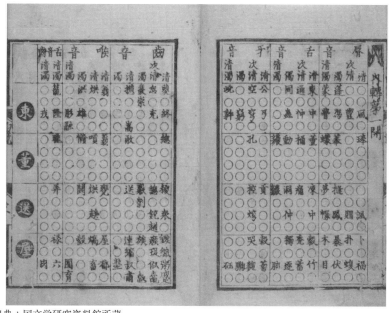

出典：国文学研究資料館所蔵

図 10-3　永禄本『韻鏡』第一転

41）注釈 25 所引遠藤論文 pp. 146-147。

者は『韻鏡』巻首等に，また後者は『大広益会玉篇』巻首や『盧宗邁切韻法』〔国立国会図書館所蔵〕等に見える）と同系列のもので，一つには反切帰字を導くための実用的な用途があったものと見られる。ただその一方で，「敲韻」と名付けられた以下の敦煌資料の存在は，漢語の音韻組織を分析し，それらを図表化する上で，きわめて重要なステップになったものと思われる[42]。

「敲韻」（北敦 03351 背）

端 t	顛	東	丹	當	丁	擔	都	多	登	兜	堤	刀
透 tʰ	天	通	灘	湯	廳	舚	嘟	他	鼟	偸	提	叨
定 d	田	洞	壇	唐	停	覃	徒	陁	騰	頭	嗁	匋
泥 n	年	農	難	囊	寧	南	奴	那	能	羺	泥	猱
韻	**先**	**東**	**寒**	**唐**	**青**	**覃**	**模**	**歌**	**登**	**侯**	**齊**	**豪**
	ɛn	ŏʷŋ	an	ɑŋ	ɛŋ	əm	ᵘoˀ	ɑˀ	əŋ	əu	ɛi	ɑu
	⟨iɛn⟩				⟨iɛŋ⟩	⟨am⟩					⟨iɛi⟩	
審 ɕ	羶	春	商	申	苫	升	（以下闕）					

写真版を見ると，「端透定泥」および「審」という声母名はより大きく書かれ，一方，切韻系韻書に基づくであろう「先東」等の韻目名はやや小ぶりの字で書かれている。本資料の年代は明らかではないが，これが原資料の冒頭部を抄写したものだとすれば，5 つの字母の順序は「帰三十字母例」に等しいことから，"敲韻" というその利用目的をも含めて，これらは同系統の資料である可能性がある。なお，舌頭音である端・透・定・泥母は韻図の一・四等に配置される韻（いわゆる一等韻と四等韻）とのみ結合するので，ここに挙げられている韻は先・青・斉韻が四等韻で，残りは一等韻である[43]。

---

42) 周祖謨『唐五代韻書集存』（北京，中華書局，1983 年），『中国国家図書館蔵敦煌遺書』第 46 冊（北京図書館出版社，2007 年）および注釈 23 所引『敦煌経部文献合集』第 7 冊所収。周氏および『文献合集』の校字を踏まえ，適宜校正を加えた。なお，周書では本資料を「字母例字」と命名し（下冊 p. 795），国家図書館本もこれを踏襲する。また，前引遠藤論文にも本資料についての言及がある（p. 146・注 19）。

　上引「敲韻」の“例字”は『韻鏡』や「七音略」の窠字（かじ）（韻図中に掲出された文字）とかなりの程度一致はするものの，両者を直ちに結びつけることはやや早計である。唐代には音価の近似した一等韻が合流するという音韻変化が生じたが，本資料では「東韻」と「覃韻」がこれに関わる。上で「東韻」とされる四字の“例字”のうち，『切韻』の東韻字は「東通洞」の三字で，「農」は冬韻字である。それがここではともに「東韻」の下に収められているのは，唐代において「農」字に noŋ ＞ nŏʷŋ の変化が生じ，東韻（一等）相当の音に変化したからである。またここでの「覃韻」は，『切韻』の覃韻と談韻が合流したもので，「擔蚶」両字はもともと談韻字である。このような『切韻』の別韻が「敲韻」で一つの韻として扱われているのは，上に述べた音韻変化の結果に他ならず，その処置は唐代以降の音韻変化を一定程度反映した『四声等子』（しせいとうし）（撰者不詳）や『切韻指掌図』のやり方に同じい。一方，初期韻図である『韻鏡』や「七音略」は切韻系韻書の音韻組織を分析・図表化したものであるから，当然これらを別韻として処理している。したがって，「敲韻」と初期韻図との間にそれなりの距離があることは確かである。しかしながら，そこで示された手法は，まだ解決すべき技術上の問題は残っていたとしても，すでにほとんど韻図のそれである。

　音韻体系を可視化することが音韻学のひとつの目的であり，かつそれを音韻観念の形成と考えるならば，「敲韻」という字母と韻の一覧表によって，その完成はすぐそこまで近づいた。この後，完全な図表形式の韻図は，この世界全体を覆わんと，猛烈なスピードで自己増殖していくのである。

---

43) 推定音価は注釈 44 所引の平山氏の著作によるが，唐代に起こった音韻変化を反映した形式を併せて〈　　〉で示す。なお，審母は三等韻とのみ結合するが，ここでは触れない。

【参　考】　中古漢語声母音価表[44]

唇音	重唇音	幇母 p	滂母 pʰ	並母 b	明母 m	
	（軽唇音	非母 f	敷母 fʰ	奉母 v	微母 ɱ）	
舌音	舌頭音	端母 t	透母 tʰ	定母 d	泥母 n	
	舌上音	知母 ȶ	徹母 ȶʰ	澄母 ȡ	娘母 ȵ	
牙音		見母 k	渓母 kʰ	群母 g	疑母 ŋ	
歯音	歯頭音	精母 ts	清母 tsʰ	従母 dz	心母 s	邪母 z
	正歯音	照母	穿母	牀母	審母	禅母
		荘母 tʂ	初母 tʂʰ	崇母 dʐ	生母 ʂ	俟母 ʐ
		章母 tɕ	昌母 tɕʰ	船母 ʑ	書母 ɕ	常母 dʑ
喉音		影母 ʔ	暁母 h	匣・喩三母 ɦ	喩四母（羊母）j	
半舌音		来母 l				
半歯音		日母 ɲ				

《補　足》

・狭義の中古音とは『切韻』の音韻体系を指すが，その声母組織は三十六字母と一部異なる。

・軽唇音の4声母は『切韻』には存在せず，唐代に重唇音から分化したものである。

・三十六字母で正歯音とされている5声母は，『切韻』ではそり舌音と歯茎硬口蓋音の二系列に分かれていた。

・三十六字母の喩母は，『切韻』の匣母の一部と羊母が合流したものである。匣母起源の喩母を喩母三等，羊母起源の喩母を喩母四等と呼ぶ。

---

44) 推定音価は平山久雄『敦煌「毛詩音」音韻研究』（中国語学研究開篇単刊 17，東京，好文出版，2018 年）に基づくが，三十六字母と対照させるために配列等を組み替えて示す。

🎸 発展的課題

1. 太田斎『韻書と等韻図』(神戸市外国語大学研究叢書，神戸市外国語大学外国学研究所，2013 年) を参照しながら，『韻鏡』の構成を把握し，初期韻図において中古音がどのように解釈されているかを考えてみよう (ともにインターネットで入手可)。

参考文献

- 本文および脚注で引用した諸文献を参照のこと。

11 | 中国における音韻観念の形成とその拡大（3）
—— 『同文韻統』の汎世界性

宮本　徹

《本章の目標＆ポイント》　韻図によって成し遂げられた音韻体系の可視化
は，規範的な読書音や特定の方言音を記述するばかりでなく，方言あるいは
言語の枠を越えて，汎世界的体系を図表化しようとするものまで現れた。
　本章では満州文字の音節表である「国書十二字頭」と，清・乾隆帝の勅命
により編纂された『同文韻統』（1749 年）の検討を通じて，この時代の音韻
観念に見られる汎世界性について考える。
《キーワード》　韻図，国書十二字頭，乾隆帝，『同文韻統』

1. 韻図が可視化する世界観

　伝統的な音韻学における字母の"発明"は，この学術に新たな地平を
切り拓いた。反切の制作を通じて言語音への分析はすでに相当程度深め
られていたと考えられるが（第 6 章参照），分析の手法として字母を導
入することで，音節を構成する諸要素をさらに析出することが可能と
なった[1]。例えば第 10 章で取り上げた「守温韻学残巻」には「定四等
重軽兼弁声韻不和無字可切門」と題する一条があり，「高」と「交」の
二字に関して次のように説明を加えている。

---

1) 確かに韻書の各韻は音節から韻母を取り出して配列したものと言えるが，それは
必ずしも音節の一要素としての韻母を分析・整理した結果であるとは言い難い。例
えば切韻系韻書について言えば，一等韻の中にも合口介音（-u-）の有無によって韻
目を分けるもの（例えば哈・灰韻や魂・痕韻等）とそうではないもの（泰韻や唐韻
等）があり，また一韻内に拗介音（-i-）の有無を異にする複数の韻類を含むもの（東
韻や庚韻等）があったりする。あるいは真韻から臻韻を独立させたように，特定の
声母と結びつく場合にのみ別韻と処理する例もある。これらはあくまで詩の押韻上
必要な主母音と韻尾（及び声調）の同一性を基準として，韻母の一部要素を分類・
配列したものに過ぎない。したがって，韻図の制作とは質的に大きな違いがあると
言える。

高　これは喉音の中の「濁」であり（?），四等の中で第一位の音であるので，審・穿・禅・照母とは調和しない。もし審・穿・禅・照母の字を反切上字とし，「高」字を反切下字とする場合，絶対に帰字を求めることはできない。四等の中の（喉音）第一位の字であるならば，すべて「高」字と同じである。

交　これは四等の中の第二位の字であるので，精・清・従・心・邪母の字とは調和しない。もし精・清・従・心・邪母の字を反切上字とし，「交」字を反切下字とする場合，絶対に帰字を求めることはできない。四等の中の第二位の字であるならば，すべて「交」字と同じである。審高反や精交反がそうである。（「四等の違いを区別し，また反切上字・下字が調和せず帰字を求めることができない場合についての法則」）[2]

　ここでの「切」や「韻」は，『盧宗邁切韻法』の盧氏跋文にいう「又有兩字反切歸其字者，爲之切韻法」（〔さらに〕二字の反切から帰字を導くやり方があり，これを「切韻法」という）の「切韻」であろう[3]。『広韻』において「高」は一等韻の豪韻に，また「交」は二等韻の肴韻に属するが，「守温韻学残巻」の字母体系（三十字母）との関係で言えば，「高」は審・穿・禅・照母（「正歯音」）に属する上字とは結びつかず，逆に「交」は精・清・従・心・邪母[4]（「歯頭音」）に属する上字とは結びつかない。ここではこのことを説明するために，「高」字を「四等中是弟（第）一字」，「交」字を「四等弟（第）二字」と表現し，かつそれぞ

---

2)「高　此是喉音中濁，於四等中是弟一字，与歸審穿禪照等字不和，若將審穿禪照中字爲切，將高字爲韻，定無字可切，但是四等喉音弟一字，惣如高字例也。
　交　此字是四等中弟二字，与歸精清從心邪中字不和，若將精清從心邪中字爲切，將交字爲韻，定無字可切，但是四等弟二字，惣如交字例也。審高反，精交反諸字也。」（「定四等重輕兼辯聲韻不和無字可切門」）（第10章注釈22および23を参照）
3）魯国堯「『盧宗邁切韻法』述論」（『魯国堯語言学論文集』，南京，江蘇教育出版社，2003年所収）を参照。
4）第10章に掲げた「守温韻学残巻」の字母表では，原文のまま「心邪」を喉音の字母として配列したが，周祖謨氏らが指摘するように，これらは歯頭音の位置に移されるべきだろう。『敦煌経部文献合集』第7冊（第10章注釈23所引）p. 3602・校記〔三四〕を参照。

れのグループに属する文字は，字母が表す声母との結合において，すべて同一の性質を持つことが明示されている。つまりこれは等韻学における「等」の概念およびそれと声母との配当関係を述べているものと理解される。また，ここでは一・二等韻のみが例示されているが，本条に続く「四等重軽例」では「平聲　高古豪反，交肴，嬌宵，澆蕭」の如く，例字が等・開合・声調ごとに整然と分類・配列されていることから，切韻系韻書所収の反切に対する分析[5]は，韻図作成に十分な理論的水準にまで達していたと見ることができる[6]。ではここで，このようにして作り上げられた韻図の梗概を，初期の代表的著作である『韻鏡』を例に一瞥しておこう。

　図 11-1 は永禄本『韻鏡』（国文学研究資料館所蔵）の第二十五転である。『韻鏡』は序文と「序例」（凡例に相当）を除いて，43 枚の図表からなるが，その数は「七音略」とも一致し，そこには「第一」から「第四十三」までの番号（「転次」）が付されている。この一枚一枚の図表のことを「転図」と呼ぶ。**図 11-1** は 25 枚目の転図なので「第二十五転」と呼ぶ。

　『韻鏡』には『広韻』の 206 韻がすべて収められており，これを 43 枚の転図に埋め込むわけであるから，必然的に 1 枚の転図に複数の韻が配置されることになる。また大原則として，声調の違いのみによって対立する韻（これを「相配する韻」と呼ぶ）は 1 枚の図表の中に収められる。図表は声母を示す最上段を除いて大きく 4 段に分かれ，上から順に平声・上声・去声・入声の各韻に充当される。この第二十五転には豪韻

5）この「四等重軽例」には「宣」・「選」という韻目が見える。切韻系韻書のうち平声仙韻から合口字を独立させて宣韻とするものに五代刊本の P. 2014 があり，徐鍇『説文解字篆韻譜』や夏竦『古文四声韻』も同様の区別を設ける。なお，『古文四声韻』は宣韻に対する上声としてさらに「選韻」を独立させ，また『切韻』の五代刊本には同じく入声の「雪韻」を独立させるものがあったことから（P. 5531），一部の切韻系韻書では仙韻合口字を体系的に独立させていた可能性がある。いずれにしても，これらは切韻系韻書の最末期に属する韻書であったろう。太田斎「韻書と等韻図Ⅱ（完）」（神戸市外国語大学外国学研究 92，2016 年）の注釈（5）・（25）を参照。
6）「四等重軽例」は，第 10 章図 10-2 のうち左方三分の二ほどを占める一覧表である。

ɑu・肴韻 au・宵韻 iɛu・蕭韻 ɛu[7]とそれぞれに相配する上・去声の計12
韻が収められており，左端1列に記された「豪爻（肴）宵蕭（平声）／晧
巧小篠（上声）／号效笑嘯（去声）」という韻目によってそれが示されてい
る[8]。なお，最下段が空欄となっているのは，この第二十五転の諸韻が
そうであるように，韻尾がゼロもしくは母音であるような韻（これを
「陰声韻」という）は，相配する入声を持たないことによる[9]。

　平声以下の各段は，さらに各4行に区切られる。この区切りのことを
「等位」といい，上から順に「一等／二等／三等／四等」と呼ぶ（枠の
名称としては「一等欄」等の呼称を用いる）。実はこの等位は韻母の分
類を表している。例えば第二十五転で言えば，豪韻は一等欄，爻（肴）

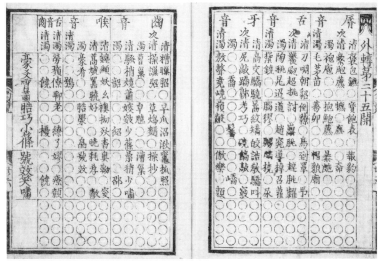

出典：国文学研究資料館所蔵

図11-1　永禄本『韻鏡』第二十五転

---

7) 中古音の推定音価は平山久雄『敦煌「毛詩音」音韻研究』（第10章注釈44所引）
に基づく（以下同）。ただし三等韻の拗介音は -i- に単純化して示す。
8) ここでは豪・晧・号，爻（肴）・巧・效，宵・小・笑，蕭・篠・嘯がそれぞれ相
配する韻である。
9) 「相配する入声を持たない」というのは，切韻系韻書あるいは初期等韻図の作者
たちの"解釈"であり，音理としては入声韻を陰声韻と陽声韻（韻母が鼻音韻尾 -n,
-ŋ, -m に終わる韻）のいずれに相配させることも可能であったと考えられる。

韻は二等欄，宵韻は原則的に三等欄[10]，蕭韻は四等欄に配置される韻
（相配する上・去声も同様）であるから，これらの韻のことをそれぞれ
「一等韻／二等韻／三等韻／四等韻」と呼ぶのである。

　1つの韻（およびそれに相配する韻）は一枚の転図に収められること
もあれば，複数枚にわたることもある。このうち，例えば斉韻（ɛi,
uɛi）や唐韻（aŋ, uaŋ）のように一韻の中に合口介音 -u- の有無で対立
する2つの韻母を含む場合には，『韻鏡』では必ずこれを2枚の転図に
分けて記載する。

　次に最上段に目を遣ると，ここでは横方向に6つの枠に区切られてい
るが（左端を除く），これらは「七音」と呼ばれる声母の分類を表す。「七
音」とは「唇音／舌音／牙音／歯音／喉音／半舌音／半歯音」を指す（字
母の名称と分類については，第10章第4節を参照）。「唇音」から「喉音」
までの内部は，さらに「清」「濁」等の術語によって，4つないし5つに
分かれる。このうち「唇音」「舌音」「牙音」は「清／次清／濁／清濁」
に，「歯音」は「清／次清／濁／清／濁」に，そして「喉音」は「清／
清／濁／清濁」に分かれている。半舌音と半歯音はいずれも「清濁」
とされる。これらの術語が表す概念は以下のとおりである。

　　　清（全清）　　無声無気音
　　　次清　　　　　無声有気音
　　　濁（全濁）　　有声無気音
　　　清濁（次濁）　鼻音・接近音・弱摩擦音

　『韻鏡』が字母の名称ではなく，このような術語によって声母を表す
のは，同一列に複数の字母を配当することがあるからである。例えば歯
音の欄は，一・四等欄に精・清・従・心・邪母（歯頭音）が配置され，
二・三等欄には照・穿・牀・審・禅母（正歯音）が配置される。した
がって，上引の「守温韻学残巻」の例で言えば，「高」が属する豪韻字
は一等欄に配置されるから，歯音としては歯頭音としか結びつかず（**図
11-1** の「糟精操清曹従騒心○邪」），一方の「交」は肴韻字で二等欄に配

---

10) 三等韻と結合する歯音声母は二等欄と四等欄にも越境して配置されるので，三
等韻が二・四等欄に配置されることがある（後述）。

210

置されるから，正歯音としか結びつかないということになる（同「瞶照
諫穿巢牀梢審○禅」）[11]。

　このような図表形式による音韻体系の可視化は，「敲韻」（第10章第5節参照）にその原初的な姿を，そして「守温韻学残巻」の「四等重軽例」に直接の萌芽を見ることができる。『韻鏡』や「七音略」は切韻系韻書に基づいて当時の標準的読書音を解釈しようとしたが[12]，それ以後の韻図が解釈する対象は必ずしも『広韻』などの切韻系韻書に限定される必要はないのであり，例えば宋朝の新しい韻書である『集韻』に基づくものもあれば[13]，時音（作者が生きた当時の発音）をより積極的に採用して作られた韻図もある。要は縦軸に韻母，横軸に声母を配置するこの図表は，時には縦横の軸を入れ替え，時には縦横の軸を拡張しながら，ある種の万能性を備えて解釈対象をその中に落とし込み，それらを可視化していくのである。その対象は規範的読書音から現実の口語音まで，あるいは特定の方言から南北を包含する汎方言的体系まで，はたまた時空を越えて古今東西一切の言語音を包摂するような汎世界的体系の構築まで，縦横無尽に拡大と縮小を繰り返していく。つまり韻図は一種の可視化された世界観であり，世界に対する解釈体系であったのである。

　一例を挙げれば，明末・徐孝（生卒年不詳）の『重訂司馬温公等韻図経』（1606年刊）は，実際に存在した北方官話の一方言点の音韻体系を図表化したもののように思われるが[14]，これなどはもっともコンパクト

11）このような配置は，まさしく「定四等重輕兼辯聲韻不和無字可切門」が謂わんとする規則の発見に基づくものである。
　なお，このような韻類と声類の相補的な分布に基づき，等位によって異なる声母を配置するものとして，他に次のケースがある。
　　唇音：一・二・三・四等欄→重唇音；三等欄→軽唇音（一部の転図）
　　舌音：一・四等欄→舌頭音；二・四等欄→舌上音
　ただし，韻図の中には『切韻指掌図』のように三十六字母を横一列に配置するものも存在する。
12）『韻鏡』等が解釈しようとしたのは，その窠字の選択から判断すれば，切韻系韻書の1つのエディションであることは確実である。ただし，その中には『集韻』（丁度等奉勅撰，1039年成書）等に由来する成分をも含んでいることが指摘されている。太田斎『韻書と等韻図Ⅰ』（神戸市外国語大学研究叢書，神戸市外国語大学外国学研究所，2013年）を参照。
13）注釈3所引魯氏論文を参照。

な部類の韻図に入るだろう。これに対し，帝政の最末期，戊戌変法が
断行され挫折したまさにその年（1898 年）に刊行された労乃宣（1843-
1921 年）の『等韻一得』内篇所載の韻図などは，清朝の異民族統治下
における多文化状況を色濃く反映した汎世界的体系を構築しようとした
ものと言える。

　さまざまなタイプの韻図にはそれぞれの編纂意図なり使用目的があっ
たはずであり，そこからはそれらの置かれた時代性や学術の潮流を看取
することができる。そこで以下ではその一例として，『同文韻統』（1749
年成書）やそれと関連する著作に見られる汎世界性について検討してい
こう。

2.　乾隆の夢と「国書十二字頭」

　『欽定皇朝通志』（一名『清朝通志』）は，「七音略」を載せる鄭樵『通
志』（1161 年成書）を引き継ぐ形で編纂された『欽定続通志』（1785 年
成書）の清朝版で，清の開国から乾隆 50 年までの政治社会制度・自然
環境・学術文化等の沿革を記したものである。第 6 代皇帝・乾隆帝の勅
命により編纂され，乾隆 52 年（1787）に成立した。上述の「七音略」
という韻図は，実は鄭樵『通志』の「二十略」の 1 つを占めるものであ
るが，『皇朝通志』は形式的にはその『通志』「二十略」をそっくり独立
させ，これをそのまま清朝の諸制度の記述に充てたものである。両者の
項目は完全に一致するため，当然『皇朝通志』にも「七音略」が存在す
る。乾隆帝は満洲・モンゴルの固有名詞を音訳する際，対音に用いられ
る漢字が一定しないことを問題視し，その原則を定めるよう軍機大臣に
命じるなど（『欽定清漢対音字式』乾隆 37 年 (1772) 上諭），言語問題，
とりわけその規範化に対して強い関心を抱いていたものと思われる[15]。
したがって，その勅命により編纂された『皇朝通志』「七音略」（以下，
鄭氏の「七音略」と区別するために「清七音略」と呼ぶ）は皇帝，つま

14）陸志韋「記徐孝『重訂司馬温公等韻図経』」（原 1947 年。『陸志韋近代漢語音韻
論集』，北京，商務印書館，1988 年所収）等を参照。ただし，他方言を斟酌した面
も窺われる。

り清朝の公的な音韻観念を示すものと言える。

この「清七音略」は，これより先に成立した『欽定同文韻統』（以下，『同文韻統』）を下敷きにしており，ほとんどそのダイジェスト版といってよいものである。したがって，『同文韻統』の理論と構造を探ることこそ，当時の公的な音韻観念を明らかにする鍵になると言える。

そもそも清朝は満洲・漢土・モンゴル・チベット・東トルキスタンを支配するユーラシアの一大帝国であり，その治下の民族・社会の利害を調整し統一を図ることこそが「大清国（ダイチン）」の生命線であった。その領域は多元的な言語文化の社会であったが，帝国の理念の下で領域内の各言語，とりわけ満洲語・漢語・モンゴル語・チベット語という四言語の関係性を整理しその序列化を図ることは，支配者たるマンジュ人にとってきわめて重要な課題であったろう。後述するように『同文韻統』こそまさにそのひとつの答えであったと見なすことができるが，それは同時に乾隆帝の個人的な問題関心に基づいてもいる。彼の手になる「御書妙法蓮華経」識語（しご）には以下のように記す。

『妙法蓮華経』中の六つの真言（しんごん）（陀羅尼（だらに））を仏典の原文と照らし合わせると，音声や調子がほとんど調和していない。そもそも真言は梵語であって筆受（訳経において梵語を漢語に改めること）できるものではないから，訳経では梵語の発音をそのまま漢字に置き換えるのである。しかし，漢語と梵語は違うものであるから，字音をすべて調和させることはできず，伝え朗唱されるうちに誤りが生じ，やがて本来の姿を失ってしまったのである。そこで普善広慈大国師の章嘉（チャンキャ）胡土克図（ホトクト）に諮って再度校訂し，『同文韻統』の字音を用いて直音もしくは二合・三合・四合の反切で調音し，インドの本来の発音と一致させた。さらに自分で経文の下に梵字を書き入れ，本来の姿を留めるようにした。それより前，丙寅の年（乾隆 11 年（1746））に『楞（りょう）

15）下文参照。なお，彼の祖父である康熙帝も言語研究に並々ならぬ関心を抱いていたことはよく知られるところである。おそらくそのことも強く影響していよう。羅常培「王蘭生与『音韻闡微』」（原 1943 年。第 10 章注釈 20 所引『羅常培語言学論文選集』所収）を参照。

厳 経』の真言を書写したが，章嘉国師の校訂を経てはいるものの，
『同文韻統』が己巳の年（乾隆 14 年 (1749)）に完成してからは，す
べて仏典の合字（二合・三合等の反切）や音義に従ったので，それ（『楞
厳経』）よりもさらに整っている。だからこの書の真言を受け継ぎ，
すべてこれに従わねばならない。それでこそ中国一千年の誤りを取
り除くことができ，これを正すことができるのである[16]。

　チベット仏教に深く帰依していた乾隆帝は，本来サンスクリット原音
によって忠実に発音されるべき仏典の真言が，音訳された漢字の字音に
基づいて朗唱した場合，必ずしも原音——ただし，おそらくはチベット
語を媒介として復元されたサンスクリット語音——に忠実ではないこと
に強い不満を抱いていた。そしてそのような体験を通じて，漢字音と外
国語音とのより厳密かつ規則的な転写原則確立の必要性を痛感していた
ものと思われる。このことは『同文韻統』に皇帝が自ら寄せた序文から
も知られる。

　　我が朝廷は十二字頭によって広大な天下を統括しており，標音には
　　「合声切字」を用いているので，文字で表せない音は存在しない。
　　漢字では表せない音であっても，「合声」であればどんな音でも用
　　意して，ピタリと一致させることができる。誠にこれこそが同文の
　　最高法則なのである。かつて仏典に目を通していたとき，漢文の筆
　　受は漢土にあふれる一方で，真言は翻訳せずにインドの原音をその
　　まま写して，真諦（仏法の真理）を伝えようとしていた。だが僧侶た
　　ちが誦習しているのをよく聞けば，チベット僧が梵語の発音で読誦

16)「卷中六呪，考之梵夾本文，音韻句讀，率多齟齬。蓋眞言梵語，非可筆授，故
譯經時仍取本音，而華梵既殊，字律未能協，傳誦淆訛，展轉失實。爰命之普善廣慈
大國師章嘉胡土克圖，重加校定，用『同文韻統』字音，或正對，或二合，或三合四
合成音，乃與乾竺本来脗合。復親書梵文於句下，以存其眞。前是丙寅，書『楞嚴經』
呪，雖經章嘉國師正定，但『同文韻統』成於乙〔己〕巳，一遵梵乘合字音義，較彼
益備。嗣此書佛呪，悉當循用。于是而支那千載之訛，可廓焉，是正矣。」（『欽定祕
殿珠林續編』乾清宮藏一，『續修四庫全書』第 1069 冊，上海古籍出版社，1995 年）

するのとはまったく異なっている。これではわざわざ真言を翻訳しないでおく意味があるだろうか[17]。

そのために乾隆帝は，音韻に明るい荘親王・允禄（1695-1767 年。康熙帝第 16 子）を責任者に，チベット仏教の活仏であるチャンキャ・ホトクト（章嘉胡図（土）克図）三世，ルルペー・ドルジェ（1717-1786 年）を学術顧問として，チベット語を橋わたしとしながら梵語と漢語を会通させるべく「図譜」と「図説」の編纂を命じた（同・序文）。

ここで言及されている「十二字頭」とは「国書十二字頭」（あるいは「満文十二頭」）のことで，満州文字の一種の音節表である。満州文字はモンゴル字母を基礎として創出された音素文字であり，ヌルハチが1599 年にエルデニとガハイに命じて作成・頒布させた後（無圏点老満文），1632 年にホンタイジ（太宗）の命でダハイがこれに改良を加えた（有圏点満文）[18]。満州文字には 6 つの母音と 19 の子音を表記するための字母，そしてガハイが漢語語彙を表記するために追加した 10 個の特殊子音字母が含まれる[19]。

このような満州文字を満州人自身が習得するために編まれたのが十二字頭であると考えられている。これは満州文字を音節ごとに書き出し，それらを一定の規則に基づいて配列した一覧表であるが，その名の通り12 の「字頭」に分かれる。まず第一字頭では，18 の子音字母（n, k, g, h, b, p, s, š, t, d, l, m, c, j, y, r, f, w）[20] および 10 の特殊子音字母（kʻ, gʻ, hʻ, tsʻ, dz, ž, sy, cʻy, jy, ts(i)）と，6 つの母音字母（a, e, i, o, u, ū）との組み合わせを示し，続く第二字頭はそれら 28 の子音と 6 母音の後ろに

17）「我國朝以十二字頭，括宇宙之大，文用合聲切字，而字無遁音，華言之所未備者，合聲無不悉具，亦無不脗合，信乎同文之極則矣。間甞流覽梵夾，華文筆授，充牣支那，而咒語不繙，取存印度本音，以傳真諦。顧緇流持誦，迥非西僧梵韻，是豈説咒不譯之本意耶。」（「御製同文韻統序」，『同文韻統』，台北，新文豐出版公司，1978 年影印本）

なお，「合声切字」については後述。
18）河内良弘『満州語文語文典』，京都大学学術出版会，1996 年，ix 頁。
19）同・第 1 章。
20）ng は語頭に立たないので除外される。

-i を付した ai, ei, ii, oi, ui, ūi という母音字母との組み合わせを，以下，第三字頭は母音の -i を -r に取り替えるというように，音節末の音を -n, -ng, -k, -s, -t, -b, -o, -l, -m へと順番に取り替えていくことで，合わせて 1,300 程度の音節の綴りを示したものである[21]。

　十二字頭の成立については十分明らかではないが，その名は建国前後の歴史記録である『満文原檔』の記事に見えることから，清軍の入関（1644 年）に先立つ時期に，すでにこのような識字書が存在していたことが窺える。また，最初期とは言えないものの，比較的古い形を留めたものとして，沈啓亮『大清全書』に附刻された『清書指南』に含まれる「十二字頭」がある（1713 年刊）。これは標目に漢字を用いる以外，あとはすべて満州文字で書かれており，当初は教師が学童に口授する際に用いられた教本であったろうと推測されている[22]。

　一方，現在，張自烈（1598-1673 年）の編纂した『正字通』巻首には，同書の出版者である廖文英の次男・廖綸璣が編纂した「十二字頭」（図 11-2）が載せられている（廖「十二字頭引」，1670 年撰）[23]。その特徴は満州文字の右側に漢字で音注を付し，かつそれを「京韻」（引言では「北韻」），つまり北京音（あるいは北方音）で発音することを指定する点にある。この音注は，例えば第三字頭において，冒頭の 3 つの音節についてのみ音注を施し，後は「以下倣此」（「以下はこれにならえ」）と記すように，全面的に漢字による音注を施したものではないものの，「京韻」を習得していれば，読者は基本的にこの音節表の読音を推測することが可能であったと考えられる。このような構成からも，廖氏の「十二字頭」は明らかに漢人識字層を対象とした満州文字教則本と考えてよいだろう[24]。

　この十二字頭は，漢語音韻史においては李光地等奉勅撰『音韻闡微』

21）ただし，ii は二重母音ではなく単母音［i］で発音される。また ui と ūi, ao と oo はそれぞれ［ui］，［au］で同音である（注釈 18 前掲書 14 頁参照）。なお，満州語において音節末に立ちうる子音は，上に掲げた 9 つである。
22）以上，十二字頭の成立については馬騰「"十二字頭"与清代満文語学」（清史研究 2014：3）による。
23）古屋昭弘『張自烈『正字通』字音研究』，東京，好文出版，2009 年。

（1726年成書）による反切の改良との関係で語られることが多い[25]。なぜならこの欽定韻書には「合声切字」と呼ばれる特殊な構造を持つ反切[26]が多く採用されているが，これが他でもなく「国書十二字頭」から導き出されたものだと，その「凡例」第一条に高らかに謳われている

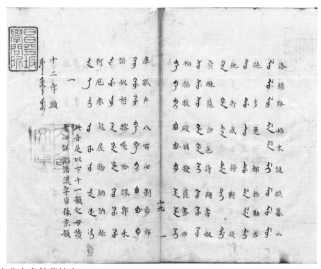

出典：国立公文書館蔵抄本

図 11-2　「十二字頭」

24）そのことは廖氏の引言からも知られる。「夫人不知滿語者，字雖工，僅得象形之表，徒知點畫，不能成言。不學滿字者，音未習驟學滿語爲難。故習字必先肖脣頰，而後語義可通也。何則。書分十二字頭，卽漢音之四韻，内載千三百餘字，卽漢字之六書。或以清書一音止有一字，蓋對未通滿語者言，非所論于滿字也。夫滿字必相連書，以成滿語，文意始見，而千變萬化，不可窮詰。（そもそも満州語を解さない人は，字は巧くとも，表面的な形や筆画を知っているだけで，言葉として理解することができない。満州文字を学んでいない者は，音を習わないうちから慌てて満州語を学びたがるが，それは無理な相談である。だから文字を習う前には必ず発音を真似するところから始め，その後はじめて言葉の意味がわかるようになるのである。それはどうしてなのか。この書物では 12 の「字頭」に分けているが，それは漢語の"四韻"（韻母は四声により四分されるため，このように言うか）に相当するのであり，またそこでは 1,300 あまりの満州文字を収録しているが，それは漢字の"六書"に相当するに過ぎない。満州文字は一音一字であるなどと言う人がいるが，これはおそらく満語を解さない人に言ったのであって，満州文字について述べたものではない。そもそも満州文字は必ず連続して綴られて満州語となり，はじめて意味が明らかとなる。（その字形は）様々に変化して極めることはできず，推測することも容易ではないからである。）」（「十二字頭引」）

からである[27]。ただし実際のところ，このような反切法が果たして本
当に十二字頭，即ち満州文字の"啓"発によるものかは疑わしい。『音
韻闡微』に先立つ呂坤『交泰韻』（1603年成書）・楊選杞『声韻同然集』
（1659年序）・潘耒『類音』（1712年成書）には，すでに『音韻闡微』の
合声切字と趣旨を同じくする反切が見られることから，このような反切
改良への動きはすでに明代から始まっていることが知られる。また，そ
の潮流には，『声韻同然集』が直接言及するように，イエズス会宣教師・
Nicolas Trigault（中国名：金尼閣）の『西儒耳目資』（1626年刊）が採
用したローマ字による漢字音表記の影響も当然無視することはできな
い[28]。しかしながら，『音韻闡微』の冒頭にそれでも「合声切法」が「国
書十二字頭」に基づくと宣明されているのは，単にそれが満州文字とい
う国家権力に裏付けられた支配者の文字であるというだけではなく，こ

25）例えば羅常培『漢語音韻学導論』（原1956年，『羅常培文集』第3巻，済南，
山東教育出版社，2008年所収）。

26）反切上字には帰字と四呼（開口・斉歯・合口・撮口呼）が一致するゼロ韻尾字
を，また下字にはゼロ声母（影母あるいは喩母）字を用いる（影母下字は清音声母
反切に，喩母下字は濁音声母反切に用いる）。具体例は注釈27を参照。
　ただし，純粋にこの方法で作られた反切は，『音韻闡微』全体の約12.5％を占め
るに過ぎない（注釈15所引羅常培「王蘭生与『音韻闡微』」による）。

27）「世傳切韻之書，其用法繁而取音難，本朝字書合聲切法，則用法簡而取音易。
如「公」字舊用「古紅切」，今擬「姑翁切」，「巾」字舊用「居銀切」，今擬「基因切」，
「牽」字舊用「苦堅切」，今擬「欺煙切」，「蕭」字舊用「蘇彫切」，今擬「西腰切」。
蓋翻切之上一字定母，下一字定韻，于於上一字擇其能生本音者，下一字擇其能收本
韻者，緩讀之爲二字，急讀之即成一音。此法啓自國書十二字頭，括音韻之源流，握
翻切之竅妙，簡明易曉，乃前古所未有也。（世に伝えられる音韻書は，用法が煩雑
で音を導くことが難しいが，本朝の字書が採用する合声切法（切字）は，方法が簡
便で容易に音を導くことができる。例えば「公」は古くは「古紅切」を用いていたが，
いま「姑翁切」を作った。同様に，「巾」は「居銀切」を「基因切」に，「牽」は「苦
堅切」を「欺煙切」に，「蕭」は「蘇彫切」を「西腰切」にそれぞれ作り替えた。
そもそも反切上字は声母を定め，下字は韻母を定めるものであるが，いま上字にそ
の音を生み出す字を，下字にその韻を終える字を選ぶことで，ゆっくり読めば二字
となり，素早く読めば一音となる。この方法は国書十二字頭から始まるもので，音
韻の源流を尋ね，反切の本質を掴み，平易簡明であるのはこれまでなかったことで
ある。）」（『音韻闡微』凡例一。光緒7年淮南書局重刊本，台北，学生書局，1971年
影印本）

28）注釈25所引羅常培『漢語音韻学導論』，同「『声韻同然集』残稿跋」（原1930年。
『羅常培語言学論文選集』所収），同「耶蘇会士在音韻学上的貢献」（原1930年。『羅
常培文集』第8巻，済南，山東教育出版社，2008年所収）。

れが清朝的言語世界を解釈する結節点として機能しているからだと考えられる。このことを具体的に示すのが，『同文韻統』の理論と構造なのである。

3. 束ねられた世界

　清朝の言語世界を端的に示すと考えられる『同文韻統』は，以下の六巻からなる（ゴチック体は「字譜」（字母表）であることを表す。字譜には便宜的に番号を付す）。

（一）　天竺字母説，**①天竺字母譜**（梵字と 蔵 ・満・ 蒙 ・漢の対応），同・後説

（二）　天竺音韻翻切配合字譜説，**②天竺音韻翻切配合十二譜**（梵語音節と蔵・満・蒙・漢の対応），同・後説，国書為華梵字母権衡説

（三）　西番字母説，**③西番字母配合十四譜**（チベット字母・音節と満・蒙・漢の対応），同・後説

（四）　天竺西番字母分陰陽説，**④天竺西番陰陽字二譜**（梵字及びチベット字母と，満・蒙・漢の「陰陽」別対応）

（五）　字母同異説，訳経高僧伝略，**⑤大蔵経字母同異譜**，同・後説

（六）　華梵字母合璧説，華言三十六字母・旧伝三十字母・梅膺祚三十二字母，**⑥華梵字母合璧譜**（三十六字母と梵字との対応），**⑦華梵合璧諧韻生声十二譜**（漢語音節表），同・後説

　『同文韻統』はサンスクリット語（「天竺」）・チベット語（「西番」）・満州語・モンゴル語・漢語（「華言」）の5言語間の字母・音節を対照させ，これらを論理的に紐付けることを意図したものと見ることができる[29]。例えば**図11-3**『同文韻統』巻一・「天竺字母譜」（すなわち上掲

29）ただし，版本により扱われる字母に違いがある。図11-3は上海商務印書館が民国20年（1931）に影印・刊行した「乾隆内府原刻本」を，新文豊出版公司（台北）が1977年にリプリントしたものであるが，ここでは最大5言語の5字母が扱われている。一方，四庫全書本等では字譜①②③④からモンゴル字母が，字譜②④ではさらに満州字母も省かれている。この点では「清七音略」は後者に一致する。

の①。以下，字譜は数字で示す）は，梵字を「音韻（摩多，即ち母音文字）十六字」と「翻切（体文，すなわち子音文字）三十四字」に分け，それぞれ 5 種の字母を対応させたものである。字母は上から順に梵字（ランジャナー文字）・チベット文字・満州文字・モンゴル文字（アリガリ文字）・漢字の順で配列されている。②は梵語の音節について同様の対応を示したものだが，そこではすでに梵字は省かれている[30]。先に見た「御書妙法蓮華経」識語や『同文韻統』序文からも知られるように，乾隆帝が本書の編纂を命じた理由は，真言のサンスクリット原音を漢字転写する際の正確性と規範性を追求することにあった。しかし，同書におけるサンスクリット原音はすべてチベット文字に転写されたものに基づいており[31]，言うなれば本書はチベットを結節点として天竺と中国を結びつけようという試みと言える。

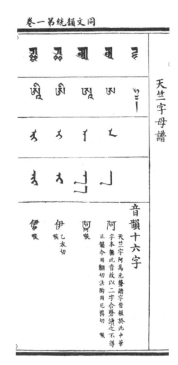

出典：新文豊出版公司（台北）影印本
写真提供：ユニフォトプレス
図 11-3　『同文韻統』巻一・「天竺字母譜」

30）同書で梵字が出てくるのは①に限られ，②以下ではいずれの版本とも梵字はすべて⑤に規定された「欽定天竺字母」（漢字表記）に置き換えられている。

31）「阿努所譯天竺字母，字雖唐嚇之字，而音則實悉天竺之音，然則欲得天竺字之本音，舍唐嚇之字，其奚從歟。今将唐嚇所譯天竺字韻翻切配合所生諸字，依其配合之法，用中土之字對譯成譜。（阿努（トンミサンボータ。伝承ではチベット文字の創出者の一人）が音訳した天竺の字母は，文字はチベットのものだが，音はすべて天竺の音である。したがって，天竺本来の音を求めようとするならば，チベット文字に基づく以外に術があるだろうか。いまチベット文字で音訳された天竺の母音・子音の組み合わせからなる諸字母を，その結合方法に則り，中国の文字によって音訳し字譜を作成する。）」（天竺音韻翻切配合字譜説）

なお，「唐嚇」は tanggūt（モンゴル語起源のチベットの呼称）を意味するが，「嚇」は gūt を音写した「合声切字」である（下文の「鷁」等も同じ。なお，ここでは原文に従って縦に配置した）。

　次に，チベット字母及び音節と他言語との対応関係を示したのが③である。このうち第一譜は梵語における①に相当し，チベット字母と満・蒙・漢の対応が示され，さらに漢字による対音には梵語との異同が注記される[32]。第二譜以下は梵語における②に相当する。なお，④は梵語とチベット語をそれぞれの基準として，各字母の「陰陽」を示したものである[33]。

　続く⑤は，「欽定天竺字母」と各漢訳仏典における梵語字母の異同表であり，「欽定字母」に歴史的な正当性を付与することを意図したものと思われる。ただし，上述したように，実際にはそれらはチベット文字音写に基づき定められたものである。

　巻六に載せられた⑥と⑦は漢字音についての字譜であり，この書物のもっとも主要な部分と言えよう。このうち⑥は三十六字母と梵語字母との対応を示したものであるが，その前提となるのは，鄭樵「七音略」に記された三十六字母の起源が西域にあるという伝承である[34]。本書はこれを根拠に，三十六字母が梵語字母から生み出されたと見なし，嘠→見母，喀→渓母，噶→群母，㘝→疑母等の字母の生成関係を示す[35]。

32）①では梵語硬口蓋破擦音（ca, cha, ja, jha）に対してチベット字母の歯茎破擦音（tsa, tsha, dza, dzha）が充てられているため，③においてチベット語の硬口蓋破擦音に対応する梵字は存在しないことになる。そこでこれらに対しては䶞（ca）・䶟（cha）・䶠（ja）という特別な字母が与えられ，「歯頭」との注記が添えられている。この問題については，羅常培「梵文顎音五母的蔵漢対音研究」（原1931年，前掲『羅常培語言学論文選集』所収）を参照。
33）「蓋陽本清也，而其音則自清而之濁。陰本濁也，而其音則自濁而之清。此陰陽交互之義也。（そもそも陽が本来は「清」であり，その音は清から濁へと向かう。また陰は本来「濁」であって，その音は濁から清へと向かう。これが陰陽交替の道理なのである。）」（天竺西番字母分陰陽説）
34）『通志』「七音略」（七音序）「七音之韻，起自西域，流入諸夏，梵僧欲以其教傳之天下，故爲此書。雖重百譯之遠，一字不通之處，而音義可傳。華僧從而定之，以三十六爲之母。重輕清濁，不失其倫，天地萬物之音，備於此矣。（七音の調べは西域に起こって中国へともたらされたものであり，インド僧がその教えを広めようとしてこの書物（韻図）を作った。（この書があれば）何度も翻訳を重ねなければならないような遠方や，一字も通じない土地であっても，音と意味を伝えることができるのである。漢人僧はそのやり方に従って三十六の字母を定めたのである。軽重や清濁はその秩序を乱さず，天地万物の音はここに備わったのだ。）」
　なお，このような字母西域起源説の与えた社会的影響については第10章第2節を参照。

　⑦は漢語音節の一覧表であり，一種の韻図である。その特徴として以下の点を指摘できる。

Ⅰ．字母による音節生成原理

　梵語やチベット語では子音字母に a 相当の母音が含まれており，それが他の母音に交替したり，あるいはさらに別の音素が加わったりすることで文字を派生させ，音節を生成する。梵語では体文がそうであり，満州語では第一字頭がその役割を担う。つまり，そこには，字母とは一切の「字」（文字及びそれらが表す音節）を生み出す「母」だという世界観が横たわっている[36]。一方，漢字はそうではない。漢字は「文」を基本単位とし，それが組み合わされて「字」を構成するのであるから[37]，文字の構成原理が梵語・チベット語や満州語とはまったく異なる。このような漢字によって表される漢語の音節を，字母を基軸とした世界観によって再構築した。

　図 11-4 は『同文韻統』巻六「華梵合璧諸韻生声十二譜」の第二譜である。最上部一行に梵語字母が示され，そこから韻母を四呼の順に取り替えていくことで，音節が次々と生み出されることを示している。また下文のⅢ．に示すように，第三譜以降は 2 つの主母音（a と e）と韻尾が規則的に交替していくことで，音節の生成が説明されている。これは「十二」という数も含め，国書十二字頭の原理と完全に一致する。

35）知組に対応する梵語字母は存在しないと見なされ，チベット字母の漢字転写である齃・鷬・齃・鷾が充てられる（注釈 32 を参照）。また，本来梵語には存在しない唇歯音である非組に対しては，㷮・䚟・㷮（・斡）が充てられる（ただし「夫」等は小字で表記される）。また三十六字母の濁音のうち，梵語に対応する音が存在しないものについては，「濁」の表記が付される。

36）「七音略」（七音序）「獨體爲文，合體爲字，漢儒知以説文解字，而不知文有子母。生字〔子〕爲母，従母爲子，子母不分，所以失制字之旨。（独体のものが「文」で，合体のものが「字」であり，漢代の儒者はそれによって文字を解釈することを知っていたものの，文に母・子があることは知らなかった。子を産むのは母であり，母に従うのは子であって，母と子は離れることができない。だから造字の原理を掴み損ねたのである。）」

37）「文」は単体の漢字で，一般には象形・指事により造字されたもの。それ以上分解しては独立した漢字としては機能しない。一方，「字」は「文」を組み合わせて造字されたもので，形声・会意がそれに当たる。

Ⅱ. 五母音体系

　文字の生成過程は字母を起点とするのだが，その一方で言語音の生成過程は5つの母音を起点とする。その根本にあるのは梵語の母音のうちで「単字」とされた阿（a）・伊（i）・烏（u）・厄（e）・鄂（o）であり，これはその類推過程からあえて言及されていないものと思われるが，チベット語の五母音体系とも一致し，かつ満州語の六母音のうちの5つ（阿・厄・伊・鄂・烏）に相当すると見なされる。さらにこれを漢語に適応した場合，oを取り消してその代わりにi＋u→iuを立て，阿（a）・厄（e）・伊（i）・烏（u）・兪（iu）の五母音をその母音体系の基本要素と考える[38]。これによって梵・蔵・満・漢の諸言語はすべて五母音体系ということになる。

Ⅲ. 漢語の音韻体系に対する考察

　⑦に示される漢語の韻母体系は，次頁の表のようにまとめることができる。

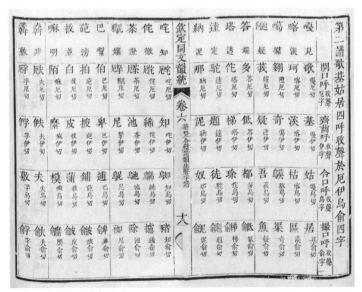

出典：バイエルン州立図書館蔵本
写真提供：ユニフォトプレス

図11-4　『同文韻統』巻六「華梵合璧諧韻生声十二譜」第二譜

	(5) 山	(7) 宕	(11) 效	(9) 蟹	(3) 假
陽	an[an] ian[iɛn] uan[uan] iuan[iuɛn]	ang[ɑŋ] iang[iɑŋ] uang[uɑŋ] *iuang*	au[ɒu] iau[iɒu] *uau* *iuau*	ai[ai] iai[iai] uai[uai] *iuai*	a[ɑ] ia[iɑ] ua[uɑ] *iua*
	(6) 臻	(8) 通	(12) 流	(10) 塁	(4) 果
陰	en[ən] ien[in] uen[u(ə)n] iuen[iun]	eng[əŋ] ieng[iŋ] ueng[ʊŋ] iueng[iʊŋ]	ou[əu] iou[iəu] *uou* *iuou*	ei[ei] *iei* uei[uei] *iuei*	e[ɛ,ɔ] ie[iɛ,iɔ] ue[uɛ,uɔ] iue[iuɛ,iɔ]
					(2) —— 止　i[i,ɿ,ʅ] 祝　u[u,ʮ] iu[iu,y]

【補　足】
・(2)〜(12)は⑦の第何譜であるかを示す（第一譜は総表であるので除外する）。
・「山」や「臻」は徐孝『重訂司馬温公等韻図経』の摂を表す（(2)と(4)は各二摂に対応する）。また [ ] は注釈14所引陸氏論文の推定音価である（ただし一部修正）。
・イタリック体は体系的なすきまを表す（ただし⑦はそれをすきまと見なすわけではない）。

　韻母体系は北方方言のそれに基づいて分析されており，『等韻図経』や十三轍の体系と基本的に一致する[39]。またそれが基づく分析の枠組みは，「四呼」・「六部」・「陰陽」の３つである。

38)『同文韻統』巻六「華梵合璧諧韻生声十二譜後説」「至其諧韻生聲，則壹本於天竺字母之音韻字。前卷言天竺字母音韻十六字，惟阿伊烏厄鄂五字爲單字，與國書十二字頭第一部阿厄伊烏鄂五字相對，諸字皆從此出。今以切韻諧聲，則阿厄伊鄂烏五字之内，無撮口呼之音，而鄂字與厄字同韻，又與烏字同爲合口呼，故鄂字不用。惟「音韻翻切配合字譜」内，鴉字配烏字成兪字，爲撮口呼。鴉字爲五類後第一字，兪字爲撮口呼第一音，與十二字頭第一部之約兪相對，故阿厄伊烏兪五字爲韻首。（音節の生成については，すべて梵字の摩多（母音字母）に基づく。前卷に述べたように，摩多の 16 字のうち阿・伊・烏・厄・鄂が単独の音で，国書十二字頭・第一字頭の阿・厄・伊・鄂・烏に対応し，すべての字はここから生み出される。いまこれを漢語音節に適用すれば，阿・厄・伊・鄂・烏の中に撮口呼は存在しない一方で，鄂と厄は同韻である上に，鄂と烏はともに合口であるから，鄂は用いないことにする。ただし「（天竺）音韻翻切配合字譜」で「鴉」は「烏」と組み合わさって「兪」となり，撮口呼（の音）となる。「鴉」は（体文）五類の直後に来る字母で，十二字頭第一字頭の「約（yo）」や「兪（yu）」に相当する。だから，阿・厄・伊・烏・兪を先頭に掲げるのである。）」
　なお，撮口呼は主母音もしくは介音に [y] を持つ韻母を指す。また「鄂」は梵語のoに対応させるため，合口相当の烏倭切で読まれる（①の注）。

224

　上表では各類が4段に分かれているが，これが「四呼」であり，それぞれ上から順に開口呼（介音ゼロ）・斉歯呼（-i-）・合口呼（-u-）・撮口呼（-iu-）と呼ぶ[40]。四呼はこの時代すでに一般的となっていた韻母の分類方法であり，『康熙字典』（1716年成書）巻首の韻図「字母切韻要法」でもこれを採用している。

　次に「六部」とは，韻尾による韻部の分類であり，上表の各列がそれに相当する。すなわち，上表は右欄から左方向に韻尾がゼロ，-i, -u, -ng, -n となっており，これに韻尾 -m を加えると「六部」となる。ただし，⑦では -m が省略されている[41]。

　さらに「陰陽」は主母音による分類で，a が「陽」，e が「陰」に相当する。主母音がa系か非a系かによって韻母が二分できることは，おそらくかなり古い段階から気づかれていた事象であり，韻尾の強弱など韻母のさまざまな音声的性質にも関連する事柄であった[42]。⑦ではこれを「陰陽」の用語で表現し，韻母の分類法として全面的に採用する。なお，⑵は対応する陽を持たないという点で特別な地位を与えられている。

Ⅳ．標音方法の全能感

　用いられている標音方法は合声切字であり，見かけ上は確かに反切の如くである。例えば「歌」は嘎厄切で標音され，ka + e → ke であるので反切の条件を満たしている。また，同じく声母 k- を表す反切上字でも，開口呼帰字反切には「嘎」，同じく斉歯呼には「基」，合口呼には「姑」，撮口呼には「居」を用いるといったように，上字と帰字の四呼を一致させる工夫が施されており，まさしく口唱の容易さを考慮している

---

39) 相違点は，『等韻図経』と十三轍では各二部に分かれている⑵と⑷を，⑦がそれぞれ1つにまとめている点である。ただし，⑷については『等韻図経』と十三轍の間でも分韻が一致しない。
40) 図11-4も参照。なお，斉歯呼以下では主母音がそれぞれ i, u, iu のものも含める。
41)「華梵合璧諧韻生声十二譜後説」によれば，-n 類と同様に扱えることを理由に挙げるが，北方方言に -m 韻尾が存在しないことや，何より「十二」という数を遵守することが念頭にあったと推測される。
42) 頼惟勤「中古中国語の内・外について」（原1958年。『頼惟勤著作集Ⅰ　中国音韻論集』，東京，汲古書院，1989年所収）を参照。

かの如く見える。

　しかし，ここでの標音方法の本質は，徹底した漢字の表音文字的用法だと考えられる。

　本表では1つの音類には基本的に特定の漢字が割り当てられ，他の文字が用いられることはない[43]。例えば声母 k-（開口呼）は「嘎」で，韻母 -an は「安」で表すといったように，音類と文字が一対一で対応している。また，ここで与えられている反切の構造は，単純な加算法で成り立っていると判断できる。例えば漢語には存在しない「鰯」(iuang[陽平])を表す反切として兪鰯切が与えられているが，これは単純に兪（ゼロ）[44] ＋兪 iu ＋昂 ang を合算したものであり，実際の口唱を前提としたものではない。

　このような標音法は①～③でも用いられており，諸言語を統一的に標音＝記述する万能のツールと捉えられていたに違いない。

V．古今南北を束ねる普遍の体系

　一言語の枠を越えた体系の普遍性を保証するのは，彼らが諸言語に共通のものと考えた音節生成のメカニズムと，音韻の空間的・時間的変異を包摂するような不易の体系である。前者は I. に述べた字母による音節生成原理であり，後者は等韻学を通じて認識された言語の“一般性”——もちろんそれは真の意味での一般性ではなく，いわばその視野に入るものだけを意図的あるいは無意識に取捨選択した上での一般性であるが——に対する認識である。⑦に対する補足説明である「華梵合璧諸韻生声十二譜後説」に，次のように述べる。

　　そもそも古今南北の音が異なるというのは，本来そうだというだけである。梵字は五十字，チベット字母は三十字で，漢語とは字母も音節もその数はどちらも一致せず，どの字がどの字から生まれたといった説明もこれまではなかった。いま古今南北の音韻を考究すれ

---

43)　もちろんその文字自身が帰字となるような反切は例外である。例えば「嘎　歌阿切」など。

44)　「兪」は「阿濁」，すなわち三十六字母の喩母である。これは⑦の体系ではゼロ声母の陽調（中古の濁音声母字に由来する調類）を表す。

ば，発音はそれぞれ異なるものの，声母は七音に収まり，韻母は六部に収まり，等呼は四等に収まり，声調は四声に収まる。……ここ（字母のこと）から韻母に基づいて等呼を，さらに等呼に基づいて文字を求めて行くならば，梵字から漢語へと遷移して，必ずぴったりと合う音を求めることができる。例えば「見」字は先韻「堅」字の去声であるが，（梵字字母の）嘎から（漢語の）-an 類へと遷移し，それは -an, -ian, -uan, -iuan という音で終わる音節であるから，開口呼は「干」，斉歯呼は「堅」，合口呼は「官」，撮口呼は「涓」がそれぞれ求まり，さらに「堅」を去声で発音すれば，「見」字を求めることができるのである。……これは漢語字母であっても梵字であっても一つの原理で貫かれている点である[45]。

　ここに述べられている「見」字の読音を求める過程は，等韻学におけるいわゆる「射字」と瓜二つであり，違いは単にその出発点が三十六字母なのか，あるいは梵語の体文なのかという点にあるに過ぎない。一方，「七音」・「六部」・「四等」・「四声」といった等韻学上の分類に対しては，音韻分析における一般的かつ普遍的な枠組みとしての地位が与えられ，いずれの言語もすべてその枠内で分析可能な対象とされる。つまり，諸言語はその枠組みに流し込まれることによって可視化されると同時に，その中に収まることによって同質化されるのである。

　さらに言えば，この"普遍的"な枠組みは，単に「南北」，即ち言語の共時的な偏差に対して適応可能なだけでなく，「古今」，すなわち言語の通時的な偏差に対しても適応可能なのである[46]。

45)「蓋古今南北音呼不同，固有然已。天竺字母五十字，西番字母三十字，與華言字母聲韻多寡皆不同，其某字出於某字自來未有明説。今按古今南北音韻呼法雖各不同，然音不過七均，韻不過六部，呼不過四等，字不過四聲。……由是按韻尋呼，按呼求字，則以梵字入於華韻，展轉求之，無不脗合。如見字爲先韻堅字之去聲，以嘎字入寒刪先韻，用安焉彎淵四字收聲，則開口呼爲干，齊齒呼爲堅，合口呼爲官，撮口呼爲涓，由堅字呼去聲，即得見字。……此華梵字母所爲一以貫之者也。」(『同文韻統』巻六)
46) 清朝で隆盛した古音学（上古音研究）が今韻（中古音）の枠組みの中で議論されていたというのも，このような音韻観に基づくと考えられる。

他者は自らの亜種として存在し，自他の間に横たわる偏差は，自らの枠組みの中で解消することができる――『同文韻統』はそのような世界観の存在を示している。

　清朝の言語世界において頂点に立つのは，あくまで支配者の言語である満州語である。したがって，『同文韻統』が果たすべき役割は，チベット語を結節点として梵・蔵・漢の三言語を結びつけることと同時に，あちら側にある漢語を，満州語を中心としたこちら側の世界に位置づけ，自らのコントロール下に置くことでもあった。字母による音節生成原理の提示はその苦心の産物であり，これこそが『同文韻統』が提示した清朝の言語世界の根幹に位置する原理である。そしてそれはまさに上述したように，国書十二字頭の原理を援用することで可能となったのである[47]。

4.　拡大する世界の終極―終わりに

　上文でもその名にふれた労乃宣『等韻一得』は，清朝の命脈がまさに尽きようとしていた 19 世紀末に著された等韻学の著作であるが，その内容は『同文韻統』や「清七音略」の世界観を集大成したものと見なすことができる。その労氏の自序（1898 年）にはこの書の出版に至るいきさつが述べられているが，そこでは羅豊禄（1850-1901 年）と沈曾桐（1853-1921 年）という 2 人の友人の名を挙げて，この書が「西学」や「外国語言文字」を「習学」する上でいかに有益であるかを縷々説かれ，強くその出版を勧められた旨を記している。時代は中国が西洋の衝撃にいかに対処すべきかを模索していた時期であり，社会体制の改革と新知識

47）「清七音略」ではその点を明確に認識し，その冒頭に国書十二字頭を掲げ，諸言語を統括する首座に置くことを宣明する。四巻からなるこの書は，以下の構成を取る（*はいま仮に表題をつけたもの。それ以外は原題）。
　　（一）　*国書十二字頭
　　（二）　天竺字母説・字母譜・字母後説，天竺音韻翻切配合字譜説・十二譜・後説
　　（三）　華梵字譜（華梵字母合璧譜，華梵合璧諸韻生声十二譜）
　　（四）　*書目

の吸収は支配者層にとって焦眉の課題であった。そんな時代にあって，前節に述べた『同文韻統』の世界観をより理論的に突き詰めたこの書物が，“世界”を知るための書として待ち望まれたというのは皮肉なことである。

　周囲のこのような声に対し，労氏自身は次のように述べて，その要望に応えることこそ自らの責務であると決心する。

　　そもそも乃宣（私）は西洋の文章を読むことも，話すこともできない。この書物はひとえに中国の同文の言語に基づいて判断したものであって，西学とは何の関係もない。両君子（羅・沈両氏）はみな西学に有益と言うのだが，まったくそうとは思えない。けれども，いったいどこに声母や韻母や声調が存在しない言語などあるだろうか。声母・韻母・声調の論理に精通することは，世界中どこでも必要なことなのである[48]。

　いみじくも労氏が自らの言葉で語っているように，清朝的な言語世界観，すなわち「同文」は，無条件に世界全体へと拡大しうるものとして設定されていた。もちろんそれは政治権力と一体化することではじめて有効となる解釈体系ではあったものの，それ自体が等韻学という伝統的学術に根ざすが故に，曲がりなりにも同時代人に受け入れられるとともに，その世界観を規定してきた。しかし，他の多くの社会的・文化的制度がそうであったように，巨大な“衝撃”を前にして，「同文」の世界観もまた大きな壁に行く手を遮られたのである。

　そうした時代にあって，そこに生きる人びとに求められたのは，その壁をより頑丈なものにすることではなく，それを乗り越え，新たな地平を切り拓くことであった。

---

48)「夫乃宣目不能識西文，口不能道西語。是編所論專以中國同文之音爲斷，與西學無涉也。而兩君子皆謂有益於西學，誠不敢信其然。然無問何地方音舉不能無母與韻與聲。熟於母韻聲之條理，四海五洲莫能外也。」（『等韻一得』内篇・序）

発展的課題

1. 歴史的領域としての中国では，さまざまな異文化が域外から持ち込まれると同時に，中国の文化が今度は異文化として域外に持ち出され，そこを自らの領域に組み込むということが行われてきた。前者の代表がインドに由来する仏教文化だとすると，後者の様相は満洲族の漢化という現象に典型的に見ることができる。以下の 2 冊の書物を読みながら，これについての理解を深めよう。
   ・船山徹『仏典はどう漢訳されたのか——スートラが経典になるとき』（東京，岩波書店，2013 年）
   ・庄声『帝国を創った言語政策——ダイチン・グルン初期の言語生活と文化』（プリミエ・コレクション 71，京都大学学術出版会，2016 年）

参考文献

● 本文および脚注で引用した諸文献を参照のこと。

12 | 東アジアの中での日本の言語文化
——「あいさつ」をめぐって

滝浦　真人

《**本章の目標＆ポイント**》　人的交流の点でも文化的関係の密接さでも共通基盤が大きいはずの東アジアの言語文化を比べたとき，なぜか日本だけ大きく異なっているように見えることが多い。なぜそうなったかの背景要因を日本の近代化過程に探りつつ，じつは日本の言語文化自体も多層的であること，そして人為的に上書きされた「作法」の影響が大きいことを見る。
《**キーワード**》　あいさつ，中国語／日本語，人間関係，定型／非定型，言語と作法の近代化

1. 自分を知ることのむずかしさ

　自分について，気になることや悩みがないという人は珍しいだろう。なぜ自分はこうなのか？　なぜ自分はそうできないのか？　自分もああなりたい……，と挙げていけばきりがないほど，自分についての意識を人びとは強く持っている。もう一段掘り下げてみると，この「自意識」と呼ばれるものには2つ特徴がありそうで，ひとつは，内容的に，ポジティブなものもあるが，（ともするとそれ以上に）ネガティブなものが（も）意識されやすいように思われること，もうひとつは，そのことの背景でもありそうなこととして，自意識とは，じつは他者の目に映る自分を自分が見て感じることで作られていく面が大きいように思われること，である。上で「こう／そう／ああ」と指示詞で示されていたものは，他者からの反照によって気づかされた自分についての意識の表れだと言っていいだろう。一言でいえば，生きていくなかで人は，強烈に他者を意識している。

　人と人との関係から少し比喩的に拡張して，「自文化」というものに対する意識のことを考えてみよう。文化についての自意識（それを「自

文化意識」と呼ぶこともできる）もまた，上で見たような自意識と同じ
ようなものとして捉えることができるだろうか？　少し考えてみると，
微妙に事情が違っているように思われてくる。自文化を語るときに他文
化に対する意識が干渉してくる点では同じかもしれないが，自文化に関
する言説はしばしば自己肯定的なトーンを帯びている。言い換えれば，
「自文化のよさ」については不問の前提だったり，それどころか"誇る
べきもの"として捉えられていることが多い一方で，他文化に対する評
価はしばしば両義的となりやすい[1]。個人と文化との間でこのような違
いが生じてくる原因としては，すでに確立した文化の中には，善悪や好
悪に関する固有の価値尺度ができているため，その尺度を他文化に対し
ても適用して（しばしば自文化に有利な）評価を下しやすいのに対して，
個人対個人の場合には，両者ともに同じ共同体内で生かされている"プ
レーヤー"にすぎない面があることによって，他者の優位性をも意識せ
ざるを得ないといった事情があるように思われる。

　さて，本章で扱う「言語文化」もまた文化のひとつであるので，文化
のもつこうした厄介とも言える面がついて回る。言語の仕組みそのもの
ならともかく，言葉を用いて人が何を為すか？という語用論的な側面に
なればなるほど，文化的な価値尺度がより関与しやすくなる。ことに，
人を呼んだりあいさつしたり，感謝したり詫びたり，頼んだり誘ったり，
応じたり断ったり，褒めたりけなしたり，等々の「言語行為」すなわち
"言葉で行為すること"になると，自文化におけるそれらのやり方は疑
問をもつことなく当然のことと自明視しつつ，他文化においても「当然」
同じようなやり方が採られているものと思い込む傾向が強くなる[2]。何
かのきっかけで他文化のやり方が異なると知った場合，自文化の価値尺
度を適用して，自文化が不利にならないような評価を下すといった防衛
的な反応も生じてくるだろう。そうした蓄積によって，自文化や他文化

1）日本の場合，西洋文化に対しては，追いつきたい憧れとしての地位を認める一方，
アジアの，それも隣接する東アジアの文化に対しては，露骨な「反韓」「反中」の
ヘイトを極致とするようなネガティブな評価を平気で行う二面性が強く見られる。
2）それが，自文化を相対化しなくて済む最も簡便なやり方であると言える。

について常套的に語られる言説も生まれてくる。その典型的な例が次のようなものである。

　　日本人はあいさつを大切にする。

　　中国人は謝らない。

こうした言説自体，文化摩擦を生みかねないものだが，言説としての真偽だけでなく，言説の背後に透けて見えてくる思想——この場合なら，日本人が「大切」だと思っているものが何なのか？——について考えることも必要になってくるかもしれない。

　そこで，以下，「あいさつ」という言語行為に焦点を当て，現在の日本人的感覚からすればかなり隔たりが大きいように見える中国語話者たちの言語表現と内省を手がかりにしながら，言語行為を通して，まず他者を知る試みをしてみたいと思う。その後，隔たりの大きさをめぐって，いくつかの角度からの検討を通して，自己についての，あまり意識されていないかもしれない面を浮き彫りにすることを試みたい。

2.「あいさつ」とは何か？　—中国語の場合—

　「日本人はあいさつを大切にする」，この言い方を疑う日本人はあまりいないだろう。全国の小学校では「あいさつ運動」の横断幕が掲げられ，朝の登校時など，いくつもの「おはようございま〜す！」の声がこだまする……。こうした風景を「あいさつ」の原イメージとして思い描いてしまうと，ここで見ていくような中国語的なあり方は，「あいさつ」的でないものとしか映らないかもしれない。

　以下，中国語母語話者の大学院生 18 名を対象に行った調査で，3 つのあいさつ場面で自分ならどう言うか（どうするか）について書いてもらった結果を検討する[3]。まず，3 つの場面を確認しておこう。

3）2020 年度に法政大学大学院国際日本学インスティテュートで行った「日本語の性格 II」の授業に参加していた受講生（18 人全員が中国人留学生）の協力を得た。記して感謝します。学生たちの出身地は，比較的南方が多いが，北方もある。

《**場面①**》朝起きて最初にお母さんと会ったとき
《**場面②**》学校へ行く途中で親友に会ったとき
《**場面③**》学校へ行く途中で担任の先生に会ったとき

　相手との人間関係が3場面で異なっており，親疎関係と上下関係で分けるとしたら，「母」＝［親・上］，「親友」＝［親・同］，「担任の先生」＝［非親・上］，のようになる。

● 《**場面①**》［親・上］でのあいさつ
　《**場面①**》の結果（自由記述，複数回答）は次のようにまとめられた。出現数の多かった順に，例（と日本語訳）を添えて示す[4]。

1. 朝ご飯が何かを尋ねる　　　　　　　　　　　　10
・今天吃什么呀。（今日何を食べる？）
・妈妈，今天早上吃什么？（母さん，今朝は何を食べる？）

2. いろいろなことを言う　　　　　　　　　　　　7
・你起好早啊。（起きるの早いね。）
・妈，我醒啦。（母さん，私起きたよ。）
・我饿了。（お腹空いた。）

3. お母さんが何かを言ってきて答える　　　　　　6
・妈妈：快去洗漱吃饭了。（母：早く顔洗ってご飯食べな。）
　我：喔。（私：うん。）
・妈妈：昨天睡好了吗？（母：昨日はよく寝た？）
　我：睡好了。（私：よく寝た。）

4. 何も言わない　　　　　　　　　　　　　　　　3
・無言でご飯を食べる
・手を振る

───────────────
4）回答は，中国語とその直訳的な日本語で書いてもらったが，特に日本語訳の部分について，法政大学大学院博士後期課程の沈雪君さんにコンサルタントとしてチェックをしていただいた。厚くお礼申し上げます。

5. 時間や天気を尋ねる　　　　　　　　　　2
・妈，现在几点了？（母さん，今何時？）

6. 定型のあいさつ言葉を言う　　　　　　　2
・早。（おはよう。）

7. 声かけをする　　　　　　　　　　　　1
・嗨！（ハイ！）

　実際にはこれらが単独の形で表れるとは限らず，2つの組み合わせもあるので，多少複雑になる。さらには，これらの全体に被さるような格好で，相手を呼ぶ「呼称」が多く用いられていた（出現数も7とかなり多い）。

　いくつかの類型から，全体の特徴を検討してみる。日本語の場合と決定的に違うのは，「おはよう」のような "定型" のあいさつ言葉がかなり稀であること，その代わりに，「朝ご飯何？」と尋ねることや，自分や相手に関するいろいろなことを言う "非定型" の言葉があいさつ的に機能していること，である[5]。また，「何も言わない」との回答も一定数必ず出てくる。他方で，現在の日本語において，家庭内の定型あいさつ「おはよう」に対する作法的・規範的圧力がどの程度強いかは別に調査が必要な事柄かもしれないが，親など片方が「おはよう」と声をかける一方向的使用も含めれば，使用率はかなりになるものと推測する。

●《場面②》［親・同］でのあいさつ
　次に，《場面②》学校へ行く途中で親友に会ったとき，の結果を同様にまとめる。

1. 声かけ　　　　　　　　　　　　　　　12
・嘿（ヘイ），嗨（ハイ）

---

5) 中国語でも韓国語でも，あいさつとして「ご飯食べた？」式の表現が広く用いられることとも通じ，社会的人間にとって「ご飯」が根本的に重要であることの表れと見たくなる。中国語における非定型的あいさつについては，施（2007）も参照。

2. 相手のことを聞く　　　　　　　　　　10

・你吃饭了吗?（ご飯食べた？）

・你剪头发啦。（髪切ったね。）

3. 呼びかけ　　　　　　　　　　9

・相手の名前／苗字／フルネーム／ニックネーム

・兄弟。(bro[6])

4. 何も言わない　　　　　　　　　　6

・無言で相手の肩や尻を叩く

・手を振る

・後ろからこっそり近づいて驚かす

5. 誘う　　　　　　　　　　5

・一起走啊！（一緒に行こう！）

6. 自分のことを言う　　　　　　　　　　4

・我把作业做完了。（宿題終わったよ。）

・我昨天 12 点才睡，看动画片去了，好困哦。

　（昨夜 12 時頃寝たの，アニメ見たんだ。眠い。）

7. 共通のことを言う　　　　　　　　　　3

・好巧呀。（偶然だね。）

・今天有数学课诶。（今日数学の授業があるね。）

8. 定型あいさつ（正式）　　　　　　　　　　2

・早。（おはよう）

9. 定型あいさつ（略式）　　　　　　　　　　2

・hello。（ハロー）

10. 笑い合う　　　　　　　　　　2

11. 汚い言葉をかける　　　　　　　　　　1

・草，傻逼，你妈的。（ファック，野郎，クソったれ[7]。）

---

6)「女同士で」とのコメントが付いていたが，コンサルタントが知り合いに当たっても誰も聞いたことがないとのことで，かなり個人言語的な例だろうとの説明だった。なお，男同士であれば使うとのこと。

　きわめて多様性に富み，形式性が回避されていると言える。非定型への傾きは明らかで，相手／自分／共通のさまざまなことを言うことがあいさつ的に機能している。さらには，そうしたことをただ言うのではなく，声かけや呼びかけによってまず人間関係を確認するところから始まる点もかなり共通している。関係が近いことのひとつの特徴として，何も言わない，笑い合うといった非言語性も目立ってくる。さらには，わざと汚い言葉をかけるという例もあり，日本語ではほとんど見られないと言っていいだろう。これらの傾向と表裏をなすように，定型的なあいさつはかなり稀である。英語由来の「ハロー」は略式のあいさつとして比較的最近増えてきたようだが，正式な「おはよう」は明らかに少数派である[8]。

　日本語でも，親しい友だち同士であれば，非定型的にいろいろなことを言う傾向が強くなるとは言えるだろう。しかし，日本語の場合，「おはよう」であれ「おす・おっす」であれ，定型的なあいさつ言葉を言った上で，それに加えて何かが言われるというパターンが明瞭であり，人びとの意識としても，定型あいさつがあってはじめてあいさつとして成立するという捉え方が強固であるように思われる。

● 《場面③》［非親・上］でのあいさつ

　《場面③》に移ろう。こちらは，学校へ行く途中で担任の先生に会ったとき，との設定だった。これまでの場面同様に結果をまとめるが，この場面では一転，出現するパターンが，ほぼ1つとまとめられるほどに収 敛（しゅうれん）する傾向が見られた。

7）「冗談として，お互いに汚い言葉で呼ぶ。男同士のなかで，お互いに汚い言葉を使えば使うほど仲が良いです。」とのコメントも付されていた。なお，「你妈的」は，字義的には聞くに耐えないほど汚い言葉だが，最近若者を中心に感動詞的に使う例があり，日本語の語感としては訳に用いた「クソ」あたりが最も近いようである。
8）会社内で増えつつあるあいさつを模した感じで，少し冗談っぽい響きとのコメントもあった。

238

1. "(○) 先生"＋定型あいさつ　　　　　　　　　　　18
・老師好！（先生，こんにちは！）　　　　　　　（12）
・○老師（你）好！（○先生，こんにちは！）　　　（2）
・老师，早上好！（先生，おはようございます！）　（2）
・○老师，早上好（呀）！
　（○先生，おはようございます！）　　　　　　　（2）
2. 見ないふりをする　　　　　　　　　　　　　　2
3. 声かけ＋"○先生"　　　　　　　　　　　　　　1
・啊，王老师。（あ，王先生。）
4. （付随的に）申し出　　　　　　　　　　　　　1
・这个我拿吧。（お持ちしましょうか。）
5. 呼びかけ〔応答〕相手のことを尋ねる〔応答〕　1
・○老师。〔嗯。〕吃早饭了吗？〔吃了。〕
　（○先生，〔うん。〕朝ご飯食べましたか？〔食べた。〕）

　パターン1として括ったものは，要は，「先生，こんにちは！」を軸として，それに先生の苗字が付いた形や，「こんにちは」が「おはようございます」になったバリエーションである。ほとんどのケースで定型のあいさつ言葉が用いられる点で，日本語的なあいさつのイメージに最も近いタイプと見ることができる。
　ただし，ひとつ見逃せない相違がある。これらの回答の中に，「老師（先生）」を欠いた"裸の"「（你）好・早上好！」という形は表れない。パターン3のように，あいさつ言葉を欠いた"声かけ＋呼びかけ"という形はあっても，相手を呼ばない単独のあいさつ言葉は，この関係において用いられず，もし用いたら失礼になるとのコメントがあった。日本語ではどうかといえば，この「先生，こんにちは」のような呼称付きの形は，学校の教室で生徒たちが一斉に先生に言うときに言っていたようなもので，大人の社会で使うと，少し子どもっぽい印象になりかねない。日本語で"ちゃんとした"あいさつと思われている形は，一般に呼称が付かない"裸の"定型あいさつだが，中国語ならそれは，見知らぬ人や

名前を呼ぶほどの関係ではない人に用いる程度のあいさつであることになる。

　以上，3つの場面で中国語のあいさつがどのようになされるかを見てきた。相手との人間関係を，親疎関係と上下関係によって，「母」＝［親・上］，「親友」＝［親・同］，「担任の先生」＝［非親・上］，と置いておいたことを思い出そう。あいさつ言葉による定型指向の（日本語的な感覚に近い）あいさつとなるのは，近しい関係でない［非親］の場合であって，近しい関係である［親］の場合には，あいさつ言葉の用いられない非定型指向が強く表れることがわかる。母と親友の違いは，家族か家族でないかの線引きが大きいように見えるが，［上］か［対等］かの違いも，親友の場合に，相手の体を叩く，あるいは汚い言葉をかけるといった"乱暴な"あいさつがなされる点に表れていると言えるだろうか。

　いずれにせよ，中国語の場合，人間関係が異なると，あいさつにもこれだけ大きい変異が生じてくる。あいさつや呼称とは，自分と相手の関係をまず確認するための基底的な一種の言語行為であると言うことができるが，そう見た場合に中国語のあいさつは，相手が違えば関係が異なり，関係が違えばやりかたも異なる，ということを示していそうである。個々の場面におけるあいさつのバリエーションを踏まえ，中国語のあいさつはどんな原則で成り立っていると思うか？と問うたのに対して，長文の回答が多く寄せられた。そのうちの1つを以下に引いてみたい。母語話者が自身の実感を説明した言葉として興味深い。

　　　まず，中国語にも，日本語の「おはよう」「こんにちは」「こんばんは」などの時間と関連している挨拶語が存在しているが，実際のコミュニケーション場面では，このような挨拶発話はなかなか見られない。その代わりとして，「ご飯食べた？」「これから出かける？」「こんなに早く出勤する？」「もう起きた？」などの挨拶が用いられる。このような挨拶語は一見疑問文に見えるが，イントネーションが降調である，疑問文ではなく，相手の様子を見て想定したことを繰り返している確認行為だと考えられる。それに対する返事は，本

当のことではなくても特に問題にならない。例えば，「これからご飯を食べに行く？」と聞かれ，本当はご飯を食べるつもりがなくても，「そうね」という返事を通して，双方のコミュニケーションは成立する。このような挨拶語は，内容よりも「挨拶行為」という行為自体に重点が置かれている。

　また，中国語の挨拶は人間関係を表している。親密度が高ければ高いほど，挨拶行為が見られなくなる。親友に挨拶するのはまだ納得できるが，自分の親に対して挨拶するのは，親もびっくりするぐらい，とても不自然に感じられる。親友に対する挨拶は，男女差があるかもしれないが，男性同士の場合は言葉より，体の接触で成立させるのが一般的だと思われる。つまり，親しい関係の人にとって，挨拶しないのが当然なのである。しかし，親しくない相手の場合，まず体の接触は考えられない。「ご飯食べた？」「これから出かける？」などのような挨拶は，このような場面での使用が多く見られる。隣に住んでいる人，顔や名前の分かる同級生など，主にこのような相手に用いる。もし相手が上司や公的な場面の場合，これらの挨拶の使用が少なくなるだろう。このような状況に至って，「おはよう」「こんにちは」「こんばんは」などの挨拶語が使用されると考えられる。普段の会話ではなかなか見られないのも，丁寧さや堅苦しさが感じられるのだろう。

　中国語には，「私に遠慮するな」という表現がある。挨拶行為も中国人にとって「遠慮表現」の一種になるため，するかしないかによって，人間関係が現れるのである。

（受講生・劉 晨さんによるコメント全文）

　上で見てきた特徴をきれいにまとめた説明としてそのまま読むことができるが，以下で日本語のことを考える上で示唆的だと思われるのは，言語行為は人間関係によって変わるという基本的な事項の指摘である。あいさつの基本的な機能が関係の確認にあるとしたら，このことはある意味で自然なことだと言えそうに思われる。関係に応じてあいさつの形

もまた変わるというそのことによって，相手との関係も明瞭に確認されるところに，言語行為としてのあいさつの機能があると言えるからである。翻って，我らが日本語のあいさつ行為はどうであろうか？

3. 江戸庶民のあいさつ　―『浮世風呂』に見る―

　いま見てきたような中国語のあいさつ行動は，現代の日本で暮らす者からすると，考え方からして違うと言いたくなるほど，隔たりの大きなものに映る。私たちが思い描く「あいさつ」とは，「おはよう」「こんにちは」「さようなら」「いただきます」「ごちそうさま」「おやすみ」等々のあいさつ言葉によってなされるものであり，バリエーションもあくまでその上での話という感覚がある。こちらは定型指向がきわめて強いと言うことができよう。

　では，この傾向は昔から変わらず続いてきた日本語の特徴と言うべきものだろうか？　少し時代を遡って，庶民の会話に触れることのできる江戸後期の滑稽本を覗いてみよう[9]。文化年間に刊行された式亭三馬の『浮世風呂』（1809-13）は，江戸下町の銭湯を舞台に，そこに集う人びととの会話を通じて，人情の機微を克明に描いた作品として知られる[10]。

　銭湯なので男湯と女湯に分かれているが，両方合わせて，出会いの場面から 28 会話 33 例（あいさつの対）を抽出した。フィクションでありかつ落語とも通ずるような語りということもあり，やり取りがデフォルメ気味にパターン化されている可能性もなしとしないが，時空を共有する読者が読んで不自然でない程度には，実際に使われていたあいさつの形であると想定する。

　実に多様な人物たちが登場する中で，比較的 "普通の"（けんか腰，皮肉屋，酔っ払いなどでないという意味で）やり取りを見ていくと，頻繁に登場するあいさつの形があることに気づかれる。いくつか例を拾っ

---

9) 以下，本節と次節の議論は，滝浦（2013）と論点が重なっているが，論じ方の観点を少し変更している。
10) 資料として，『新 日本古典文学大系 浮世風呂・戯場粋言幕の外・大千世界楽屋探』岩波書店，を用いた。

てみよう[11]。

① (商人体の男)

点兵衛「これは〜鬼角さまお早うござります」

鬼角「ヤ点兵衛子，どうなすつた」

点「何やら多用でござりまして，御不沙汰仕ります。」

(四編，巻之上，p. 245)

② (おはいはいのお俳助といふあだ名のある男，……これは詞づかひにはなはだていねいをつくし，すべての事にお の字を様の字をつけてものいふくせあり)

やみ「ヤ俳助さんお早うございました」

はい（くらくてわからぬゆゑ顔をすかし見て）「ヤ是は〜，闇雲屋の吉郎兵衛さん。お早うござります。扨はやお結構なお日和様でござります。」

(四編，巻之下，p. 274)

③ (六十ちかきばあさま)

ばあさま「ヲヤおばさんよく来なすつたの」

こちらのばあさまも同年ぐらゐの人「ほゝ，ヲ姉さん今来なすつたか」

ばあさま「何だな此おばさんは。他の心もしらずに，そんな元気ぢやアねへはな」

(三編，巻之下，p. 199)

④ (豊猫といふ十八九のぽつとりもの〔色気のある女〕)（今一人おはねといふ廿一二のやせつぽち）（おなじむれとおぼしき三十ばかりのしんざう風呂の口へ入来る。この名は婆文字)

婆文字「ヲヤおはねさんおはやいの」

はね「婆文字さんか。今朝は早かつたのう」

豊ねこ「婆文字さん，私らにもお詞がありさうなもんだネ。さうするが能のさ」

---

11) 便宜的に番号を振る。読みやすさを考え，台詞の後ろに 」 を付し，台詞中のト書きを（ ）内に入れ，話し手ごとに改行する。また，話し手が明示されていない場合は補った。

ば　「此子は恨ツぽい事をいふぜ，まだ此方（こっち）の挨拶も切れねへうち
　　に」

ねこ「フウ，さうか」

ば　「ハイ豊猫さん，明ましては結構な春でございます」

ねこ「是はお早〳〵とねつからおかたじけ」

（三編，巻之上，pp. 152-153）

⑤（俳諧師と覚しき坊主）

鬼角「番頭まだ暑いの」

ばんとう「ハイお出なさりまし」

鬼角「ヤ飛八さんか。暑のお障（さはり）もなくて」

とび「これは先生さん久しくお見かけ申ません。」

（四編，巻之上，p. 233）

⑥（三十四五のかみさま）

「……ヤレ〳〵，内へ這入つたら温（あつた）になつたぞ，（トふりむき）お
　　かみさん此間は」

（湯やのかみさまたかいところにゐて）

湯やのかみさま「ハイお早うございます。一両日はけしからぬお寒
　　さでございます。」

（二編，巻之上，p. 86）

　まず，①～④あたりを眺めていて気がつくことはないだろうか？　第
1話者と第2話者の発話を合わせて「隣接ペア」と呼ぶが，特にその前
半については，

　　　感動詞等＋呼称＋トピック

という連鎖になっているケースが目に入る。「感動詞等」というのは，
「ヤ／ヤア／ヲヤ／ハイ」のような，基本的には相手に対する気づきを
表明する声かけのことで，それに続けて相手の名前をはじめとする何か
を呼ぶことを，相手についての認識の表明である「呼称」として立てる
ことができる。その後ろには，"いろいろなことを言う"と括りたくな
るような，その時々のさまざまな一言が表れるので，「トピック」とし
よう。あらためて拾っておけば，

①点兵衛「これは〜鬼角さまお早うござります」

　鬼角「ヤ点兵衛子，どうなすつた」

②やみ「ヤ俳助さんお早うございました」

　はい「ヤ是は〜，闇雲屋の吉郎兵衛さん。お早うござります。…」

③ばあさま「ヲヤおばさんよく来なすつたの」

　こちらのばあさまも同年ぐらゐの人「ほ、ヲ姉さん今来なすつたか」

④婆文字「ヲヤおはねさんおはやいの」

　はね「婆文字さんか。今朝は早かつたのう」

　　……

　ば、「ハイ豊猫さん，明ましては結構な春でございます」

といった具合になる[12]。

　トピックを具体的に拾って並べると，以下のようになる。

　『浮世風呂』のあいさつにおける主なトピック

　・「早い」こと　　　　　　14

　・「暑い」「寒い」こと　　　8

　・来ていたことへの気づき　7

　・久しぶりであること　　　3

　・どうしていたかの問い　　2

　・もう上がるかの問い　　　2

　・子供の年齢の問い　　　　1

　・食事を済ませたかの問い　1

　　等

12) "人間カタログ" とも言うべきこの作品の性格を考えると，こうしたパターンを出現頻度のような数字で論じることの意味は大きくないように思われる。「感動詞等＋呼称＋トピック」といったパターンとして括れるほどに顕著であるという確認で十分としておきたい。

　「早い」を筆頭とする時間や天気の話題が目立つものの，「来ていたことへの気づき」のような，相手のことに関する何らかの認知を言葉にするものも多いことがわかる。少ないが，食事を済ませたかの問いも現れている。もう一点加えておくならば，「早い」ことを言う場合でも，今の我々が使う「おはようございます」のようなあいさつ言葉として定型化していない，「お早うございました」「おはやいの」「今朝は早かつたのう」といったさまざまな表現が用いられている。

　さて，これらの多くは，隣接ペアの前後半ともが同じパターンをとっているが，⑤⑥あたりでは，後半が異なっていることにも気づかれるだろう。番頭や女将という銭湯側の人物がするあいさつで，相手のあいさつに「ハイ」と返事をしてから，決り文句的なあいさつを返すというパターンが見られる。抜き出しておけば，

　⑤ばんとう「ハイお出なさりまし」
　⑥湯やのかみさま「ハイお早うございます。……」

といった具合で，こちらは「応答詞＋トピック」と整理することができる。こちらのタイプが銭湯側の人物つまり商人のあいさつであることは興味深い。「おはようございます」は言うまでもなく定型あいさつの代表格だし，「いらっしゃいませ」も商業的な場面での決り文句である。客と商人とのこの相違は，その後「日本語のあいさつ」として流布し定着していった形がこうした商業的な型どおりのあいさつと相似的であるという点で，なかなか示唆的であるように思われる[13)]。

　このように見てくると，『浮世風呂』の出会いのあいさつからは，次のＡ，Ｂのような２つのパターンを取り出すことができることになる。

---

13) ①の点兵衛は「お早うござります」と言っていたが，人物設定としては「商人体」となっていた。ほかでも作者の技はなかなか細かく，②の「おはいはいのお俳助」には「お結構なお日和様」と言わせて，江戸時代でも馬鹿丁寧な言葉遣いをする人がいたことを描き出している。

『浮世風呂』に見られるあいさつのパターン

	隣接ペアの前半		後半
A．	感動詞等＋呼称＋トピック	⇨	感動詞等＋呼称＋トピック
B．	感動詞等＋呼称＋トピック	⇨	応答詞＋トピック

　現代の「おはよう」「こんにちは」等のあいさつは，呼称抜きが標準であるから，これらは，私たちが「日本語のあいさつ」として意識している形とはずいぶん異なっていると言わなくてはならない。では，『浮世風呂』に描かれていたようなあいさつの型は，その後どこかで絶えてしまったのだろうか？　あらためて考えてみれば否である。少し考えてみれば，現在の私たちもまた，よく似たこんなあいさつを日々しているのだった。

　　「あ，○△ちゃん，おはよう～，髪切ったね！」
　　「ああ，△○さん，お久しぶりです，お元気でしたか？」

　前者などは定型あいさつ「おはよう」を含むものの，後者の「お久しぶり」はあいさつ言葉と言うほど定型化したものではない。そしてこれらはともに，

　　認知的気づき＋呼称＋トピック

というパターンとして括ることができる。
　思えば，私たちはこのような形をしたあいさつを学校で「習う」ことがない。親から教わることもあるかもしれないが[14]，世の中で人びとがしているのを見聞きして，それを真似て覚えることも多いだろう。それらを含めて「自然に習得される」形であると言えようか。一方，私たちが「あいさつ」として強く意識している定型あいさつは，学校で「習う」ものであるという特徴がある。つまりは，日本語には，「習う」あいさつと「習わない」あいさつの形があるということになる。そのこと

の経緯を最後に見るとしよう。

4. 日本語「標準語」と作法教育

　日本における礼儀作法を考える場合，歴史的に 2 つの流れが目に入っ
てくる。公家と武家の礼法がそれで，「有職故実」という言葉で呼ばれ
る。前者は貴族階級，後者は元来軍人ということになるので，文化的な
異なりも大きい。このうち，武家の礼法は室町時代ごろから体系化され
るようになり（公家の方は家単位の傾向が強かったようである），小笠
原家や伊勢家のような礼法を司る氏も現れた。とりわけ小笠原家は，江
戸時代における将軍家との関係もあって影響力を増し，明治維新後は教
授対象を一般人（当初は女子）に向けるようになった。こうした「礼法」
は元来，ある特定の集団内でのふるまいを標準化して統制するために求
められるものと言え，したがって江戸時代までは，公家と武家にはそれ
ぞれの礼法があるが，一般庶民では，主として都市部の余裕のある層が
個人教授を受けた以外は，寺子屋などを通じて儒教的な教えがなされて
いた程度だったと推測される。

　一方，より一般的な捉え方の次元でコミュニケーション・モデル的に
考えるなら，あいさつは実質的な情報のやり取りに入る前段階における
コミュニケーションの"事前儀式"として，互いに相手を測る尺度とし
ての側面をもつことになる。つまり，「あいさつが良い／悪い」という
ことが，その人物が"まともなコミュニケーション相手"であるかどう
かの指標として受け取られ，それゆえ，場面に応じて"ちゃんとしたあ
いさつができる"かどうかが，そのコミュニティーにおける大事な基本
的ふるまい，つまり「作法」として認識されることになる。明治維新後，

14）以前にある大学院で講じたとき，関西出身のひとりの受講生（男子）が，子ど
ものころに父親と歩いていて近所の人に会った際，自分が「おはようございます」
とあいさつしたら父親から酷く叱られたことを覚えている，という話を聞いた。怒
られた原因は，「○△さん，おはようございます」と言うべきで，ただ「おはよう
ございます」だなんて，一体誰にあいさつしているつもりなのか？！ということ
だったという。このエピソードは，相手を呼称するあいさつが，日本でも普通にあっ
た（地域差はあるかもしれないが）ことを示唆している点で，大変に興味深い。

「四民平等」が謳われるようになると，こうした意味での礼儀作法が，国家レベルでの問題となる。

　そこに，時代的なさまざまな要因が被さってくることになる。まず，明治の新時代とは日本が西洋という圧倒的な異文化と直面した時代でもあって，そのことはコミュニケーションの基底をなすような作法のレベルにも影響を及ぼさずにはいない。日本近代の作法書を集めた選集のはしがきにもこう記されている。

　　　日本の礼儀作法は，武家礼法を中心に発展したが，明治維新以降，それが大きく転換することになった。いわずもがなではあるが，欧米文化の流入が原因である。

　　　　　　　　　　　　　　　　（陶・綿抜 2012，「刊行にあたって」）

　生活のスタイルが，公的な場では座式から立式に変わり，食事の内容も食べ方にも変化が生じた。また，明治の作法教育は「良妻賢母」を育てるための女子教育から始まった側面があり，くだんの小笠原家の建議により東京で「女礼式」の授業が始まったという（筑波大学附属図書館／図書館情報メディア系 2012，p. 10）。

　明治のスローガン「富国強兵」はいわば国家のハード面での近代化を図るものだが，近代化にはソフト面も必要な道理であり，そこには言語や作法の近代化が含まれることになる。20世紀に入ろうという頃，「国語」すなわち日本語の「標準語」と学校で教えるべき「作法」の選定が国家的プロジェクトとなる。「国語」については1902（明治35）年に「国語調査委員会」が，「作法」については1910（明治43）年に「作法教授事項取調委員会」がそれぞれ設置され，国の課題としてこれらが検討されることになる。時代的背景としては，植民地獲得競争への参入ということがあり，ことに「日清戦争」に続いて「日露戦争」にも勝利してしまった後では，とりわけ男子生徒の「軽躁」や「奔逸」が目に余る程度となった。明治30年代からの「女礼式から男女普通礼式」への動きとも相まって，作法教授の見直しは，「一等国」の仲間入りした熱狂の覚

めた社会の倦怠感と気の緩みに対する国家的引き締めという側面を持っていた（薄井 2005，pp. 1, 5）。

「作法教授事項取調委員会」設置の翌年に公刊された報告書である『師範学校・中学校　作法教授要項』では，緒言にこう記されている。

　　国民の礼儀作法渾然たるの時，文部省は小学校・師範学校・中学校
　　等の作法教授資料を定めんが為めに，作法教授事項取調委員を命じ
　　て之が調査を托せり。

その中に，次の一項があることに目が留まる。

　　一一　親密の間なりと雖（いへど）も粗略若くは侮蔑の語辞を用ふるは宜し
　　　　からず

往々にして軽躁・驕慢に陥り易いという弊のあった「男子の作法」を「丁寧・謹慎」にする目的があったというこの要項の趣旨（薄井 2005，p. 5）を象徴的に示す一項と見ることができる。現実の教育実践は芳しいと言えるものでもなかったようだが，いわば国定の「作法」を示すことで，国民的な礼法・作法の標準または基準を提供した（薄井 2005，p. 5）ことの影響は後世に及んでいくことになる。

大正期の代表的な作法書から，いくつか項目を拾ってみよう。甫守謹吾『国民作法要義』から，「学生の心得」「朝の挨拶の心得」「家族に対する心得」「言語・応対に関する心得」のそれぞれ一部である（注目したい箇所に下線を付す）。

　甫守謹吾『国民作法要義』巻の上（大正 5［1916］年，金港堂書籍，より）
　第一章　学生の心得
　一，朝は一定の時間に起き，朝の仕事を了へたる後は，登校の準備
　　を整へ，父母・長者に挨拶して出立すべし。帰宅の際も同様挨拶

をなすべし。

一，夜就寝の時間とならば，速かに寝に就くべし。若し，父母其の他の長者に先立ちて，寝所に入る時は，其の由を断りて挨拶をなすべし。（p. 1）

一，〔通学の〕途上にて，友人に遭ひたる時は，相当の挨拶を交換すべし。（p. 2）

一，登校したる際，学友に遭ひたる時は，相互に敬礼を交換すべし。（p. 3）

第二章　居常の心得

朝の挨拶の心得

一，盥嗽を了へ，容儀を整へたる後，父母・長者に対して，朝の挨拶を為し，然る後食事を済まし，当日の日課に従ふべし。（p. 24）

一，日常の行儀上，禁條として戒むべきものを左に掲ぐ。

一，盥嗽を終らざる前に人の前に出づること。

一，朝の挨拶（お早うございます。）をなさずして直ちに用事を言ふこと。（p. 33）

第四章　家族に対する心得

一，父母・祖父母・伯叔父母・兄弟・姉妹の間は，固より骨肉の愛情を以つて相交はるものなれば，他人に対するが如く厳格なるを要せず，されど，慣れ親しむの余り，其の間に於ける礼儀を忽にし，不作法に陥るが如きことあるべからず。（p. 39）

一，総べて父母・長者に対する時は，先づ顔色を温和にし，言葉遣を丁寧にし，座作・進退は勿論，万事物静かにし，其の機嫌を傷ひ，感情を害せざる様に心掛け，……何時も愉快を感ぜしむる様に心を配ること肝要なり。（p. 41）

第十一章　言語・応対に関する心得

一，親友・学友の間柄なりとも，余りぞんざいなる言葉或は軽蔑したる言語を用い，又異名を呼ぶ等は無礼にして，己れの品格を墜すこと少なからず。（pp. 145-146）

　「挨拶」せよ，との指示がいかに強調されているかがわかる。しかも，その相手は家族や友人という，対人距離的には［親］であるはずの人たちである。つまり，こうして作法書において力説された事柄とは，現在の私たちが「親しき仲にも礼儀あり」という言葉で理解しているような内容であると言える。それが殊更にこうして述べられるということ自体，当時の日本においてそれが自明の作法ではなかった，つまり必ずしも実践されていたわけではなかったことの傍証となるだろう。そのことと関連して，例えば「朝の挨拶」について，「お早うございます。」のように文言まで指定されていることも大変興味深い。他の教科書（例えば『小学作法』）にも同様の例が見られることから，そのように言葉の次元で指定しないと，何と言うことが"正しい"あいさつになるかの共通理解もなかっただろうといった背景事情が透けて見える。そして，そのあいさつ言葉は（『浮世風呂』で銭湯の番頭らが使っていたのと同じ）呼称抜きの形であった。

　こうして，20世紀になる頃から，急速に「親しき仲にも礼儀あり」が守るべき作法として学校教育を通じて流布していったこと，そしてその際，呼称抜きのあいさつ言葉を指定するという強い定型指向が見られたということがわかってくる。このことの帰結として，人間関係の遠近によらず，比較的大きな対人距離を保ち，言語行為的にも相手を呼ばないようなあいさつが日本語の「標準語」的なあいさつとなっていく。先に見た中国語のあいさつとの対照は際立っており，相手との関係に応じてあいさつの仕方が大きく変わる中国に対して，日本語の方は，相手との関係が変わっても大きく変化しない"金太郎飴"的な様相を呈することとなった。

　日本語のあいさつについては，内部的にひとつの大きな対比が見えてこよう。ひとつには，自然発生的に生じ定着してきた言葉の層があり，それは近隣の言語文化とも連続性が感じられる。他方では，その上に人為的に定められた言葉の層が上書きされていて，学校をはじめ社会で教えられるのはこの後者である。その結果として，比較的新しく人為的に標準化された層だけが，自文化の特徴であるかのように見えてしまいか

ねない状況がある。自分を知る，自文化を知るということのむずかしさ
をよく表している一例であるように思う。

🔘 発展的課題

1. 定型性／非定型性という観点から，自分自身の生まれ育った場所で
   のあいさつ習慣を考察してみよう。
2. 日本の多くの学校で，英語の時間の始めと終わりに，
   "How are you?" "I'm fine, thank you. And you?" "Fine, thank you."
   という「あいさつ」が行われてきたが，このことをどう評価するか？

参照文献 （文学作品，作法書などは文中で記した）

- 薄井明（2005）「〈日本近代礼法〉の形成過程（3）」『北海道医療大学看護福祉学部紀要』12，pp. 1-9.
- 施暉（2007）「日中両国におけるあいさつ言語行動についての比較研究―「家庭」でのあいさつを中心に―」彭飛編『日中対照言語学研究論文集』pp. 121-148，和泉書院.
- 滝浦真人（2013）『日本語は親しさを伝えられるか』岩波書店.
- 筑波大学附属図書館／図書館情報メディア系（2012）「明治時代に礼法はいかにして伝えられたか―出版メディアを中心に―」（平成24年度 筑波大学附属図書館特別展）筑波大学.
- 陶智子・綿抜豊昭（2008）『文献選集 近代日本の礼儀作法』日本図書センター.

13 | スモールタウン滞在記
──異郷としての〈アメリカン・シーン〉

宮本陽一郎

《**本章の目標＆ポイント**》 第2次世界大戦後，アメリカ合衆国の冷戦文化政策の一環として，膨大な数の留学生や研究者がアメリカに招かれる。とりわけアメリカのスモールタウンを経験した人びとの残した文章は，アメリカ社会のイメージを更新するうえで大きな役割を果たした。庄野潤三の『ガンビア滞在記』（1959年）は，その最も広く知られた例である。典型的なアメリカとしての「スモールタウン」という文化空間はどのようにして構築されたか？

《**キーワード**》 スモールタウン，アメリカン・シーン，サバービア，ロックフェラー財団

1. アメリカ神話としてのスモールタウン

●アメリカン・シーン

『アメリカ文学におけるスモールタウン』の編者である。デイビッド・M・クックとクレイグ・G・スウォーガーは，同書の序文のなかで次のように述べている。

> アメリカにおけるスモールタウンはほとんど伝説といってよいものである。両大戦，大恐慌，平和で豊かな時代を通じ，スモールタウンはアメリカのリーダーやヒーローを輩出するとともに，向こう見ずで謙虚な気質の人々を生み出してきた。[1]

「スモールタウン」は「西部」と同様に，アメリカの国民性と結びつ

---

1) David M. Cook & Craig G. Swauger, eds, *The Small Town in American Literature* (New York: Harper & Row, 1977), ix.

いた伝説あるいは神話としての意味を有するようになった。たとえ地理学的な意味でのアメリカ西部とその多様性を知らなくても，私たちは映画やテレビで見た西部劇を通じて「西部」という文化的な空間になじんでいて，かつそれをアメリカ合衆国の国民性として受け止めるようになった。西部ほどの認知度がないにせよ，私たちはたとえば『アメリカン・グラフィティ』のような映画や，『ペイトンプレイス物語』のようなTVドラマや，ディズニーランドのなかの「メインストリートUSA」を通じて，スモールタウンをアメリカの国民性を象徴するような典型的な光景として受けとめている。果たしてどのような規模の人口や経済規模をもつ自治体が「スモールタウン」であるかといった定義とは無縁に，アメリカの「スモールタウン」というイメージは，すでに文化的に浸透している。

　同時に，日本の戦後文学のなかには，「スモールタウン滞在記」とでも呼ぶべき，ささやかなサブジャンルが出来上がっている。1957年にロックフェラー財団の招きでオハイオ州ガンビアのケニオン大学に1年間留学した庄野潤三が著した『ガンビア滞在記』（1959年）はその代表的な例と言えるだろう。第4章で論じたアメリカの冷戦文化外交の一環として，小島信夫，大岡昇平，阿川弘之，有吉佐和子，遠藤周作，安岡章太郎，三浦朱門，曽野綾子，田村隆一，倉橋由美子，吉増剛造，滝口悠生といった日本の戦後文学を代表する作家・詩人たちがアメリカに招かれ，それをさまざまなかたちで作品に残している。なぜこうした作家・詩人たちの多くがアメリカのスモールタウンを経験することになったのかは，一考に値する問題である。

●アメリカン・シーン

　冒頭に引用した『アメリカ文学におけるスモールタウン』の編者たちは，スモールタウンを20世紀を通じてアメリカに現れた社会現象として論じている。しかしスモールタウンがアメリカの国民性を体現するアメリカ的な光景（American Scenes）として位置づけられ，そして神話化されたのはそれよりも歴史が短く第2次世界大戦中のことである。

　これを決定的なものとしたのが，ノーマン・ロックウェルの絵画『四つの自由（Four Freedoms）』（1941 年）である。4 枚の油彩からなるこの連作は，1943 年に『サタデー・イヴニング・ポスト』誌に掲載され，広く知られるようになる。この作品は，フランクリン・D・ローズヴェルト大統領の「四つの自由（Four Freedoms）」演説に応えて製作されたものである。ローズヴェルトが 1941 年の教書演説で提唱した 4 つの自由は「言論の自由」「信仰の自由」「貧困からの自由」「恐怖からの自由」である。この演説は，対ファシズム戦争を来るべき冷戦の文脈においてすでに意味づけ，さらに自由社会の盟主としてのアメリカ合衆国の役割を概説している点において歴史的な意義をもつものである。ロックウェルはローズヴェルトの主張する 4 つの自由にそれぞれ図像を与える。「貧困からの自由」（**図 13-1**）にロックウェルが与えた光景は，ごく平凡なアメリカ家庭の食堂で一族が会し，七面鳥のローストがテーブルに供されている光景である。また「言論の自由」（**図 13-2**）に与えた画像は，アメリカのタウンホール・ミーティングで発言しようとしているひとりの男性の姿である。タイトルを見なければまったく政治的な文脈を読み取ることのできない，どこまでも平凡で凡庸なスモールタウンの光景が，プロパガンダとして提供されている。これは非常に大きな転換といってよいだろう。

写真提供：ユニフォトプレス

図 13-1「貧困からの自由」

図 13-2　「言論の自由」

　アメリカのスモールタウンを自由世界の盟主としてのアメリカ合衆国のイメージと結びつける方向性は，OWI（戦時情報局）の制作したプロパガンダ映画でさらに明確なものとなる。第3章で論じたルース・ベネディクトも所属していたOWIは，大戦末期にロックウェルの作品と軌を同じくするドキュメンタリーを，「アメリカン・シーンズ（American Scenes）」と題するシリーズとして，14本製作している。その中の一作が，ジョゼフ・フォン・スタンバーグ監督の『町（The Town）』（1945年）である。この作品は，戦場から遠く離れた平和なスモールタウンであるインディアナ州マディソンを描く。冒頭部でナレーターはマディソンの風景がヨーロッパの都市の風景の断片と見紛うようなものであること―たとえばマディソンのとある街角がパリの舗道を連想させること―を指摘する。そして映画の末尾では，このありふれた，そして憲法の起草者のひとりジェームズ・マディソンにちなんだ名前をもつ町こそが，アメリカ的民主主義の本質を体現することを指摘する。プロパガンダ的メッセージは明らかであり，アメリカのありふれたスモールタウンこそが，戦後のヨーロッパにおける民主主義のモデルとなりうることを主張しているのである。「アメリカン・シーンズ」シリーズの中のもう一本の作品『カミングトン物語（The Cummington Story）』（1945年）は，ヨーロッパからの戦争難民であるジョゼフを主人公として，ジョゼフがヴァーモント州カミングトンの町に同化し，そこで見たアメリカ的民主主義を祖国再建のためにヨーロッパに持ち帰る決意をするという物語となっている。「アメリカン・シーンズ」の主な輸出先はヨーロッパである。ヨーロッパの人びとにアメリカを範とする戦後民主主義を説得するためには，アラン・M・ウィンクラーが指摘するように，いわば「合成写真」としてのアメリカのスモールタウンを構築しなければならなかったのである[2]。

　OWIの「アメリカン・シーンズ」シリーズは，アメリカのスモールタウンのイメージを決定的に変えたと考えてよいだろう。アメリカのス

---

2) Allan M. Winkler, *The Politics of Propaganda: The Office of War Information, 1942-1945* (New Haven: Yale UP, 1978), 206.

モールタウンのいわばガラパゴス的な特異性と凡庸さは、たとえばシャーウッド・アンダーソンの短編集『ワインズバーグ・オハイオ』に描かれたような負のイメージではなくなる。アメリカのスモールタウンは、その凡庸さや閉塞感にもかかわらず、民主的な問題解決を可能にする場、「アメリカン・シーン」として再定義され、さらには称揚されるのである。

　「アメリカン・シーン」は、なぜスモールタウンでなければならなかったのか。そこには明白な理由があった。戦中期の合衆国の大都市では、人種問題がもはや無視することのできないレベルに達していた。戦場において白人アメリカ人と同様に愛国主義的な貢献をしたアフリカ系アメリカ人は、本国においては人種隔離と高い失業率という現実に直面し、「二重のV（Double V）」つまり自由と民主主義のための戦いを海外において戦うと同時に、国内においては人種差別主義と戦い、その両方で勝利を勝ち取らなければならないというモットーを掲げることになった。こうした政治的現実にさらされることを免れていたのが、アメリカのスモールタウンであった。スモールタウンを「アメリカ」の典型として一般化することにより、人種差別という社会的現実にもかかわらず、それでも自由と民主主義という正義を信じ続ける「アメリカ」という修辞が完成するのである。

2. 帰還兵士たちの異郷

●妻たちの戦後

　「異文化」の反対概念は「自文化」であるのだろうが、自国文化がただちに「自文化」であるとは限らない。異文化との出会いがカルチャー・ショックを伴うように、ときには自国文化がカルチャー・ショックをもたらす場合がある。第2次世界大戦により世界各地の戦地で未曾有の暴力にさらされたアメリカの兵士たちが戦争の終結とともに帰還したとき、彼らは平和で牧歌的な「アメリカン・シーン」の懐に抱かれたわけではなく、またただちに順応できたわけではない。帰還兵士たちにとって、戦場で夢見ていたであろう故郷は、すでに異郷であった。

　戦後の帰還兵士たちの社会順応は，すでに大戦末期に主流メディアを賑わせる社会問題となっていた。雑誌『タイム』の 1944 年 8 月 7 日号に掲載された「家路（The Way Home）」と題された記事は，それほど遠くない将来に大戦が終結した後，アメリカ社会に帰還した兵士たちがいかに平和な社会に適応するかという問題を投げかけている。スーザン・M・ハートマン（Susan M. Hartmann）の詳細な研究が明らかにするように，第 2 次世界大戦末期には『タイム』誌の記事だけではなく，兵士の帰還と社会適応をめぐる記事や書籍が，驚くべき量でメディアに流通している[3]。

　もちろん戦争終結を前に兵士たちの社会適応が社会問題としてとらえられること自体は不思議はなく，戦争が終われば社会復帰と家庭回帰が課題となる現象は，ホメーロスの『オデュッセイア』まで容易に遡ることができる。しかし，第 2 次世界大戦後にアメリカが直面したのは，1,600 万人という未曾有の規模の復員であり，また大戦中にジェンダー構造が大きく変化し女性がそれまでの男性によって占められていた職場に進出していたという点で特異な形の社会復帰となった。問題は単に社会復帰にとどまらず，アメリカ社会のジェンダー構造の再構築という，より困難な課題を伴っていた。大戦末期から戦後にかけて刊行された記事や書籍が暗黙のうちに女性を読者として想定し，妻・恋人・母親としての女性が兵士をいかに受け入れるかというアドバイスに焦点が置かれている。一例として，海軍兵学校の精神医であったハーバート・I・クッパー（Herbert I. Kupper）の著した『もとの生活へ（Back to Life）』（1945 年）の構成は，以下の通りである。

　第 1 章　「すべての男にはこの世に居場所があるはずだ。ところで俺の居場所は？」
　第 2 章　戦場の男―その内面の肖像

3) Susan M. Hartmann, "Prescriptions for Penelope: Literature on Women's Obligations to Returning World War II Veterans." *Women's Studies* 5 (1978): 223-29.

第3章　故郷―帰還する兵士たちが銃後に残した国を眺める
第4章　人生への帰還―何をすべきか，どのようにすべきか

　最終章のタイトルが掲げる「何をすべきか，どのようにすべきか（What's to Be Done and How to Do It）」という問いは，兵士たちではなく帰還兵の妻たちに向けられたものである。

　復員兵に関わる問題は，このように兵士を迎える妻たちの問題，女性問題に置き換えられ，そしてそのなかで献身的に家庭を守る妻・母としてのイメージが再構築される。それはもともとあった男性中心主義が顕在化したものではなく，第2次世界大戦の終結という固有の状況のなかで，意図的に作り上げられなければならなかった女性像である。理想化された妻／母としての女性，夫が稼ぎ手である核家族，郊外の住宅，「貧困からの自由」が保障された豊かな生活―これらは兵士たちが戦場に赴くときに後にした故郷ではなく，少なからぬカルチャー・ショックとともに出会う「異郷」でもあった。

● 『我等の生涯の最良の年』

　兵士たちの帰還をめぐるこうした言説は，1946年度のアカデミー賞をほぼ総なめにした映画『我等の生涯の最良の年』に結実する。ウィリアム・ワイラー監督によるオールスターキャストのこの大作は3人の帰還兵―愛国主義的な動機から出征した初老の銀行家アル・スティーヴンソン軍曹，労働者階級出身で撃墜王として戦功を挙げたフレッド・デリー大佐，中産階級出身で戦場で両腕を失ったホーマー・パリッシュ兵士―が故郷の「ブーンズ・タウン」に帰郷し，さまざまな苦境の末に，それぞれの「アメリカ」を見いだすまでの紆余曲折を描いている。ホーマー・パリッシュが，その障害にもかかわらず，初恋の人である隣家の娘と結婚するという大胆なハッピーエンドも話題となった。

　この映画は，そもそも製作者サミュエル・ゴールドウィンの妻が，先述の『タイム』誌の記事「家路」に感銘を受けたことから立案されたといわれている。またスティーヴンソン軍曹の妻は，クッパーのマニュア

ル本そのままに，戦場での心の傷を抱えた夫を迎え入れるのに対し，フ
レッド・デリー大佐の妻がそれとは正反対の対応をして最終的に破局に
至っているという点でも，帰還兵士問題をめぐる当時の言説に多くを
負っている。

　さらにこの映画の導入部分に置かれた一場面は，スモールタウンの表
象にかかる問題性そのものを浮き彫りにしている。主要登場人物となる
3 人の帰還兵士たちが，もはや役割を失った B-17 爆撃機に乗って故郷
の町ブーン・シティーに戻る場面である（**図 13-3**）。映画の導入部の最
後に置かれたこの場面で，3 人の帰還兵士たちは爆撃機の先頭のガラス
ドームから，眼下に開けるブーン・シティーの風景に目を凝らす。兵士
たちは眼下の風景と戦前の記憶とを重ね合わせようとするが，むしろそ
の変化に驚嘆せざるをえなくなる。リアリズムの鬼として知られたウィ
リアム・ワイラー監督にしては珍しく，この場面はスタジオ内に設けら
れたセットで撮影され，窓の外の風景はスクリーン・プロセスによって
再現されている。つまり，3 人の帰還兵士を演じる俳優たちは，スタジ
オ内に設置されたスクリーンに投影されるスモールタウンの像に驚嘆す
る様を演じるのである。あたかも 3 人の帰還兵士たちが，スクリーンの
奥に隠された映写機になりかわって，目の前に置かれたスクリーンに自
分たちの帰還すべき「アメリカ」の姿を投影しているようにさえ見える。

出典：映画『我等の生涯の最良の年』（1946 年）より（写真提供：ユニフォトプレス）

図 13-3　帰還兵士 3 人が，爆撃機で故郷「ブーン・シティー」に戻る場面

おそらく３人はこのような視点から自分たちの故郷をイメージしたことがなかった。見慣れたはずの故郷を新天地のように再発見—あるいは再発明—しているという点において，この場面は注目に値する。「アメリカン・シーン」としてのスモールタウンは，見慣れた故郷そのものではなく，新たに投影されるべき異郷の風景であったとも言えるだろう。

　同じことは，戦時に労働者や看護婦として社会に進出していた女性たちについても言える。妻として主婦としての女性の役割，そして幸福を具現する空間としての家庭を，彼女たちは創出しなければならなかった。それは大戦末期のOWIが，ヨーロッパに輸出すべき「アメリカ」のイメージとして，スモールタウンの「アメリカン・シーン」を創出しプロパガンダ映画のスクリーンに投影したプロセスと重なり合うものでもある。このようにして，スモールタウンこそが「アメリカン・シーン」であるという等式がようやく成立するのである。

●合成記憶としてのスモールタウン

　スタジオの中に設けられたスクリーン—あるいはスクリーンの中のスクリーン—に映し出された「ブーン・シティー」なる町について，今日まで謎が付きまとっていることは，必ずしも偶然ではない。

　公開当時のプレスシートに，この映画のモデルとなっている場所がオハイオ州シンシナティであると書かれていたために，この場面で映し出される風景がシンシナティであるということはなかば合意事項になっていたが，ジェームズ・I・ドイチュ（James I. Deutsch）の論文「『我等の生涯の最良の年』とシンシナティ物語（*The Best Years of Our Lives and the Cincinnati Story*）」（2006年）は，これを詳細な調査により覆すのみならず，新たな疑問を提起している。ブーン・シティーの俯瞰（ふかん）ショットの撮影に関する『クリスチャン・サイエンス・モニター』紙の報道によれば，このショットを撮影したのは特殊効果監督として後に名声を博すようになるジョン・フルトンであり，フルトンは，アメリカ中のさまざまな都市を10,000フィートにわたり撮影しており，その中からシンシナティが選ばれたとされる。しかし，ドイチュによればフルト

ンの雇用記録・飛行記録からして，それはありえず，映画の結末部分の
ジャンクヤードが撮影されたカリフォルニア州オンタリオ周辺と考える
のが妥当であるとしている。さらにドイチュはシンシナティにおいて
は，今日に至るまで『我等の生涯の最良の年』はいわばご当地映画とし
てとらえられたことがないことを指摘し，この映画とシンシナティとの
結びつきは希薄であり，広報活動のなかで偶然にシンシナティという名
が挙げられたにすぎないという見方を示している。一方，ロケ地をカリ
フォルニア州オンタリオ周辺とするドイチュの説も決定的ではなく，具
体的にカリフォルニア州のどの町をフルトンが撮影したかを特定するに
は至っていない。シンシナティがモデルであるのなら，「ブーン・シ
ティー」は大都市であるし，カリフォルニア州オンタリオ周辺で撮影さ
れた映像そのものは，スモールタウンと呼ぶべきものである。

　ブーン・シティーの正体は複合的である。あるいは意識的に複合的に
作られたものである。ブーン・シティーという名はすでに，マキン
リー・カントア（MacKinley Kantor）の無韻詩として書かれた原作小
説『私のための栄誉（Glory for Me）』（1945 年）の中に見られる。カ
ントアの故郷がブーン・リヴァーという川に面したアイオワ州ウェブス
ター・シティーであることは，少なくとも「ブーン・シティー」という
名称と無関係ではないだろう。しかしドイチュも指摘する通り，人口 1
万人に満たないウェブスター・シティーは，その規模において明らかに
『我等の生涯の最良の年』の舞台としては無理がある。ドイチュはカン
トアの原作に描かれた町は，ストリート名などがほぼ一致するところか
ら，アイオワ州デモインがモデルであるとする説を提示している。主要
登場人物のひとりアル・スティーヴンソンが勤務する銀行がコーンベル
ト・トラスト・カンパニーとされていることも，トウモロコシの産地と
して名高いアイオワ州を示唆する[4]。

　このややトリビアめいた紛糾から何が言えるだろうか？　ひとつ明ら
かなことは，この俯瞰撮影のために，熟練パイロットでありまた特殊効

---

4) Deutsch, James I. "*The Best Years of Our Lives* and the Cincinnati Story," *Historical Journal of Film, Radio and Television* 26.2 (2006): 219.

果監督でもあったジョン・フルトンが起用されたという事実，つまりそのくらいこの俯瞰撮影はこの作品の中で重要な意味をもっていたということと，そして第二に今日に至るまでここで撮影された町が，たとえばオハイオ州シンシナティあるいはカリフォルニア州オンタリオといったかたちで特定されることをまぬがれてきたということである。

　結果的に『我等の生涯の最良の年』の舞台であるブーン・シティーは複合的に構成されたアメリカの町——いわば "Boone City, USA" となりえているのである。アル・スティーヴンソンの住む高層アパートや，ところどころに映し出されるメインストリートの光景は，たしかにプレスシートにある通りシンシナティのような人口50万人規模の地方都市を連想させるし，その一方でフレッドの働くドラッグストアやホーマーが活躍したというフットボール・スタジアムやブッチの酒場は，それよりも小さな規模のスモールタウンを想起させる。さらにスティーヴンソン一家が繰り出す夜の街は，むしろ大都市のダウンタウンにふさわしい。ジャズバンドの演奏場面では，当時のトップスターであるジーン・クルーパの演奏姿が挿入されている。ホーマーの実家であるパリッシュ家と隣のキャメロン家は，閑静な郊外住宅地（サバービア）の一角の光景に見えるし，フレッド・デリーの両親の住む家は工業都市のスラム街のようである。つまり，メインストリート，ダウンタウン，スモールタウン，サバービア，スラムという5つの要素を合成した空間がブーン・シティーであり，それは具体的な都市でも町でもなく，アメリカの光景となりえているのである。

●メインストリートUSA

　1955年7月17日，カリフォルニア州アナハイムにディズニーランドが開園される。ディズニーランドの入り口に置かれた最初のテーマランドが「メインストリートUSA」である（**図13-4**）。これはウォルト・ディズニーがディズニーランドを構想したプロセスに照らせば，必然的な結果だった。

　1950年代初め，スタジオの労働争議への対応を誤りキャリアの岐路

に立たされたウォルト・ディズニーは，そのような現実から逃避するかのようにカリフォルニアの自宅に，少年期を過ごしたミズーリ州マーセリンの家の納屋を再現し，そこでマーセリンを通過する列車の姿を模型機関車で再現することに熱中する。やがて模型列車を走らせる線路は庭全体に広がり，トンネルや鉄橋までが設けられる。このように少年時代を再現する試みが，1955年に開園するディズニーランドに結びついたことは疑いえない。マーセリンの思い出から始まったディズニーランドの最初のテーマランドにアメリカの古き良き時代のスモールタウンが再現され，そして「メインストリート USA」と名付けられたのは，きわめて自然なことである。

　興味深いことに，現在ではいわば「メインストリート USA」のオリジナルとなったミズーリ州マーセリンのメインストリートが，ディズニーランドにちなんで「メインストリート USA」と名付けられている。ただし，マーセリンは「メインストリート USA」の唯一のモデルではない。コロラド州フォート・コリンズという町との類似もしばしば指摘される。ウォルト・ディズニーと「イマジニア」と呼ばれる彼のスタッフたちは，複数のモデルを合成しながら，このテーマランドを設計したのである。であるからこそ，それは単にウォルト・ディズニーの少年時代の思い出を再現するだけでなく，すべてのアメリカ人，さらにはアメ

写真提供：ユニフォトプレス

図13-4　ディズニーランド最初のテーマランド「メインストリート USA」

リカ人ではない人びとまでもがある種のノスタルジアを感じうる空間，つまり「メインストリート USA」になりえたのである。

3. スモールタウンの光と影

●メロドラマとしてのスモールタウン

「西部」は，合衆国のアパラチア山脈以西やミシシッピ川以西の地理学的空間を指すと同時に，西部劇や西部小説やウェスタン音楽やあるいは歴史家たちのフロンティア理論によって作り出された文化的空間でもあった。同じことは「スモールタウン」についても言える。アメリカン・シーンとしてのスモールタウンは，ノーマン・ロックウェルの絵画や，OWI の戦時プロパガンダや，ウォルト・ディズニーの「メインストリート USA」によって織り紡がれた文化的空間であった。スモールタウンがいわば合成記憶として作り直されるとき，それは現実のアメリカのスモールタウンで生活したことのない人びとと，アメリカの外にいる人びとにとってさえノスタルジアの対象となりうるものとなった。

文化的空間としてのスモールタウンは，1950 年代のアメリカで伝説あるいは神話として，さらに物語化されていく。とりわけファミリー・メロドラマと呼ばれる作品ジャンルの映画がこれに大きく貢献することになる。『青春物語』（1957 年），『天はすべて許し給う』（1955 年），『避暑地の出来事』（1959 年），『走り来る人々』（1959 年），『エデンの東』（1955 年），『肉体の遺産』（1960 年），『草原の輝き』（1961 年），『ピクニック』（1955 年）といった作品では，狭隘な道徳観に凝り固まり閉塞感の蔓延するスモールタウンを舞台に物語が展開する。このような世界にあっては自然な恋愛と解放的なセクシュアリティーを夢見る恋人たちは常に抑圧され暴力的に引き裂かれる。

劇作家ウィリアム・インジの原作によりエリア・カザンが監督した『草原の輝き（Splendor in the Grass）』（1961 年）には，スモールタウンのメロドラマのマスター・プロットとでもいうべきものが見られる。主人公のディーニー・ルーミス（ナタリー・ウッド）は，恋人のバド・スタンパー（ウォーレン・ベイティー）と結婚し「スタンパー夫人」に

なる日を夢見てやまない純真な女子高校生である。しかし旧弊な性道徳にいまだに縛られている保守的なスモールタウンのなかでは，2人の恋は健全に成長することができない。やがてディーニーは深刻な精神障害に陥り，両親によって精神病院に送られてしまう。最も純真な娘が，社会の犠牲者になるという構図は，中世以来のメロドラマの伝統にきわめて忠実である。

　しかしそれでもハッピーエンドは訪れる。バドは大学町で出会った純朴なイタリア系移民の娘と結婚し，ディーニーは精神病院で出会った純朴な青年と結婚する。ラストシーンでは，ディーニーは高校の教室で学んだ思い出深いワーズワースの詩の一節「草原の輝き，花の栄華，そのような時を取り戻すことはできない。しかしそれを嘆くことはない。残ったものに力を見出そう」を，健気に心のなかで口ずさむ。ディーニーもバドも，自分たちの恋を引き裂いたスモールタウンを否定するのではなく，「草原の輝き」のビタースイートな思い出を密かに抱き続けるのである。ボーイ・ミーツ・ガールから物質的成功と幸せな家庭に至る夢──「草原の輝き」──が失われても，それでもディーニーは，スモールタウンにとどまり幸福を追求するのである。たとえバドのようにスモールタウンを後にするとしても，スモールタウンへのノスタルジアは失われることがない。

　『草原の輝き』の描く「輝き」は，むしろスモールタウンそのもののノスタルジックな輝きであるかもしれない。恋人たちを無残に引き裂くスモールタウンは，絵のように美しくテクニカラーのワイドスクリーンに広がる。ディーニーが収容された州立の精神病院までもが美しい風景の一部となる。その精神病院にさえ，良心的な医師がいてディーニーの更生を助け，ディーニーはそこに3年あまり収容されていたにもかかわらず，その輝くような美しさを失わない。

　物語空間としてのスモールタウンの構築を最も大がかりに展開し，長い影響を残すのが，グレイス・メタリアスのベストセラー小説『ペイトン・プレイス物語（Peyton Place）』（1956年）とこれをマーク・ロブソン監督が映画化した『青春物語（Peyton Place）』（1957年）である。

この映画は続編『青春の旅情（Return to Peyton Place)』（1961年）を生み，そして TV ドラマ・シリーズ『ペイトンプレイス物語』として1969年まで生き残ることになる。さらにスモールタウンへのノスタルジアは，1970年代のレトロ映画『ラスト・ショー』や『アメリカン・グラフィティ』にまで引き継がれていく。ペイトン・プレイスの町もまた，高校のカリキュラムに性教育を取り入れることに，町ぐるみの反対が起こってしまうほどに，古い性道徳に縛られていたスモールタウンのひとつであったことが窺われる。しかし住民たちのプライベートな生活は，アルコール依存症，家庭内暴力，不倫，非嫡出子，自殺など，ありとあらゆるかたちで，保守的な建前からは逸脱する。狭隘なスモールタウンと，より解放的な若者たちとのあいだの葛藤は，父と子あるいは母と娘とのあいだの確執として，濃厚なメロドラマを生み出す。

●悪夢としてのスモールタウン

　スモールタウンの表象が，OWI による戦時プロパガンダによって先鞭をつけられたものであるにせよ，グレイス・メタリアスのベストセラー小説はそこから隔たったものとなっている。『ペイトン・プレイス』はスモールタウンへのノスタルジアを強化する作品ではあるが，しかしそれはもはや戦後民主主義の鑑としてのスモールタウンではない。描き出されていくのは絵に書いたようなスモールタウンの住民たちが抱えている暗い秘密や口にすることのできないプライバシーの世界である。

　この点においては，スモールタウンを扱った1950年代のファミリー・メロドラマは，第4章で論じたフィルム・ノワールと密かに接近していたことになる。『我等の生涯の最良の年』と同じく1946年に製作されたもう一本の映画『オーソン・ウェルズ IN ストレンジャー（The Stranger)』は，スモールタウン表象とフィルム・ノワールとのあいだの接点を物語る作品である。この映画ではユダヤ人の虐殺に手を下したナチス戦犯フランツ・キントラーがコネチカット州ハーパーというスモールタウンに潜伏し，善良な市民のひとりになりすまして生活し，その正体がやがて戦犯聴聞委員会の捜査官の執拗な調査によって暴かれる

までの物語である。

　この映画のプロットが，OWI のプロパガンダを逆手に取った展開に
なっているのは興味深い。OWI の制作した先述のプロパガンダ映画『カ
ミングトン物語（The Cummington Story）』（1945 年）は，ヨーロッ
パからの戦争難民であるジョゼフが，長距離バスで絵に描いたように美
しいスモールタウンに到着する場面から始まり，彼がアメリカ的な民主
主義に同化しそれを受容するまでを描いている。『オーソン・ウェルズ
IN ストレンジャー』もコネチカット州の絵に描いたように美しいス
モールタウンにひとりの男が到着する場面から始まる。ただしその男は
戦犯聴聞委員会の捜査官だった。OWI のプロパガンダ映画が称賛した，
ヨーロッパの難民が誰でも溶け込み同化することのできるスモールタウ
ンは，ナチスの戦犯にとって理想的な潜伏先となっていたことが，物語
の中で明らかになる。『カミングトン物語』がスモールタウンの光を描
いていたとすれば，オーソン・ウェルズの作品はその影を正確にトレー
スしているといってよいだろう。

　誰もがその平和で凡庸な風景の中に溶け込み，まっとうな住民になり
おおせてしまうスモールタウンを恐怖として描く描き方は，1950 年代
の最も典型的な SF 恐怖映画『ボディースナッチャー／恐怖の街』（1956
年）や，軍の製作になる SF じたての反共プロパガンダ映画『赤い悪夢』
（1962 年），さらには SF テレビドラマ『インベーダー』（1967-68 年）
に引き継がれていくことになる。

4.　スモールタウン滞在記

●スモールタウンとサバービア

　以上論じてきたスモールタウンの暗部を描いたかのような一連の作品
の中にあっては，平和と幸福の象徴のように見えたアメリカのスモール
タウンが，秘かに似て非なるものに置き換えられてしまうという恐怖や
不安をアイロニカルに映し出すものであった。スモールタウンそのもの
が，アメリカの社会的現実というよりは作り出されたイデアであった以
上，このようなすり替わりはある意味では不可避なものであったとも言

える。

　しかしここで見逃すことができないのは，現実の生活においてもこのようなすり替えが実際に起こっていたことである。戦場で故郷と幸せな家庭を夢見ていた兵士たちが実際に手に入れた家は，スモールタウンではなく，それとよく似た，しかし本質的に異なるサバービア（郊外住宅地）にあった。高速道路の建設と自家用車の保有を前提として，住宅地は都市の周辺部ではなく，都市から離れた場所に建設されるようになり，このような自律的な住宅地はサバービアと呼ばれるようになる。

　戦後アメリカのサバービアの原型は，すでに 1939 年のニューヨーク万国博覧会で示されていた。ノーマン・ベル・ゲデスの未来主義的なデザインで話題を集めた「フューチャラマ」と題された巨大なジオラマは，高速道路を基幹とするアメリカ社会の未来像を示した。そこには，19世紀の郊外都市やスモールタウンとはまったく異なる意匠の，未来の郊外住宅地がすがたを見せている。

　ゲデスが幻視した未来の郊外住宅地は，大戦後現実のものとなる。ウィリアム・レヴィットが建設した，いわゆる「レヴィットタウン」はその典型的な例である[5]。レヴィットは，地価の安い郊外地にゼロからニュータウンを建設し，軍隊での経験を活かして資材調達方法や家屋建築工法を徹底的に合理化し，規格化された住宅を大量に建設し安価に提供する。帰還兵士たちは FHA（Federal Housing Administration）のローン保証に助けられ，こうしたサバービアに家を持ちアメリカン・ドリームを実現した。

　サバービアは，その構造において，スモールタウンとは決定的に異なっていた。法律的規制により，商業施設はサバービアに建設できず，住宅地からさらに離れた場所にショッピング・センターが建設された。公共施設に関しても，医療施設はメディカル・パークに，オフィスはオフィス・パークに建設され，すべて自動車による移動を必要とした。つ

5) ニューヨーク州レヴィットタウン（1947 年），ペンシルヴァニア州レヴィットタウン（1952 年），ニュージャージー州ウィリングボロ（1958 年），メリーランド州ラーゴ（1963 年）などが，レヴィットの建設した「レヴィットタウン」の例である。

まりサバービアにはメインストリートがないのである。このような中心のない町のややグロテスクな意匠を，マーガレット・バーク・ホワイトをはじめとするアメリカの写真家たちの一連の航空写真は見事にとらえている（**図13-5**）。

　サバービアは，アメリカン・ドリームの具現として美化される一方，ただちに批判の的にもなった。ジョン・チーバーやジョン・アップダイクのような作家たちは，サバービアの画一化された生活と保守化していく住民たちとに囲まれた生活の憂愁を，その作品に描くようになる。また社会学者たちは，ただちに学術的な見地からサバービアの問題性を指摘する研究を相次いで発表し，それがジャーナリズムの注目するところともなる[6]。

　古き良き時代のメインストリートは，戦中世代のアメリカ人にとって，ホームへの憧れの道しるべだった。そして彼らがようやくアメリカン・ドリームを実現したサバービアには，メインストリートはなかったのである。ウォルト・ディズニーが1955年にディズニーランドに「メ

写真提供：ユニフォトプレス

図13-5　ウィリアム・レヴィットが建設した「レヴィットタウン」

6）こうした研究の例としては，William H. Whyte, Jr., "The Transients," *Fortune,* May 1953, 112-17, 221-26. および John Keats, *The Crack in the Picture Window* (Ballantine Books, 1962) がある。

インストリート USA」を建設し，それが人びとの心をとらえたのは，それが典型的なアメリカの風景であったからではなく，急速に消え去りつつある風景だったからに他ならない。

●バラック

　ウィリアム・レヴィットの「レヴィットタウン」は，第2次世界大戦中の野営地建設の技術を応用して，スモールタウンと似て非なるサバービアを作り出すものだった。野営地建設技術の応用はさらにあからさまなかたちで，アメリカの大学町を侵略していた。

　アメリカの大学は，終戦とともに爆発的な入学者の増加をみる。兵隊憲章（GI Bill of Rights）は，第2次世界大戦から帰還した兵士たちに対する援助と種々の恩恵を定めた1944年制定の特別援助法である。このなかでも最も重要な支援内容は，帰還兵士の大学への優先入学，授業料免除だった。これはアメリカにおける大学進学率を飛躍的に上昇させ，今日の教育大国としてのアメリカの土台を築くことになった。

　帰還兵士たちの多くは，帰還後直ちに家庭を持つことが多かったので，家族を持った学生のための宿舎（Family Housing）も膨大な規模で必要とされた。この需要に応えるために，大学の周辺に軍隊の野営地・駐屯地に設けられるバラックやバンガローが，そのまま建設されることになった（**図 13-6**）。幸せな家庭を夢見つつ帰還した兵士たちは，戦地における生活の場だったバラックとあまりにもよく似た，家具も調度もないがらんどうの宿舎で戦後の生活を始めることになったのである。

　アイオワ大学（当時のアイオワ州立大学）の場合，**図 13-7** に見られるように大学キャンパスの西側に，1946年から47年のあいだに，670世帯分のバラックが一気に建設されている。これはアイオワ・シティーという小規模な大学町の生活と外観を劇的に変える現象であったといってよいだろう。この航空写真は，アイオワ・シティーの無惨なまでの変貌ぶりを伝えている。

●スモールタウン滞在記

アイオワ大学は，突出して多くの日本人の作家・詩人を招聘した大学である。田村隆一，倉橋由美子，吉増剛造，白石かずこ，中上健次，水村美苗，島田雅彦，吉田恭子，柴崎友香，滝口悠生らが，アイオワ大学創作科に招かれている[7]。

ロックフェラー財団は，第2次世界大戦後，アメリカの田舎の大学の優れた文学関係のプログラムに大規模な支援を行い，アメリカの冷戦文化政策に寄与する。アイオワ大学の創作科は，庄野潤三が招かれたオハ

出典：Hanna Holborn Gray Special Collections Research Center, University of Chicago Library

図 13-6　大学の周辺に設けられたバラック

出典：University Archives
Buildings and Grounds Vertical
File Collection（folder:
Temporary Buildings）The
University of Iowa Libraries

図 13-7　1946～47 年，アイオワ大学西側に建設された 670 世帯分のバラック群

---

7) 第4章で言及した，アメリカ文学者・翻訳家の宮本陽吉とその家族も，ロックフェラー財団の支援により，1964 年にアイオワ大学創作科に招かれ，図 13-7 に示されたバラックの中の一軒で1年間生活している。

イオ州ガンビアのケニオン・カレッジと並び，こうした支援計画によっ
て急成長したプログラムである。東部の名門大学ではなく，田舎のス
モールタウンの大学に大規模な支援を行うという方針は，スモールタウ
ンを「アメリカン・シーン」としてプロモートしようとした，大戦中の
プロパガンダの延長線上にあったといってよいだろう。アイオワ大学創
作科を牽引したポール・エングルは「世界がアイオワにやってくる
(The world comes to Iowa)」というスローガンを好んで口にしたが，
これは必ずしも田舎の大学教授の誇大妄想ではない。それはまさに，世
界とスモールタウンを結びつける戦時プロパガンダを青写真として，戦
後にロックフェラー財団がレールを敷いたものだった。

　奇妙なことに，日本の作家たちのスモールタウン滞在記にバラックが
言及されることは稀である。庄野潤三の『ガンビア滞在記』には，バラッ
クという言葉が何回か登場し，庄野夫妻がバラックで生活していたこと
をうかがわせるが，バラックそのものの描写はなく，ひたすらガンビア
というスモールタウンの生活，そしてその住民たちの素朴で親しみやす
い人柄が，好意的に描出されている。そこにはスモールタウンのありよ
うを決定的に変えたアメリカの戦後の教育政策や文化外交政策の影はほ
とんど見ることができない。ある意味では，バラックを不可視化するこ
とにより，冷戦政治とは無縁なスモールタウンとしてのガンビアが浮か
び上がったといってもよいだろう。

　作家たちの渡米を推進したロックフェラー財団の文化局長チャール
ズ・B・ファーズと協力して庄野潤三の渡米を取り計らった坂西志保氏
が『ガンビア滞在記』に寄せた解説文の中でも，庄野潤三夫妻がアメリ
カのスモールタウンで生活したことの意義がせつせつと述べられ，そし
て「庄野夫妻はガンビアに着いたその日から小さな町の住民になりきっ
たのである」[8]と結ばれている。日本の作家・詩人たちがアメリカのス
モールタウンという異文化に出会い，そしてその住民たちの一員である
と感じるほどに同化することは，本章で論じてきたアメリカの戦時プロ

---

8) 坂西志保「解説」，庄野潤三『ガンビア滞在記』（みすず書房，2005年），287。

パガンダと戦後の冷戦文化外交政策に，ほとんど理想的にかなったものである。もちろんそれは意識的なアメリカ政府への協力ではなかった。しかしまさにそうした政治性が無意識化されているがゆえに，日本人の作家・詩人の招聘というアメリカの文化外交政策は，いっそう見事に成功したと言えるだろう。

発展的課題

1. スモールタウンを舞台としたアメリカ映画を実際に観て，「スモールタウン」という空間がどのように物語化されているかを論じなさい。
2. ロックフェラー財団に招聘された日本の作家たちの作品を読み，そのなかにどのようなアメリカ観が表現されているかを論じなさい。

参考文献

- 庄野潤三（1959）『ガンビア滞在記』みすず書房
- 金　志映（2019）『日本文学の〈戦後〉と変奏される〈アメリカ〉─占領から文化冷戦の時代へ』ミネルヴァ書房
- 宮本陽一郎（2021）「1946年のクロノトープ─『我等の生涯の最良の年』における戦後主体の形成」『アメリカ文学評論』第26号，78-98.

14 | 翻訳のロマン主義
——「他者」をいかに訳すか

野崎 歓

《**本章の目標＆ポイント**》 外国・異言語の作品をどのように翻訳すべきかを
めぐっては，古代以来さまざまな議論がなされてきた。ヨーロッパで発想の
大きな転換が起こったのは，18世紀から19世紀にかけて，いわゆるロマン
主義の時代においてである。ギリシャ・ローマ以来のヨーロッパにおける翻
訳の概念の変遷を概観したのち，18・19世紀のドイツとフランスの例を通し
て，現代に通じる翻訳の考え方，および「世界文学」の概念の生成について
考察する。
《**キーワード**》 ロマン主義，ドイツ文学，フランス文学，世界文学，翻訳論，
アントワーヌ・ベルマン

1. 翻訳の「起源」

　自動翻訳の精度がかなりの程度まで上がってきている現在，翻訳のあ
り方が改めて問われている。翻訳とはいったいいかなる営みであるのか，またいかなるものであるべきなのか。

　以下に，西洋における翻訳をめぐる思考の流れを素描してみたい。そ
こには，「自己」に対して「他者」をどうとらえるかという問題が明確
に浮かび上がってくることだろう。とりわけ，18世紀から19世紀に起
こった翻訳観の転換——翻訳のロマン主義というべきものの台頭——
は，「他者」との関係をめぐって，現代のわれわれにまで受けつがれて
いる発想，思想の基盤を形作ったのである。

　まずは人類の歴史とともに古い翻訳の，はるかかなたの「起源」に思
いを馳せてみよう。そのためには旧約聖書の「創世記」をひもとかなけ
ればなるまい。翻訳が人類にとって必要不可欠であるのは，人類の言語
が単一ではなく，ばらばらであるからだ。ではなぜ人類の言語はばらば

らになったのか。「創世記」にその事情が説明されている。すなわち元来「全地は，一つの言語，同じ言葉であった」。ところが，「シンアルの地」に住んだ人々はレンガを焼き，アスファルトを用い，都市建築にいそしんだ。「さあ，我々は町と塔を築こう。塔の頂は天に届くようにして，名を上げよう。そして全地の面に散らされることのないようにしよう」（「創世記」11-4，引用は『聖書』の最新訳である聖書協会共同訳，日本聖書協会，2018年，p. 13）。

「シンアル」の地名はバビロニアの一都市だと考えられている。「全地の面に散らされることのないようにしよう」というのだから，住民たちが塔を立てるのは神に反抗して団結する行為だったことがうかがえる。すると主はこう言う。

> 「彼らは皆，一つの民，一つの言語で，こうしたことをし始めた。今や，彼らがしようとしていることは何であれ，誰も止められはしない。
> さあ，私たちは降って行って，そこで彼らの言語を混乱させ，互いの言語が理解できないようにしよう。」
> こうして主は，人々をそこから全地の面に散らされた。そこで彼らは，その町を築くのをやめた。それゆえ，この町の名はバベルと呼ばれた。主がそこで全地の言語を混乱させたからである。主はそこから彼らを全地の面に散らされた。（「創世記」11-6〜9）

最後の節は「バベル」という地名の由来の説明になっている。引用した最新の新共同訳では，その説明はややわかりにくい。「混乱」には「『混乱』の⌂より」と注がある。⌂はヘブライ語写本をさす略号で，ヘブライ語の言葉遊びと関係していることを示唆している。その点については旧版（1988年刊の新共同訳）の訳文のほうが明瞭だ。そちらでは「この町の名はバベルと呼ばれた。主がそこで全地の言葉を混乱（バラル）させ，また，主がそこから彼らを全地に散らされたからである」となっていた。

　一連の記述からうかがえるのは，おそらくここで「全地の言語」つまり原初の単一言語と想定されているのは，ほかならぬヘブライ語（＝旧約聖書の言語[1]）なのだろうということである。それが神の怒りにより複数の言語に分裂させられてしまった。興味深いのは，そうしたなりゆきのうちに，人類にとっての翻訳の必要性がくっきりと浮かび上がっている点だ。神が言葉を混乱（バラル）させ，人間の傲慢を罰した地であるがゆえに「バベル」と呼ばれる。ヘブライ語の音の響きに根拠をもつその縁起説は，多くの「駄洒落」や「言葉遊び」同様，他の国語に翻訳することが困難である。しかし同時に，キリスト教がヘブライ語圏を超えて広がり，西洋文明の根幹をなしていく過程において，聖書の文章は諸語に翻訳されないわけにはいかなかった。「バベル」と「バラル」は，翻訳の試みがいわば宿命的に抱えている難しさを雄弁に示している。

　そこに人間の被った「原罪」を見いだすことができるのかもしれない。しかしそれ以上に，言語の違いゆえに引き起こされる相互理解の困難が，「バベル以降」に生きる「全地」の人間の定めであることが実感される。それはおそらく，単に神による呪いとして受け止めるべき事態ではない。むしろその困難を乗り越えようと力を尽くすことにより，人間の言語が鍛えられ，文化が進展してきたことを，歴史が示している。われわれは「バベル」を多言語ゆえの人間文化の豊饒さの象徴とすることさえできるのだ。

2. 直訳か，意訳か

　西洋における最初期の重要な翻訳者として，いまにその名が伝わるのは，古代ローマのリウィウス・アンドロニクス（前 284-204 ？）である。ホメロスの『オデュッセイア』やギリシャ悲劇をラテン語に訳し，「ラテン文学の父」と呼ばれている。翻訳によって新たな文学が生み出されるもっとも初期の例ともいえるだろう[2]。

---

1)「旧約聖書の用語は大部分ヘブライ語だが，ダニエル書，エズラ記などに部分的に，ユダヤ教時代の日常語であったアラム語が使用されている」『岩波キリスト教辞典』（2002）「旧約聖書」の項（執筆・原誠）岩波書店，p. 274。

　古代ローマの文化はギリシャ文化の強い影響下にあり，いきおいギリシャ語の翻訳が大きな意味をもった。そのなかで，翻訳論のひとつの起源とされる文章が綴られることとなった。キケロ（前106-43）の「弁論家の最高種について」である。キケロは雄弁家として知られ，政治の世界で活躍するかたわら，プラトンをはじめとする多くのギリシャ語の文章をラテン語に翻訳し，ラテン語散文の規範を創造したとされる人物である。ギリシャの弁論家の文章をラテン語訳した際の序文として書かれた「弁論家の最高種について」の中で，彼は次のように自らの立場を明らかにしている。

　　アッティカ出身の最も雄弁な二人であるアイスキネースとデーモステネースの，互いに対して述べられた，非常に卓越した弁論を私はそれぞれ翻訳した。だが，私はそれらの弁論を翻訳者としてではなく，あくまでも弁論家として訳した。つまり，内容は同じままで，その形を（ラテン語の）表現にすることで，我がローマ人の語用に合った表現を用いて翻訳したのである。その際，私は言葉の代わりに言葉を置き換えて翻訳することが必要であると考えたのではなく，言葉の全体的な文体とその効力を保持した。なぜなら，私は読者にそれらの語を数えて伝えるのではなく，いわば重さを量って伝えるべきだと考えたからである[3]

　ここでキケロが提起しているのがいわゆる「直訳か，意訳か」という問題であることは明らかだ。「言葉の代わりに言葉を置き換えて」とはギリシャ語原文の一語に，それに見合ったラテン語の一語を対応させて

2）以下，翻訳の歴史をめぐっては主として次の通史による。Michel Ballard, *De Cicéron à Benjamin: traducteurs, traduction, réflexions*, P.U de Lille, 1995; Douglas Robinson, *Western Translation Theory from Herodotus to Nietzsche*, St Jerome Publishing, 1997.
3）キケロー／高畑時子訳「弁論家の最高種について」日本通訳翻訳学会篇「翻訳研究への招待」第12巻，2014年。
http://honyakukenkyu.sakura.ne.jp/shotai_vol12/10_vol-12_Takahata.pdf

いく訳し方である。それに対しキケロは「全体的な文体とその効力」の
意義を重視する。「重さを量って」という比喩表現が，個々の要素のみ
に拘泥するのではなく，それらが織りなす言説の意味作用を総体として
とらえ，伝えようとする姿勢を際立たせている。

　キケロの主張を受け継いだ有名な例が，4世紀の神学者ヒエロニュム
スである。ヒエロニュムスは聖書のラテン語訳（「ウルガタ」として長
らく西欧の教会で用いられた）の偉業により，没後は翻訳者の守護聖人
とされた。キケロの文章を念頭に置いて書かれた「翻訳の最高種につい
て」という書簡が知られている。その中で彼は，自分がキケロを手本と
して，逐語訳ではなく意訳を心がけ，「典雅さや優美さを保つ」ことを
重視していると述べている。「お前たちが翻訳の忠実さと呼んでいるも
の，これを教養ある人々は『有害な細部へのこだわり（熱意）』と呼
ぶ[4]」。一語一対応で訳すことは，「意味内容を追求」するという翻訳の
主目標にとって有害とさえなりうる，と彼は説くのである。そしてギリ
シャ語訳の旧約聖書（いわゆる「七十人訳」，最古の旧約翻訳のひとつ）
や，新約聖書の福音書の例を上げる。権威ある七十人訳とはいえ，ヘブ
ライ語原典と比べるならばかなりの加筆や削除を含む。また新約聖書
（原典はギリシャ語で書かれている）の四福音書において旧約聖書の言
葉が引用されている箇所でも，必ずしも逐語訳となっているわけではな
い。だがそれは決して「意味内容の同一性」を裏切る結果になっていな
いとヒエロニュムスは言うのである。

　こうして，古代の翻訳論においてすでに，直訳か意訳か，逐語訳か意
味対応訳かという問題が熱心に論じられていたたことが確認される。そ
の議論は，翻訳をとおしてラテン文化が形作られていくプロセスと緊密
に結びついていた。ヘブライ語やギリシャ語からラテン語への翻訳にお
いて，キケロやヒエロニュムスは過度な逐語性をいましめ，ラテン語と
しての表現の充実を求めた。中世からルネサンスまでの長きにわたり，

4）ヒエロニュムス／高畑時子訳「翻訳の最高種について」「近畿大学教養・外国語
教育センター紀要」第6巻第1号，2015年。
file:///C:/Users/kanoz/Downloads/AA12508620-20150731-0153%20(3).pdf

ラテン語は西欧における普遍語としての地位を保ち続ける。

　やがて 16 世紀から 17 世紀にかけて，その地位に徐々に取って代わるほどの威光を得たのがフランス語だった。

3.「不実な美女」とは何者か

　フランスは，西欧でいち早く中央集権国家の体制を整えていく過程で，国語の統一においても他に先駆けた。ヴァロワ朝のフランソワ１世が，行政や司法業務に用いる言語としてフランス語を王国唯一の言語に定めたのが 1539 年のこと（ヴィレル・コトレの勅令）。続くブルボン朝の時代に入ると，ルイ 13 世治下の 1634 年，フランス語の純化を目標としてアカデミー・フランセーズが創設され，いわゆる古典主義の文芸が栄える。文学上の古典主義とは，古代ギリシャ・ローマの古典に範を取り，アリストテレスの『詩法』に述べられているような美学の規則に即した創作活動を旨とするものである。ルイ 14 世の時代にはラシーヌ，モリエール，ラ・フォンテーヌといった文学者たちを輩出し，西欧におけるフランス文芸の主導的な地位が確立された。以後，フランス語は西欧からロシアにまで至る広範な地域において，文化的共通語として用いられるに至った。

　そのことはフランスにおける翻訳のあり方に興味深い特色を与えた。「不実な美女」たちが闊歩するようになったのである。

　この表現は直接には，17 世紀の有名な翻訳家ニコラ・ペロ・ダブランクール（1606-64 年）の翻訳に関して，同時代の古典学者にして文学者ジル・メナージュ（1613-92 年）が用いた表現から来ている[5]。「ダブランクール氏の翻訳が出たとき，忠実な訳ではないと文句を言う向きが多かった。私はそれを『不実な美女』と呼んだのであるが，かつて若かりし頃，私は愛人たちの一人をそんなふうに呼んだことがあったのであ

---

[5] この表現に注目した最初の例は Georges Mounin, *Les Belles infidèles*, P.U de Lille, 1955（ジョルジュ・ムーナン『不実の美女』邦訳なし）。さらに詳細な研究に Roger Zuber, *Les Belles infidèles et la formation du goût classique*, Albin Michel, nouvelle édition, 1995。日本での紹介には辻由美（1993）「不実の美女」『翻訳史のプロムナード』第四章，みすず書房がある。

る[6]。」そこで問題になった翻訳とは，紀元 2 世紀のギリシャ語作家ル
キアノスの翻訳である。ダブランクールは 17 世紀，王朝文化が絢爛と
花開いたルイ 13 世からルイ 14 世の時代にもっとも人気のあった翻訳家
だった。彼はルキアノスの代表作『本当の話』の翻訳に関し，「本書は
翻訳という以上の価値をもつものである」と誇らしげに記している。

　「あまりにみだらな部分はこれを削除し，あまりに放縦な部分はこれ
をぼかしたし，古めかしい諺や事例などについても同様に対処した」。
それは「学識よりも優雅さ（ギャラントリー）」を重んじたためであり，
「ゆえに作者の言葉や思考にあまりこだわるのではなく，作者の狙いの
枠内で，われわれの流儀や方法に従って物事を整えた」とダブランクー
ルは自信たっぷりに述べている[7]。

　すなわち，原典に対する忠実さ——それは，学識の裏付けがあるにせ
よ，ごつごつとして読みにくい逐語訳を生みがちだ——よりも，フラン
ス語表現としての「優雅さ（ギャラントリー）」のほうに優先権が与え
られている。ギャラントリーは 17 世紀的な宮廷文化の重要な構成要素
であり，そこでは下品さを排した「よき趣味（ボン・グー）」や表現の
洗練が徹底して求められた。そうした文化的通念にもとづいて「物事を
整える」とき，原文は一種の「検閲」を受けると同時に，美化・潤色の
対象となる。17 世紀フランスにおいて確立されたのは，そうした部分
にこそ翻訳者の手腕がふるわれるべきだとする考え方であり，その結果
生み出されたのが「不実な美女」たちだった。

　この表現自体，批判的意図のこめられたものだったわけであり，より
原典の字句や表現にこだわるべきだとする立場も存在した。そもそも古
典主義は，規範としての古代に対する敬意に支えられるべきものだった
のだから当然である。とりわけ 18 世紀に入ると，その点をめぐる翻訳
論争は一種，比較文明論的な様相を帯びてくる。ここでもまた問題は，
ギリシャ古典に関わる。アンヌ・ルフェーヴル・ダシエ（1654-1720 年）

6) Ballard, *op.cit.*, p. 147. メナージュの文章は Gilles Ménage, *Menagiana*, Paris,
Delaulne, 1694, t. 2, p. 186.
7) *Ibid.*, p. 171-172.

はホメロスの『イリアス』および『オデュッセイア』の個人訳（1711年および1716年）によってフランス文学史上に名を残す存在である。ラテン語からの重訳が幅をきかせていたのに対し，ダシエはギリシャ語原典の綿密な読解にもとづいて，作品の意味を克明に伝えようと，全体を韻文ではなく散文で訳した。

　それに対し，劇作家として名を馳せていたアントワーヌ・ウダール・ド・ラ・モット（1672-1731年）が，韻を踏んだ詩の形式による『イリアス』新訳（1714年）を出したのである。ラ・モットは何とギリシャ語の知識が皆無だった。それにもかかわらず敢えて，ダシエ訳を書き換えるような"新訳"を手がけたのは，ホメロスに対する評価自体を見直すべきではないかという考えからだった。自らの訳に付した「ホメロス論」において，ラ・モットはダシエ訳から読み取れるホメロスの登場人物たちの下品さや，彼らのふるう長広舌のくどさ，繰り返しや列挙の極端な多さを批判している。いずれも「よき趣味」には反するものだ。「私は不快と感じられる要素を遠慮なく変えてしまうことにした」。ラ・モットによれば，『イリアス』は有名なわりには一般にあまり読まれていない。それは現在のフランス人にとって「欠点」が目につき，読みにくいものとなっているためだ。そこで自分は削除すべきところは削除し，逆に「必要とあらば加筆する」ことも敢えて行った。「ホメロスがもし私の世紀に書いたとしたらそうしていただろうやり方」を想像して翻訳したのだと主張するのである[8]。

　その結果，彼の「翻訳」による『イリアス』は全24歌が半分に減らされてしまった。「彼はまた，勝手な注解を挿入し，挙句の果てには，内容やストーリーの骨組みの修正すら辞さない[9]」。そんな「新訳」をダシエは猛然と批判し，双方のあいだで激しい論戦が繰り広げられることとなった。

---

8) *L'Iliade, poëme, avec un discours sur Homère par M.de la Motte*, Paris, chez Grégoire Dupuis, 1714.
https://gallica.bnf.fr/ark:/12148/bpt6k111566k/f23.item#
9) ミカエル・ウスティノフ／服部雄一郎訳（2008）『翻訳―その歴史・理論・展望』文庫クセジュ，白水社，p. 44。

　原典に忠実な完訳を当然のこととみなす今日のわれわれにとって，ラ・モットによる『イリアス』は翻訳というよりも翻案，アダプテーションであり，ダシエとラ・モットでは目指すところがまったく別なのだから，互いに否定しあうにも及ばないと思える。しかし両者の諍いが単に翻訳論争に留まらない広がりをもったのは，それが前世紀以来フランスの文化を揺るがしてきた「新旧論争」の核心に触れるものだったからである。17 世紀古典主義において，古代ギリシャ・ローマの作品は絶対的であり，その成果は乗り越えがたい規範とみなされていたはずだった。しかし「太陽王」ルイ 14 世の治下，ヴェルサイユ宮殿の栄華が全ヨーロッパに名をとどろかすに至ると，自分たちの時代はもはや古代を凌駕した，現代は過去の優位に立つと主張する人びとが現れ始める。それが長詩「ルイ大王の世紀」（1687 年）を書いたシャルル・ペローに代表される「近代派」であり，ラシーヌ，ラ・フォンテーヌらの「古代派」と激しい意見の応酬があった。

　18 世紀のホメロス翻訳をめぐる論争は，この新旧論争の再燃という性格をもった。ダシエがホメロスの作品を全面的に支持し擁護しようとしたのに対し，ラ・モットはホメロスを現代人の嗜好に合うよう書き変える自由を主張した。もはやギリシャをお手本にする必要などない，フランス語はギリシャ語を超えた表現力と美を備えるに至った。そんなラ・モットの確信には，当時のフランス人たちの多くが抱くフランス中華思想というべきものの存在が感じられるのである。

　論争は，文壇の長老フェヌロン（1615-1715 年）が御年 99 にして介入し，「古代人に対する高雅な競争心が嵩ずるがあまり，偉大な創始者たちを蔑み，その研究を怠るようになるならばそれは危険なことと思える」（1714 年 5 月 4 日付書簡）とラ・モットを諭すことで決着を見た。しかし実のところラ・モット流の古典の書き換えは，当時，古典に忠誠を誓ったはずの「古代派」の人々にも見受けられた。たとえばフランス古典主義の「よき趣味」では，「ろば」といった卑俗な語を用いるのは避けるべしという通念があった。有名な例を紹介すれば，ダシエのホメロス訳では原典中の「ろば」が，「忍耐強く丈夫だが，のろまで怠けも

のの動物」と言い換えられていた[10]。自分たちの価値基準を最優先させ，過去の作品や外国の作品にもそれを押しつけて「美女」を生み出すやり方が深く浸透していたのである。

4. 他者の肯定

　もっぱらフランス語の美的洗練を尊び，かつ追求する姿勢に支えられて，フランス語の価値は上昇し，周辺諸国に対するフランス語の威光はいや増した。「大王」と敬われたプロイセン国王フリードリッヒ2世（1712-86年）は，日常会話にフランス語を用い，1780年には『ドイツ文学について――その非難されるべき欠点，原因と改善策』を（フランス語で）著した[11]。そこで王は，ドイツにフランス語のような統一言語がないことを嘆いている。

　他方，フランスにおける外国文学の翻訳受容には大きな歪みが生じていた。「明晰ならざるもの，フランス語にあらず」とは，アントワーヌ・ド・リヴァロルの論文「フランス語の普遍性について」（1784年）に見える言葉である[12]。これはフリードリッヒ2世治下のプロイセン学芸アカデミー主催による論文コンクールに応募し，当選した論文だった。同論文発表の翌年，リヴァロルはダンテ『神曲』「地獄編」の翻訳を刊行した。その序文にはこう記されている。「逐語訳によっては愚劣な表現やおぞましい印象しかもたらされない場合にはことごとく，それを覆い隠す方針を取った[13]。」たとえダンテであろうが，原著の表現ではなく，フランス語としての上品さこそを優先させるべきなのである。そうした発想を支える宮廷貴族文化の規範性は，みじんも疑われていない。

　もちろん，その宮廷貴族文化はまもなく訪れる大革命によって，根底

---

10) 辻，前掲書，p. 134。
11) Frédéric II de Prusse, *De la littérature allemande*, Gallimard, 1994.
12) Antoine de Rivarol, «De l'universalité de la langue française».
https://gallica.bnf.fr/ark:/12148/bpt6k98382/f13.item
13) Dante Alighieri, *L'Enfer: poèmes en XXXIV chants*, 2 vol., traduit par Rivarol, Paris, Aux bureaux de la publication, 1867.（Nicolas David の序を付した新版）
https://gallica.bnf.fr/ark:/12148/bpt6k75226v/f39.item.r=rivarol%20dante%20l'enfer

から揺さぶられる運命にあった。それだけではない。フリードリッヒ 2
世がフランス語礼賛論をものしていた時期，ドイツ文学はゲーテやシ
ラーらの活躍により，フランスに先んじてロマン主義の勃興を経験しつ
つあった。それは同時に，翻訳をめぐる一大ムーヴメントを形成しても
いたのである。

　実際，翻訳という観点から見るとき，ドイツ・ロマン主義とは外国の
文学に対する興味を熾烈なまでに高まらせ，未知の作品の翻訳紹介に驚
くべきエネルギーを傾注した運動ということになるだろう。その中か
ら，アウグスト・ヴィルヘルム・シュレーゲル（1767-1845 年）のよう
な大翻訳家が登場した。シュレーゲルはヨーロッパ諸語——近代語に加
え中世フランス語や古ドイツ語——に通暁していたのみならず，ギリ
シャ語，ラテン語，さらにはサンスクリット語にまで通じており，超人
的というべき訳業を残した。英語からシェイクスピアを，イタリア語か
らダンテ，ペトラルカ，ボッカッチョを，スペイン語からカルデロンを
ドイツ語に，そしてサンスクリット語から『バガヴァッド・ギーター』
をラテン語に翻訳している。その驚くべき実践をとおして，彼は原典の
尊重を強く打ち出した。フランスにおける翻訳学の代表者アントワー
ヌ・ベルマンは，彼の次のような言葉を紹介している。「私の意図はあ
らゆるものをその形式および個性を保持したまま詩として翻訳できるよ
うになるということである」（ベルマン／藤田省一訳（2008）『他者とい
う試練　ロマン主義ドイツの文化と翻訳』みすず書房，p. 277）。シュ
レーゲルによれば，文学作品は「ありのまま」翻訳されなくてはならな
い。「それは，自分の恋人から雀斑が消し去られてしまうのを欲する男
など一人としていないのと同じことである」。

　原作への愛情，敬意ゆえの忠実さが唱えられただけではない。ベルマ
ンの見るところ，ドイツ・ロマン主義の大きな特色は，翻訳に関する哲
学的・理論的な考察を深め，翻訳に新たな意義を認めた点にあった。
ゲーテはいみじくも述べている。「一国の言語の力というものは，異質
なものを拒絶するところではなく，それを貪るように取り入れるところ
にある」（同書，p. 26）。その際，異質なものを適宜書き換えて，抵抗

なく理解できるように整えるのではなく，むしろ異質さをそのまま生か
し，受け容れることに積極的な価値が求められるのだ。

　「文芸の父たるホメロス」をいかに翻訳すべきかをめぐって，ゲーテ
と親交の深かった哲学者ヘルダーはこう記した。

　「いかなる場合においても美化することは断じて許されない（…）。現
在の国民的趣味を過度に誇るフランス人は，別の時代の趣味におのれを
合わせる代わりに，すべてを自分の趣味に引き付ける（…）。対してわ
れわれ，公衆（プブリクム）も祖国もまだもち合わせておらず，国民的
趣味の専制を今のところ免れている憐れなドイツ人は，別の時代をある
がままの姿形で眺めることを望む」（同書，p. 85）。

　ここではフランス的な「不実な美女」から離脱することの必要性が，
はっきりと意識されている。最後に記されている「別の時代」を「別の
国」と読み替えるなら，これは外国文学に対して開かれた姿勢の宣言と
なる。

　そこに認められるのは，自己とは明らかに異なる他者を，差異を含め
てまるごと受け止めようとする，倫理的ともいえる姿勢である。そうし
た逐語訳の精神ははるか昔から，とりわけ聖書の翻訳において求められ
てきたものだった。それがいま，各国語による世俗の文学作品にも求め
られるようになったのである。しかもそのとき，他者に開かれているこ
とが自己との出会いにもつながるものとなる。大翻訳家アウグスト・
ヴィルヘルムの兄である思想家フリードリッヒ・シュレーゲルはこう述
べている。「だからこそ人間は，自分自身の再発見をつねに確信しつつ，
繰りかえしおのれの外に出てゆくのだが，それは自己のもっとも奥深い
存在の補完となるものを異なるものの存在の深みに探し求め見いだすた
めである。コミュニケーションと歩み寄りの働きこそが，生の務めであ
り，力なのである」（同書，p. 97）。

　こうしたドイツ・ロマン主義における思想の深まりと発展は，そのま
ま現代に直結する翻訳の可能性を拓いたといえるだろう。アントワー
ヌ・ベルマンによれば，「翻訳がただの媒介ではなく，われわれと〈他
者〉の一切の関係がそこで決せられるようなプロセス」（同書，p. 376）

であることがはっきりと認識されたのである。

　そのなかでも注目に値するのは，ゲーテの提唱した翻訳三段階説である。ゲーテが『西東詩集』（1819年）に付した『注解と論考』の一節「翻訳について」で披瀝しているものである（生野庄吉訳（2003）『ゲーテ全集　15』潮出版社，pp. 361-383）。

　すなわち，ゲーテによれば「翻訳には三つの種類がある」。第一は「簡素な散文体」による「急いで眼をとおして大意を汲むに適した」翻訳。表現上の工夫を欠くという意味で，いわゆる直訳に相当すると考えられる。第二はフランス人が得意とする，ゲーテいうところの「パロディスト的」なやり方。「フランス人は，感情，思想，さらには対象をすら同じように取り扱い，あらゆる異国の果物のかわりに，自国の土壌に根ざした代替品を求める」。つまり「不実な美女」につながる意訳である。

　ゲーテの独創は，直訳・意訳の二項対立に留まらず，それらを含みつつさらにダイナミックに展開されうるものとして翻訳を捉えたことにある。すなわち彼によれば，翻訳には「最高にして最後の時期」における第三の種類が存在する。そこでは翻訳者は「翻訳を原典と同化させ，一方が他方のかわりになるのではなく，他方と同じ力をもつようにしようとする」。これは「多少とも自分の民族の独自性を捨てる」点で，最初のうちは読者の抵抗を招く。しかしゲーテによれば，彼の同時代のホメロスやシェイクスピアの優れた翻訳は，原作をドイツ語の流儀に合わせて作り変えるのではなく，また味気ない逐語訳に留まっているわけでもない。原作の表現に密着し，呼応しながら，やがてはドイツ語になじんだものとなるような翻訳なのである。

　　原典と同化しようと努める翻訳は，究極的には行間にひそむものの表現に近づき，原典の理解を大いにたやすくしてくれる。それを通じてわれわれは原テクストにみちびかれ，否，駆りやられ，最後には，異国の要素，土着の要素，旧知のもの，未知のものが接近しあおうとして動いている全円が閉ざされるのである。（『注解と論考』p. 383）

ただし「全円が閉ざされる」としても，そこで翻訳が静止するわけではない。ゲーテによれば，「完璧なものにも不完全なものにもとどまっていらはいられないのが人の常」である以上，異国と土着，旧知と未知のあいだの往還がふたたび始まる。そうした他者との絶えざる出会いによってこそ，人間は（そして一つの社会，文化もまた）おのれを鍛え，形作っていく。それがドイツ的な「ビルドゥング」（教養・形成・陶冶）概念の根幹をなしている，とベルマンは分析している。ゲーテを始めとするドイツの文学者たちが，翻訳をかくも重視した理由もそこにあった。

5. 翻訳の創造性

ドイツ・ロマン主義における翻訳の実践と，翻訳をめぐる思想の進展，深化の背景には，ヘルダーが述べていたとおり，当時のドイツ——いまだ国家としての統一も成し遂げられていない——が「国民的趣味の専制」を免れていたこと，つまりフランスのように古典主義が確固たるものとして樹立されていなかったという事情があった。それが逆に，他国の文化に開かれた姿勢，異なるものから学び取ろうとする意欲につながった。そのときドイツにおいては，ゲーテの提唱した概念を用いれば「世界文学」[14] が賑わい栄えることとなった。

一方，それとは対照的な状況のうちに取り残されたのがフランスである。古典主義の強固さゆえに，古典主義の規範から逸脱するロマン主義の到来は遅れ，大革命からナポレオン帝政へと続く社会の混乱は文化に停滞をもたらした。そのとき，"中華思想"をゆさぶり，異なるもの，他なるものをもちこむことでフランスの文化，文学に新たな時代を開く役割を果たしたのは，革命やナポレオン帝政のために亡命を余儀なくされた文学者たちだった。そうしたなりゆきを，翻訳や外国文学受容のあり方の変化が如実に反映している。

---

14)「今日，国民文学はあまり意味がない。世界文学の時代が到来しているのだ」エッカーマンとの対話，1827年1月31日の発言。ゲーテ／小岸昭訳（2014）「『文学論』」『ゲーテ全集』第13巻，潮出版社，p. 94。

　先駆的な意義をもったのが，スタール夫人の『ドイツ論』（1810 年）
である。広くヨーロッパを旅し，諸国の知識人と交流したスタール夫人
は，先に紹介した大翻訳家シュレーゲルをドイツ語の家庭教師とし，ド
イツ文学の新しい動きをつぶさに学んだ。その成果を盛り込み，ロマン
主義芸術の息吹を伝えたのが『ドイツ論』である。ところがナポレオン
皇帝の治下，初版は刊行直前に押収，破棄され，スタール夫人はイギリ
スに亡命した。

　警察大臣サヴァリが夫人に送った書簡には，「この国の空気はどうや
ら貴女には相応しくないようです」「貴女の最近の著書はフランス的と
は申せません」とあった[15]。外国文学に対して閉ざされた姿勢が，偏
狭な自国中心主義と結びついていたことがよくわかる。だがナポレオン
が没落したのち，閉鎖性を打ち破ろうとする動きが一気に顕在化してい
く。外国の現代小説の翻訳が活発になり，1830 年にはフランスでの小
説出版点数の 4 割以上を翻訳書が占めるに至った[16]。ロマン主義の時
代，フランスもまた世界文学に門戸を大きく開いた。その時期を代表す
る翻訳の一つと目されるのが，シャトーブリアン（1768-1848 年）によ
る英文学史上屈指の叙事詩，ミルトン『失楽園』の仏訳（原著 1667 年，
シャトーブリアンによる仏訳は 1836 年）である。

　シャトーブリアンは革命中のイギリス亡命を経て，革命後に小説『ア
タラ』や『ルネ』によって一躍文壇の寵児となり，「文章の魔術師」と
畏敬された存在だった。旧約聖書の「創世記」を題材とするミルトンの
大作を仏訳するにあたり，「優雅な翻訳をめざすだけのことだったなら，
私の文章力をもってすればそうした翻訳で卓越した成果を生むことが不
可能ではなかっただろうことは認めていただけるだろう[17]」と彼は自

---

15) スタール夫人が『ドイツ論』「序」で披露している逸話。梶谷温子・中村加津・
大竹仁子訳（2000）『ドイツ論 1』鳥影社，p. 12。
16) *Histoire des traductions en langue française*, sous la direction d'Yves Chevrel,
Lieven d'Hulst et Christine Lombez, Verdier, 2012, p. 268.
17) 以下の版をパリ国立図書館のインターネットアーカイヴで参照。
«Remarques», Milton, *Le Paradis perdu*, traduction de Chateaubriand, Renault, 1861.
https://gallica.bnf.fr/ark:/12148/bpt6k5452523p.texteImage

らの翻訳に付した序論冒頭で述べている。そして自分の試みたのは「十全な意味における直訳である」という。自分はガラス越しに原文を「敷き写しにした」とも述べるのだが，そうした方法を選択した背景には，これまでなされてきたフランスでのミルトンの翻訳が，語の辞書的な意味だけを取って表現力を欠いた「摘要」に留まるか，あるいはその反対に「パラフレーズによる潤色」に陥るかのどちらかで，作品の真価を伝えるものではなかったという判断があった。つまりシャトーブリアンがここでいう「直訳」は逐語訳としての直訳でもなければ，もちろん安易な意訳でもなかった。それは徹底して「正確さ」を追求しながら，同時にミルトン固有の文体がもたらす衝撃をフランス語で作り出そうとする企図だったのである。

　その翻訳において，シャトーブリアンは造語をしたり，古語を甦らせたりといった手段に訴えることもあえて辞さなかった。さらに，通常は自動詞でしか用いないフランス語の動詞を，英語の動詞に合わせて，他動詞で用いるといった一見無茶なやり方も取っている。そうした破格の訳によってこそ読者は「英語の精髄」を垣間見ることになり，「ミルトンの独創性，あるいは彼のエネルギー」に触れることができるのだとシャトーブリアンは言う。そして「私の試みがあまり拙いものでないとすれば，これがいつの日か，翻訳法にひとつの変革をもたらしうるのではないか」と将来を展望するのだ。

　そうした変革はまちがいなく起こっていた。そのことを端的に示すのはシェイクスピアのフランス語訳である。シェイクスピアの演劇は，古典主義の規則にまったく合致せず，悲劇の中に喜劇的要素が混じっていたり，王子が居酒屋に出かけたり，舞台上で人が殺されたりといった，フランス側から見れば「よき趣味」に反する要素に満ちている。それゆえフランスではもっぱら，フランス文化に適合する形に修整したうえで紹介されてきた。一例を上げれば『オセロ』で重要な役割を演じる小道具，デズデモーナの「ハンカチ」である。

　「ハンカチ」はフランス語では mouchoir だが，これは「鼻をかむ」moucher の派生語で，古典主義的には非常に卑しい単語であり文学作

品にふさわしくないとされた（西洋では鼻をかむのにハンカチを用いるのが一般的）。そこでフランスの演劇において，ハンカチはさまざまに置き換えられてきた。『オセロ』の 18 世紀の仏訳では「ダイアモンドの髪飾り」ということにされていたし，シェイクスピア以外の例だが，19 世紀になっても，シラーの『マリー・スチュワート』仏訳に出てくる「ハンカチ」は単に「布地」と翻訳された。1829 年，ロマン主義の詩人ヴィニーは『オセロ』の新訳を世に問うにあたり，そうした過去の「ハンカチ」をめぐる経緯を列挙し，皮肉っている[18]。ヴィニーとともに，ようやく「ハンカチ」は「ハンカチ」として訳されることとなったのである。

　こうして，ロマン主義における翻訳とは，あえて大仰な表現をするならば「真実の追求」であると言える。それは自国の価値基準に見直しを迫り，慣用表現や紋切り型を揺さぶる営みともなる。20 歳そこそこでゲーテの『ファウスト』を翻訳して文壇にデビューし，フランス・ロマン主義の精華というべき詩や小説を残したジェラール・ド・ネルヴァル（1808-55 年）は，自らの訳したドイツ詩集の序文で次のように状況を解説している。

　　今日ほど翻訳が増えたことはかつてなかった。これはゴート人やヴァンダル人の侵入だ！　という人たちがいる。別の人たちは言う。外国人が文芸復興をもたらしたのだ！……　きわめて有益でまた輝かしい文芸復興……　私は後者の考えを採りたいが，その根拠はドイツの例そのものに基づいている。
　　ドイツでは最大の作家も翻訳をおろそかにしなかった（…）。シラーとその一派［＝ロマン派］を評価するためにはわが国のあらゆる伝統，われわれの詩法のあらゆる要求をしばし忘れなくてはならない。自分たちの服とは似ても似つかないからといって，そういう服をばかにしてはならない[19]。

---

18) Alfred Vigny, «Lettre à Lord*** Earl of ***», *Œuvres complètes*, t. 1, Gallimard, Pléiade, 1985, p. 408-409.

こうして，ロマン主義が翻訳にどのような新しい時代を開いたのかが理解できる。直訳か意訳かといったテクニカルな問題の根底にひそむ，異なるもの，他なるものに対峙する姿勢自体が問われる時代が到来したのだ。古典主義との関係において対照的な状況にあったドイツとフランスの例は，互いに補い合って，現代にもなお意味をもつ事例を提供している。

ロマン主義の時代は国民国家が勃興するとともに，国家の枠を超えた遭遇と交流の重要性が増す時代だった。その中で翻訳は，他者に開かれた謙虚さ，他者を受容する精神の柔軟さを意味するとともに，他者との触れ合いをとおして自己を鍛え，外からの新しい刺激によって自己を作り直していくプロセスともなる。元来，ローカルな言語の地域限定的な産物である各国語の文学作品は，たえざる翻訳の営みによって互いの内容を知り，大きな連携の場を共有することができる。「世界文学」は翻訳によって作り出される。21 世紀に生きるわれわれもまた，ロマン主義以降の「世界文学」の場のうちにいるのだ。

🎸 研究課題

1．旧約聖書「創世記」のバベルの塔をめぐる挿話を読んで，多言語状況がどうして生まれたとされているのか，確認してみよう。
2．フランスの古典主義とドイツのロマン主義における翻訳観の大きな違いはどこにあるのか，考えてみよう。
3．フランスやドイツの例と比べたとき，日本における翻訳のあり方はどうだったかを考えてみよう。

19）ネルヴァル／大浜甫訳（2001）「『ドイツ詩集』序文」『ネルヴァル全集 I』筑摩書房，p. 452［訳文一部変更］。

引用・参考文献

- 聖書協会共同訳（2018）『聖書』日本聖書協会
- 新共同訳（1998）『聖書』日本聖書協会
- 大貫隆・名取四郎・宮本久雄・百瀬史晃編集（2002）『岩波キリスト教辞典』岩波書店
- キケロー／高畑時子訳「弁論家の最高種について」日本通訳翻訳学会篇「翻訳研究への招待」第 12 巻，2014 年（URL は本文脚注に記載）
- ヒエロニュムス／高畑時子訳「翻訳の最高種について」「近畿大学教養・外国語教育センター紀要」第 6 巻第 1 号，2015 年（URL は本文脚注に記載）
- Michel Ballard, *De Cicéron à Benjamin: traducteurs, traduction, réflexions*, P.U de Lille, 1995.
- *L'Iliade, poëme, avec un discours sur Homère par M.de la Motte*, Paris, Grégoire Dupuis, 1714.（URL は本文脚注に記載）
- ミカエル・ウスティノフ／服部雄一郎訳（2008）『翻訳—その歴史・理論・展望』文庫クセジュ，白水社
- 辻由美（1993）『翻訳史のプロムナード』みすず書房
- アントワーヌ・ベルマン／藤田省一訳（2008）『他者という試練　ロマン主義ドイツの文化と翻訳』みすず書房
- ゲーテ／生野庄吉訳（2003）「『注解と論考』」『ゲーテ全集　15』潮出版社
- ゲーテ／小岸昭訳（2014）「『文学論』」『ゲーテ全集』第 13 巻，潮出版社
- スタール夫人／梶谷温子・中村加津・大竹仁子訳（2000）『ドイツ論 1』鳥影社
- René de Chateaubriand, «Remarques», Milton, *Le Paradis perdu*, traduction de Chateaubriand, Renault, 1861, pp. I–XV.
- Alfred Vigny, «Lettre à Lord*** Earl of ***», *Œuvres complètes*, t. 1, Gallimard, Pléiade, 1985, pp. 396–412.
- ネルヴァル／大浜甫訳（2001）「『ドイツ詩集』序文」『ネルヴァル全集 I』筑摩書房

15 異文化との出会い

野崎　歓・滝浦　真人

《本章の目標＆ポイント》 文学・文化論から見た異文化との出会いと，言語から見た異文化との出会いはどのように切り結ぶだろうか？これまでの14回を振り返って，あらためて「異文化との出会い」について考える。
《キーワード》 異文化との出会い，他者，ルース・ベネディクト，二葉亭四迷，ポライトネス，文字と言語，コミュニケーション調節

1.「敵」との出会いから出発して

●他者をいかにして存在させるか

異文化との出会いは，必ずしも瞬時にして成就されるものではない。それはむしろ，意識的な努力と粘り強い意志に支えられて，徐々に実現されていく事柄なのだ。その事実を，本書の第1章では日本におけるキリスト教の受容，特に聖書の日本語訳の歴史という大きな事例をとおして考察した。第2章では西洋文学に学びながら独自の文学が創造されたプロセスを，作家・大江健三郎の個別的ケースに即して跡づけた。

そうした事例が示す西洋との関係性は，単に文化伝播のメカニズムの一端というに留まらない。「西」から「東」へと押し寄せてくる地政学的な巨大な力が，そこに働いていたことは明らかだろう。日本で暮らすわれわれにとってみれば，イエズス会の宣教師たちの到来以降，断絶の一時期を挟みつつも，西洋からやってくるさまざまな知的刺激に応対することが日々の常態となり，大げさに言えば一つの宿命ともなったのである。

「地球が丸くなって以来，東方（オリアン）も西方（オクシダン）も意味をなさない」と，20世紀フランスのあるインド学者が書いている1)。まことにもっともな言葉

だが，同時に，東方と西方を分かつ差異が全地球的^{グローバル}な意味をもつかのように感じられ始めたのは，まさに「西方」の冒険者たちによって地球が丸いことが実地に証明され始めた大航海時代からなのである。それは，「西方」がおのれの文明の優位を自覚し，その強化発展を求めて「東方」を自らの支配下に置こうとする歴史の始まりだった。サイードの著作『オリエンタリズム』（1978年）がラディカルに分析・批判したような，「西方」に都合のいい「東方」イメージの創出と押しつけもまた，植民地主義的な支配体制と固く結びついたものだった。

　他方，おのれのイメージを戦略的に練り上げて「東方」に向け発信することも，「西方」側の重要な政策の一つとなった。第一次世界大戦以来，世界の地政学的中心はヨーロッパからアメリカへと大きく移動した。より強大な新しい「西方」としてのアメリカ合衆国は，対外文化戦略に努力を傾注した。そのことは本書第3章における，合衆国「戦時情報局」の活動をめぐる考察，第4章における「ペーパーバック」が及ぼした影響をめぐる論考，そして第13章における「スモールタウン」が果たした役割に関する分析によって，つぶさに示されている。

　第3章で紹介されている，大戦中に「戦争省心理戦争分課」の資料として作られた冊子の「日本人の文化的コンプレックス」をめぐる一節は，パンデミックの時代を生きるわれわれにとってひときわ生々しく，興味深い。日本人は病への感染への恐怖心が異常に強いがゆえに，「コレラ，マラリア，ジフテリアなどが日本の占領地域で流行し始めたという風説を流すこと」がプロパガンダ作戦として有効であるというのだ。異文化・異民族に対する，あまりに粗雑な理解が露呈しているというだけではない。この資料の制作者にとって，日本人は滅ぼしてかまわない敵としてのみ想定されており，他者として真に「存在」してはいないことがうかがえる。

　それはもちろん，戦時下において無理からぬ心理とも言えるだろう。しかしまた，もしこの一例から「アメリカ人は日本人を見下している」

1）シルヴァン・レヴィの言葉。彌永信美『幻想の東洋　オリエンタリズムの系譜』青土社，1987年，p.35の引用による。

「アメリカ人にはアジア人が理解できない」等々の判断を下すとしたら，それもまた，この資料制作者とほとんど同程度の，単純にして粗野な心性の露呈ということになってしまう。何しろアメリカでは，戦時情報局の活動の枠内における研究が，日本文化に対する最高度の理解を示す『菊と刀』（1946 年）として結実してもいたのである。

　ルース・ベネディクトのこの著作は，戦略的目的にもとづきながらも，自己の価値観をできるだけ押し付けることなく「敵」の身になって理解し，異質なロジックを記述しようとする意志につらぬかれている。ベネディクトはいみじくも述べている。「戦争中には敵を徹頭徹尾こきおろすことはたやすいが，敵が人生をどんなふうに見ているかということを，敵自身の眼を通してみることははるかにむずかしい仕事である[2]」。日本を一度も訪れた経験がなくとも，著者にとって日本人がまぎれもなく「存在」していたことが，この著作を虚心にひもとく者には感じられるはずだ。しかも『菊と刀』の分析には，アメリカ社会において暗黙裡の前提とされがちな，画一的な世界観自体を問い直す性格すら備わっている[3]。

　ベネディクトの姿勢は，「菊」の優美と「刀」の殺伐を併置した表題に示されているとおり，複数的な意味の体系に向けて開かれている。そこには「日本人は病への感染への恐怖心が異常に強い」といった一面的な定義づけの罠に陥るまいとする精神がうかがえる。何らかの「本質」を安易に当てはめるとき，他者の存在はたちまち現実性を失ってしまう。「存在（＝実存）は本質に先立つ」とは，ベネディクトの同時代人であるフランスの哲学者，ジャン＝ポール・サルトルの唱えた実存主義の要諦であった。

2）ベネディクト『菊と刀』長谷川松治訳，講談社学術文庫，2005 年，p. 15。
3）ベネディクトは「国際親善」を唱えながら他国民に自分たちと同じ世界観を要求する人々がいることを批判し，「他国民を尊敬する条件としてそのような画一性を要求する」のはおかしいと指摘している。「心の強靭な人びとは差別が存することに安んじる。彼らは差別を尊敬する」。ベネディクト，前掲書，p. 27。この訳文中の「差別」は原文では differences（「差異」「違い」）である。

298

●他者はいかにして自己となるのか

「敵」と真摯に向かいあうことが、他者理解への第一歩につながる。そうした例を日本に求めるならば、すぐに思い浮かぶのは二葉亭四迷の場合である。ロシア文学者として、さらには作家として、日本の近代小説の礎を築く仕事を残した二葉亭の出発点には、ロシアに対する敵視と、愛国的な志があった。ロシア語を学ぼうと考えた動機を、彼は自伝「予が半生の懺悔」（1908年）で説明している。それは「露国との間に、かの樺太千島交換事件という奴が起っ」た時期のことだった。日露間で樺太・千島交換条約が締約されたのは1975（明治8）年である。その内容は今日の北方領土問題の争点を含むものだった。条約自体は平和裏に締約されたが、「世間の輿論は沸騰」した。

「すると、私がずっと子供の時分からもっていた思想の傾向——維新の志士肌ともいうべき傾向が、頭を擡げ出して来て、即ち、慷慨憂国というような輿論と、私のそんな思想とがぶつかり合って、其の結果、将来日本の深憂大患となるのはロシアに極ってる。こいつ今の間にどうにか禦いで置かなきゃいかんわい……それにはロシア語が一番に必要だ。と、まあ、こんな考からして外国語学校の露語科に入学することとなった[4]。」

つまり、のちの二葉亭四迷こと長谷川辰之助は、日本の将来にとって最大の障害として立ちふさがるだろう敵国ロシアの事情を探るべくロシア語学習を志したというわけである。「志士肌」の語は、幕末に異国排斥と尊王の旗を掲げた者たちの記憶を呼び起こす。ただし二葉亭がいわゆる尊王攘夷思想の信奉者だったわけではない。自分は「一種の帝国主義（インペリアリズム）に浮かされて」いたのだと彼は述懐している。

ところがあにはからんや、真剣にロシア語を学び始めた二葉亭を待っていたのは、俗に「ミイラ取りがミイラになる」といわれるような事態だった。露語科の授業でロシアの代表的作家の作品を読まされるうちに、「帝国主義」の熱は冷め、「文学熱のみ独り熾んに」なったのである。

4）二葉亭四迷「予が半生の懺悔」『平凡・私は懐疑派だ』講談社文芸文庫、1997年、pp. 260-261。

彼はツルゲーネフ，ゴンチャロフ，ドストエフスキーに夢中になった。そしてツルゲーネフ『父と子』の翻訳に手を染める。それは大変な苦労を二葉亭に強いた。

「その時はツルゲーネフに非常な尊敬をもってた時だから，ああいう大家の苦心の作を，私共の手にかけて滅茶々々にして了うのは相済まん訳だ，だから，とても精神は伝える事が出来んとしても，せめて形なと，原形のまま日本へ移したら，露語を読めぬ人も幾分は原文の妙を想像する事が出来やせんか，と斯う思って，コンマも，ピリオドも，果ては字数までも原文の通りにしようという苦心までした。今考えると随分馬鹿げた話さ[5]。」

　第 14 章で，西洋における翻訳の歴史を概観したが，ここで二葉亭が実践しようとしたのは，徹底した逐語訳の試みであり，シャトーブリアンのいわゆる「ガラス越しに原文を敷き写」すやり方である。それが原作および原作者に対する並外れた敬意の表れだったことは，上の引用に見られるとおりだ。ロシアに対する敵愾心に，一途なまでのロシア文学憧憬，崇拝が取って代わったのである。その結果生まれたのは次のような訳文だった。1884（明治 21）年，二葉亭が 24 歳で発表したツルゲーネフ「あいびき」の中の，たまたま出会った農家の少女を描写した一節である。

「たれをか待合わせているのとみえて，何か幽かに物音がしたかと思うと，少女はあわてて頭（かしら）を擡げて，振り反ってみて，その大方の涼しい眼，牝鹿のもののようにおどおどしたのをば，薄暗い木蔭でひからせた。クワッと見ひらいた眼を物音のした方へ向けて，シゲシゲ視詰めたまま，しばらく聞きすましていたが，やがて溜息を吐いて，静に此方（こなた）を振り向いて，前よりは一際低く屈みながら，またおもむろに花を択（え）り分け初めた。擦りあかめたまぶちに，厳しく拘攣（こうれん）する唇，またしても濃い睫毛の下よりこぼれ出る涙の雫は流れよどみて日にきらめいた[6]。」

　実に細やかな描写で，原文と対照せずとも，ロシア語テクストをそっ

5）前掲書，pp. 266-267。
6）二葉亭四迷「あいびき（ツルゲーネフ）」，前掲書，pp. 168-169。

くり日本語に置き換えていこうとする訳者の懸命さが伝わってくる（もちろん，ここでの二葉亭は「字数」まで「原文の通り」というこわばった形式主義からは，すでに脱却しているはずだが）。明治までの日本文学の伝統とは異なるリアリズムに基づくこうした翻訳文体が，若き二葉亭の訳業とともに確立されたことが実感される。これ以降，ほとんどの翻訳小説は今日にいたるまで，基本的にこうしたスタイルを踏襲しているのだ。第14章での議論を引き継ぐなら，それは「不実な美女」を志向するものではなく，翻訳のロマン主義の発露というべきものである。外国語の異質さを骨抜きにしようとせず，その骨格や論理までをもそっくり移し替えようとする翻訳だ。しかもそのとき，日本語に新しい力や表現性が宿った。二葉亭が翻訳から小説の創作へと移行するなかで，言文一致体を推進させ，日本近代文学の方向を決定づけたことは多くの論者が認めるところである[7]。

　翻訳文のスタイルということに戻るなら，いかにも翻訳調といった文体が，以後，日本においてはむしろ，翻訳ならではの読み応えあるものとして受け容れられることとなる。ヨコタ村上孝之によれば，それは「透明な翻訳」が「標準化」された英語圏とはまったく異なる事態である。「このことは端的に言って，英語圏では英語が特権的地位を持っていたのに対し，日本では日本語ではなく西洋語が特権的地位を持っていたという，一種のコロニアルな状況と結びついているに違いない。英語もどきの，ロシア語もどきの日本語は，日本においては拒絶されないのである[8]。」

　しかし，日本的な翻訳文体を「一種のコロニアルな状況」，すなわち西洋に対する屈服といった図式のみに還元させる必要はないだろう。ここでもまた，ドイツ・ロマン主義における翻訳と自国文化創造の相関性を思い出しておきたい。翻訳とは単に政治的な支配関係の関数ではない。それは他者へと向かう主体的な——ときとして情熱的な——行為で

7) そうした二葉亭論の古典と目されるのは中村光夫『二葉亭四迷伝』である（進路社，1947年。のち講談社文芸文庫，1993年）。
8) ヨコタ村上孝之『二葉亭四迷』ミネルヴァ書房，2014年，p. 115。

あり，一見，自己を失う危険を冒すかに見えながら，結局は自己を創り出すプロセスを含んでいる。フリードリヒ・シュレーゲルの言葉にあったように，「異なるものの深み」を探求することのうちに，「自己の最も奥深い存在の補完となるもの」を見出す可能性が兆す。そのようにして日本文学は，翻訳の経験を積み重ねるうち，二葉亭四迷から大江健三郎や村上春樹に至る，固有の価値をもつ小説の伝統を樹立したのだ。

　「敵」を排斥するのではなく理解しようと試みることのほうが，文化的には，はるかに豊かな帰結をもたらしうる。さまざまな局面におけるそうした例を，歴史は示しているのである。　　　　　　　（この項執筆：野崎）

2. 他者と出会うとはどういうことか？

●であい：出会い，出逢い，出合い，出遭い

　「異文化」という対象に対して「出会い（＜出会う）」というコロケーションを無頓着に措定してしまうことは，それ自体がある種のステレオタイプを助長してしまう（あるいは内なるステレオタイプを露見させてしまう）危なっかしさを抱えているかもしれない。「出会い」という字面からはどこかロマンチックな絵が浮かんできそうだが，漢字変換をしてみればたちどころにいくつもの別候補が提示されてくる。「出逢い」ならまだ，より運命的なめぐりあいとも響くかもしれないが，「出合い」になると「出合い頭」の衝突が避けられないかもしれないし，「出遭い」ともなれば，その相手は少なくとも容易ならぬ他者（なんなら宇宙人でも可）ということになろう。

　本章前半をたどってきた読者はすでに気づいておられることだが，そこでの議論はどこか「敵」としての顔を持って現れた異文化を軸としたものだった。それらの「であい」は，戦争による否応なしの「出合い」や，世界宗教たるキリスト教との「出遭い」だったと言ってよい。そうした「であい」が「出会い」となり得たのは，「意識的な努力と粘り強い意志に支えられて，徐々に実現され」（本章 p. 295）たことの結果にほかならない。

　本書の中央あたりには，コミュニケーション（第7，8，9章）や中国

の音韻学（第6，10，11章）という，相互に直接の関連もなさそうなトピックが配されているが，そこに見られる異文化との「であい」もまた，現実先行型で否応なく出合ってしまった文化間の関係をどう収めるか？という営みである点で，そう無関係な話でもないと言うこともできるかもしれない。前者は，出合ってしまった文化的他者同士がどのようにして意思を疎通させようとするか（させ得るものであるか）の観察から発達した理論であり，後者は，広大な（すぎる？）版図をもつ統一国家・中国において，実際には共通性の乏しい諸言語の体系（この場合は音体系）を何とかして1つの"国家＝文化"のプラットフォームに乗せたいという意思の産物であるとも見えてくるからである。

　それらを通してわかることは，そうした営みによってもたらされることとなった「出会い」が，決してはじめから約束されたものとしてそこにあったものではない，ということだろう。コミュニケーションの「調節」といっても，そこでは，どう合わせるかの「合わせ方を選ぶ」相もあればその「選び方を考える」相もあるような，互いのアイデンティティにもかかわる交渉が繰り広げられる回路なのだと言わなくてはならない。中国の音韻学でも，結果として「梵・蔵・満・漢の諸言語はすべて五母音体系ということになる」（本書第11章 p. 222）とは言えるものの，言語学的に見れば，蔵語（チベット語）と漢語（中国語）こそ「シナ・チベット語族」という同一の語族に属する言語であるとはいえ，梵語すなわちサンスクリット語はそもそも大いに他なる「インド・ヨーロッパ語族」に属する言語なのだし，満州語もまた，中国語とはまったく系統関係の異なる「ツングース諸語」の一言語なのだった。しかも，満州語については，通常は6母音とされるものを無理やり（？）5母音体系に収めたとさえ言えなくもない。とすれば，多大な努力が払われた目的自体が考察の対象となり得るような「努力」だったのだと言うべきだろう。

●日本語は「西洋」と出会えたか？

　「であう」異文化が「敵」でなければならない必然性はもちろんない。

　例えば，古代の日本が中国の文明と文化に学んで国家を立て宗教や学問を自家薬籠中の物にしようとしたとき，それは十分幸福な「出会い」だったと言うことができそうに思われる。ところが，日本の「であう」相手が「西洋」になったとき，しばしば道行きは錯綜しがちなものとなる。16 世紀以降のキリスト教との出会いについては本書第 1 章を参照されたいが，次に訪れた大きな「であい」は，幕末の「黒船」に始まる，アメリカなど圧倒的なプレゼンスとの正面対峙のごとき「出遭い」であった。（出遭いは潜在的リスクも大きく，実際，黒船来航から約 90 年後に日本はアメリカに戦争を仕掛けることとなる。そのことがもたらしたもう 1 つの出会いがルース・ベネディクト『菊と刀』だったわけだが。）

　以下では，日本と西洋の「であい」をめぐって，文明開化＝明治以降に生じた文化的な営みの一側面として，「西洋」を知った日本の文法家たちが日本語という言語をどのように位置づけ収めようとしたか？という様を少し見ていくことにしたい。あらかじめ言っておくならば，そこで日本語自体は何も変わることがないにもかかわらず，相手からの反照が自分の言語を見るその目を変えてしまうという，「出遭い」の“副反応”を繰り返し見ることになるだろう。

　日本人が「敬語」を知ったのは，近代日本が戦争を通じて世界と出遭い始めてからのことである。このように書くと，いくら何でもそれは言いすぎではないか？との反応が返ってくるだろう。ところが，敬語の研究史を調べてみてわかったことに，日本人にとっての学術的な対象として「敬語」が登場するのは，なんと 1892（明治 25）年のことなのだった[9]。江戸時代に興り文法学などではある深みにまで達した「国学」の蓄積があったにもかかわらず，例えば，手紙の書き方の話として「敬語（うやまいことば）」への言及などはあっても，日本語の文法的特徴とし

9)　以下の記述は，滝浦真人『日本の敬語論―ポライトネス理論からの再検討―』大修館書店，2005 年，第 1 部に基づいている。引用の詳しい出典などはそちらを当たられたい。言うまでもないかもしれないが，1892 年とは，日清戦争前夜と言うべき時期である。

て顕著であるはずの「敬語」が取り上げられた論考は，明治の半ばになるまで，どうやらないのである。

　ただし，これには非常に大きな例外があり，実はそれより300年近くも早い17世紀初頭（1604-08年），イエズス会士ロドリゲスが残した通称『日本大文典』（原文ポルトガル語）に，詳細な日本語敬語の体系と使用原則についての記述が存在していた[10]。どうやらそれはあまり日本人の目に触れるものではなかったらしい事情があったとはいえ，イギリスやフランスには保存されていた写本が存在し，明治の日本で帝国大学教師を務めていたチェンバレンがその写本を「精読」していたこともわかっている。実際，チェンバレンが刊行した『日本語口語便覧』（1888年，原文英語）には，ロドリゲスを踏まえたと思しき敬語についてのかなり詳しい記述を見ることができる。

　ならば，1892年に現れたという初の敬語論も，そのチェンバレン〜ロドリゲスの財産を受け継いで書かれたものだろうと考えたくなる。ところが，チェンバレンの書からの4年の間に「敬語」への関心が芽生えたといった影響はあったかもしれないが，その内容は，下で見るように少しも共通するところがない，まったく似ても似つかない"敬語論"だったと言わなければならない。つまり，日本人は，西洋人による先駆的業績から3世紀の遅延を経てようやく敬語に出会った，とさえ言うこともできず，それどころか，3世紀の遅延を経てなお出会うことがないまま（もしかすると出会うことを避けたまま？），唐突に"独自の"敬語論を開始した，と言うしかないような経緯がここにはある。

　では，日本人が見出した敬語はどのような対象だったのだろうか？『皇典講究所講演』という紀要に掲載された，日本人の手になる初の敬語論である三橋要也「邦文上の敬語」を覗いてみよう。論文の書き出しはこんなトーンである（口語訳して引用する）。

---

10) ロドリゲスは通訳をはじめとする"外国語専門家"だったから，例えば，身分関係において聞き手が最上位である場合には，登場人物への敬語の丁寧度を抑制すべしといった，きわめて実際的でもあり，現代なら「語用論」と呼ばれる領域で扱われるような問題まで目配りがなされている。

　自分は前に，本邦古文の特色が世界各国に超絶するものであること
を述べた。本邦が万国に卓越しているのは，皇統が一系であられる
にとどまらず，万事が有形無形とを問わず善良美好であって，他国
の企てが及ぶものではないからであり，そのことを示すために言語
文章の長所の一部を述べたのである。

我が国の言語文章を漢土〔＝中国〕や西洋のそれと比較してみると，
構造が異なるだけでなく，語の活用変化などにも著しい相違があ
る。なかでも際立っているのは，我々はつねに相当の敬語を用いて
意を伝えるのに対し，かの地ではそのようなことがないことであ
る。我が国では，「君猟せり」という事柄を「大君御猟し給へり」
のように何重にも敬語を用いて表現するが，漢土では「王遊猟」と
言うのみだし，英国でも A king is hunting. などと言うばかりで，
少しも敬語を用いないようなのである。

強烈なナショナリズム，という言い方しか浮かんでこないイデオロギー
全開の文章であることが一目瞭然だろう。中国と西洋を引き合いに出し
ているが，それはどちらも「敬語を用いない」という点で「我が国の言
語文章」より劣るということを言うためである。

　論の本体部分では，

　　敬語は，他人について言うのと，自己について言うのとによって，
　　二種に分けることができる。他称敬語と自称敬語というのがそれで
　　ある。

といった具合に，後に盛んに論じられることになる敬語における "人称
性" への言及もあるなど，それなりの学術性も備えていることを付け加
えないと公正さを欠くだろうが，しかしそうした議論などあっさり吹き
飛んでしまうくらいに，「敬語」が "日本語・日本人の卓越性"（？）の
証であるとのイデオロギーによって覆われていることはあまりに明瞭だ
ろう。"敬語の必要性" を論じたくだりでは，「恭敬の心」の顕れが「礼」

であり，その「言語上の礼」が「敬語」であって，それがあることで各自が「分を守り各々の位に安んじることができる」と次のように述べられる。

> 社会の構成員各々がもつ徳義によって社会の団結は安定するが，さらに徳義の高尚な形態である恭敬の心があれば，「君臣上下貴賤尊卑」の各々はその分を守り各々の位に安んじることができる。そうした恭敬の顕在化したものが礼であって，礼は一方では「行為上の礼」となり，他方では「言語上の礼」すなわち「他称自称の敬語」となる。社会の秩序を維持する上で礼が必要であることは衆目の一致するところであり，それゆえ，「言語上の礼」である「敬語」が必要であることは論を俟たない。

説かれているのは実は儒教的道徳観と言って差し支えなく，言うまでもなく儒教は中国由来だが，そのことは完全に等閑視されている。

　こうしたロジックによって，敬語は，日本と日本語が「君子」とその言語であることの象徴の位置に高められ，「我が国」の「令名」を保たせる鍵であることが強調されて，論が閉じられる。

> さて我が国の文章言語に，これほど多くの敬語が用いられてきたことは，我が国が，外国人も君子の国，礼儀の習俗と賞賛したように，古くから人情が厚く，礼儀がよく行われてきたことで，かの中国や西洋などの国々に優っていたということを示すのに十分であろう。礼儀がよく行われてきたが故に，君臣や上下の分は常に厳正であって，数千年来国家の体相を変えることがなかった。敬語が多く用いられた。そのために言語文章は美しさを増して，古来，言霊の幸う国，言霊に支えられる国との名を保ってきた。要するに，君子の国には君子にふさわしい言語があり，礼儀の習俗には礼儀を備えた文章があったのである。私は敬語を維持して長く我が国の言語文章の真価が失われないようにすることを望むとともに，我が国がこの令

名を久しく保つことができるよう願うものである。

読者の中には，なるほどナショナリズムの傾きが強いのもたしかだが，日本語に「敬語」があって，例えば英語に日本語のような敬語がないことは事実だから[11]，そのことに初めて気づいた日本人が少々過大に評価したという事例という程度に収まる話ではないのか？と訝しがる向きもあるかもしれない。さて，どうだろうか？

●「敵」に向けるまなざし

　明治・大正期，日本語の文法が盛んに作られる。そこには，江戸期からの「国学」の流れをどの程度意識するかという相違はあるものの，英語をはじめヨーロッパ系言語に合わせて出来上がってきた文法を横目で睨みながら，全く事情が異なる日本語の文法を構築しようと，文法家たちが文字どおり格闘した痕跡を諸所に見ることができる。そしてもう一つ，彼らの文法論から感じずにはいられない強い印象がある。それは，ヨーロッパの言語にはあって日本語にはないもの，を彼らがいかに（強烈に）意識していたか？ということである。

　詳しくは別の論考に譲るが[12]，ヨーロッパ語の文法にはいつも登場する，男性／女性，単数／複数，定／不定，人称，時制，等々の（「文法範疇」と呼ばれる）基本的な区分が，ことごとく（と言いたくなるほど）日本語にはない。ヨーロッパ語の文法を知れば知るほど意識させられてくるはずのその事実は，日本語における基本的な"欠落"として彼らの目には映ったことだろう。その認識は，翻って，日本語にはあってヨーロッパ語にはない区分はないか？との問いへと転じていく。「日本語文法」を打ち立てたいとの思いが強い文法家ほど，その問いへのコ

---

11) ちなみに，中国語では，自分側を低く，相手側を高く表現する敬語が盛んに用いられており，日本語の「弊社」対「御社」，「愚妻」対「令室」のような言い方はその影響によるものなので，書き出しの引用は事実認定の点でも正しくない。
12) 他科目の印刷教材に書いた章である次の論考を参照されたい。滝浦真人「異言語としての日本語②―日本語の文法をつくる―」，滝浦真人・佐藤良明編『異言語との出会い―言語を通して自他を知る―』放送大学教育振興会，2017 年，第 13 章。

ミットメントが強かったように見える。

　そういう中で彼らによって見出された範疇がある。それが「敬語」だった。日本語では，誰が何を言うときでも，普通体（「タメ語」）か丁寧体（「です・ます」体）かという選択を実はしているので，その区分をしている敬語は「文法範疇」だと言うことができる。さて，日本語独自の文法範疇を最も熱心に探求した文法家として松下大三郎の名を挙げることができる。彼が立てた文法範疇の一つが「敬語」だったが，彼にとって敬語は，日本語における基本的な欠落を補って余りあるものだった。松下は，乳母が令嬢に言う「貴方は御縁談の事に就いてお父様に何とお申し上げ遊ばしました」という文を例に挙げ，それが「所有敬称兼客体敬称兼主体敬称兼対者敬称」で最も複雑な敬語であることを確認した上で，激烈な調子でこう書きつける。

　　もし無待遇の語ならば
　　　　お前は縁談の事に就いて父に何と云った
　　であるが，これでは西洋人の語であって日本人の目から見れば片言だ。人に対して人情を持たない者の言である。そんな語を使う人種は所謂科学獣だ。科学の出来る獣類だ。
　　（「国語より観たる日本の国民性」『國學院雑誌』1923（大正12）年，現代仮名表記に改めた）

「科学」を憎んでいたわけでもなく，幾多の発明を残すなどむしろ科学的な思考の持ち主だった松下に，「科学獣」という言葉を書かせてしまう彼の意識や如何に？と言いたくなるほど，言葉の激烈さが意識の強さを物語っているだろう。敬語を持たない西洋人が「人情を持たない者」ならば，敬語を持つ日本人は「人情を持つ者」であり，松下はそれを言い換えて「思遣」と呼んだ。敬語を「思いやり」の表れとする言説は今でもポピュラーなものである。

　ほぼ同時代に，山田孝雄もまた「敬語」を"発見"する。山田はそのことを命に変えても世に知らしめるべきものと思いなし，震災後すぐに

原稿を書肆に託し，翌 1924（大正 13）年に『敬語法の研究』を上梓する。敬語の本質については，山田もまた，「自然の人情」の表れであり，それまたわが民族に行われる「推譲の美風」によるものだとするが，山田にとって命をかけても公表すべきと思われたものは，そのような敬語が日本語における文法的な「法則」をも体現しているとの"発見"であった。

　鍵は「人称」にあった。一応確認しておくならば，人称は文の主語が動詞の形を支配する要素だが，日本語にはそうした現象はないため，日本語に文法範疇としての人称はないことになる。このことをめぐって，山田はこう言う（現代語訳し，適宜読点を補う）。

　　国語の動詞に人称がないことは勿論だが，人称の代わりをなすことを敬語法の偶然の結果だと言ってはならない。これは即ち，敬語法に伴って起こる当然の現象であると言うべきものである。

日本語文法に人称がないことは認めるが，日本語には敬語があり，敬語の使い方に人称と同等の区別が表れる。しかもそれは偶々ではなく，敬語法から導かれる必然的結果なのだ，という宣言である。

　山田が言いたいことを説明すると，自分側がへりくだり，相手側を高めるところに敬語の本旨があり，自分側を 1 人称，相手側を 2 人称と見れば，敬語の用法のうちに人称性が表れていることになるから，それがすなわち敬語が果たしている人称と同等の文法的機能である，ということになる。しかし実際の用法を調べていけば容易にわかるが，自分側の人物には，自分だけでなく話し相手も，そこにいない家族など，自分にとってウチ的な人物は誰でも含まれることができるし，相手側の人物についてもまったく同様であって，結局のところ，自分側／相手側ともに，1／2／3 人称者すべてが含まれてしまう。したがって，そこに文法的な人称の働きと同等のものを見ようとすることは，どだい無理な相談だとしか言いようがなく，そもそも成り立っていなかった説だと言わなくてはならない。

　というわけで，ここまで，近代日本文法学を代表する２人の文法家を見てみたが，２人ともに日本語における“欠落”を強く意識しながら，それを補って余りある日本語の特質として「敬語」を見出そうとしたことがわかるだろう。それでも，ここまで来てなお慎重な読者は，日本が世界を相手にし始めた初期だったがゆえの，強すぎた意気込みの為せる業ではないか？との疑念を拭えないかもしれない。そこで念のためにもう１つだけ，さらに時代を下った例を挙げておこう。アイヌ語学者だが敬語学者としても有名な金田一京助の言である。

> 我々の国語には，ほかには，西洋諸国語に比して誇るに足るものがない。名詞に，格も数も性もなし，動詞に，人称も時も数もないのである。ただ西洋諸国語になく，我のみあって精緻を極めるこの敬語法の範疇こそは，いささか誇ってやられる点なのである。
>
> （「女性語と敬語」『婦人公論』1941（昭和16）年）

日本語についての優越感を述べたもの，とも言えるかもしれないが，しかしそれを述べさせている大元にあるのが，日本語における“欠落”の意識であることはあまりに明瞭である。そうなると，結局のところこれらの言説は，如何ともし難い劣等感の裏返しとして「敬語」に見出された優越感だった，と言うしかないだろう。

　以上，見てきたのは，日本語のほんの一領域である「敬語」をめぐる言説にすぎないが，しかしながら，そこに繰り返し現れてくるのは，「であう」ことになったはずの西洋と，全力で対峙し対決しようとはしたかもしれないが，出会うことは拒み続けた，とも見えかねない文法家たちの姿だったようにも思われる。

　もちろん，彼らの苦闘によってもたらされた日本語の性質は，日本語学の貴重な財産となっている。しかし同時に，彼らの研究を動機づけたものの中に，はじめからイデオロギー的な色彩を帯びた日本語の“欠落”についての強い意識があったために，彼らが導いた結論はしばしば独善的であることを免れず，そのことが日本語論・日本語研究全体に対して

微妙な影響を及ぼしたこともまた，否定しがたいと言わざるを得ない。彼らが見ていた「西洋」は取りも直さず「敵」であり，彼らが持っていたのは「共感」よりは「敵愾心」だった。本章前半で論じられた二葉亭四迷のような「出会い」方は，自然に可能なわけではないのである。

こうしたことがすべて明治の昔の話として済むならば，まだ救われよう。ではどうかと言うと，例えば，本書第5章で取り上げた「ポライトネス」をめぐる世界的な議論があり，日本語の「敬語」ももちろんその1つの形として論じることが可能な現象である。ところが，敬語をポライトネスと結びつけて再検討するような論が提出されても，敬語は敬語研究で十分だとする空気は根強く，また「ポライトネス」の概念に対してもそれ自体が「西洋中心主義」の産物だとの批判が展開されるといった具合で，敬語をポライトネスの文脈で抵抗なく論じることができるようになったのはようやくここ数年ほどという感がある。

『菊と刀』をめぐる考察の中で示された，「敵を理解するためには敵に共感するという戦略」（本書第3章 p. 60）ということが頭から離れない。西洋との「であい」以降，われわれは日本語をどう捉えてきたのだろう？という問いを考えてくると，この150年の間，日本人は果たして「世界」とどのように「出会う」ことができているか？また，出会うための「共感」を持ち得ただろうか？と考えざるを得ない。

自らと，そして読者に対してその問いを投げかけて，この本を閉じることにしたい。
（この項執筆：滝浦）

🎧 発展的課題

1. 「敵を理解するために敵に共感する」という事例にどんなものがあるか，考えてみよう。
2. 自分が生きてきた中で，本章で述べられているような意味での異文化との「出会い」があったか，あったとしたらそれはどのような経験だったかを考えてみよう。

索 引

●配列は五十音順，アルファベットで始まるものは ABC 順，＊は人名を示す。

分担執筆者紹介 ▎

宮本陽一郎（みやもと・よういちろう）
　　　　　　　　　　　　　　　　・執筆章→第 3・4・13 章

1955 年	東京都生まれ
1981 年	東京大学大学院人文科学研究科課程修士課程修了
1981-83 年	東京大学助手
1983-94 年	成蹊大学講師・助教授
1994-2017 年	筑波大学准教授・教授
2018 年～	放送大学教授
現在	放送大学教授・筑波大学名誉教授
専攻	アメリカ文学，カルチュラル・スタディーズ
主な著訳書	『モダンの黄昏——帝国主義の改体とポストモダンの生成』（研究社，2002 年）
	『アトミック・メロドラマ——冷戦アメリカのドラマトゥルギー』（彩流社，2016 年）
	『知の版図——知識の枠組みと英米文学』（共編著，悠書館，2008 年）
	Hemingway, Cuba, and the Cuban Works.（分担著，Kent State University Press, 2014）.
	ジョン・ガードナー著『オクトーバー・ライト』（集英社，1981 年）
	チャールズ・ジョンソン著『中間航路』（早川書房，1995 年）

大橋　理枝 (おおはし・りえ)

・執筆章→第 7・8・9 章

1970 年	京都生まれ，東京育ち
2000 年	ミシガン州立大学コミュニケーション学科博士課程修了（Ph.D. in Communication）
2001 年	東京大学大学院総合文化研究科言語情報科学専攻博士課程単位取得満期退学，助教授として放送大学勤務
現在	放送大学教授
専攻	異文化間コミュニケーション
主な論文・著書	『音を追究する』（共著，放送大学教育振興会，2016） 『色と形を探究する』（共著，放送大学教育振興会，2017） 『コミュニケーション学入門』（共著，放送大学教育振興会，2019） 『英語で「道」を語る』（共著，放送大学教育振興会，2021） 『ビートルズ de 英文法』（共著，放送大学教育振興会，2021） 『グローバル時代の英語』（共著，放送大学教育振興会，2022） 「『教養学部』であるために―新型コロナウイルス関連 You Tube 動画作成，及び BS231 放送番組制作の実践報告を起点に―」『放送大学研究年報』第 38 号，191-199（2020）

宮本　徹 (みやもと・とおる)
·執筆章→第 6・10・11 章

1970 年　　京都市に生まれる
2001 年　　東京大学大学院人文社会系研究科博士課程単位取得退学
現在　　　放送大学准教授
専攻　　　中国語学
主な著書　『アジアと漢字文化』（共著, 放送大学教育振興会, 2009 年）
　　　　　『ことばとメディア―情報伝達の系譜―』（共著, 放送大学
　　　　　教育振興会, 2013 年）
　　　　　『漢文の読み方―原典読解の基礎―』（共著, 放送大学教育
　　　　　振興会, 2019 年）

編著者紹介

滝浦　真人 (たきうら・まさと)
・執筆章→第 5・12・15 章

1962 年	岩手県生まれ。小学校から高校まで，仙台で育つ。
1985 年	東京大学文学部言語学専修課程卒業
1988 年	東京大学大学院人文科学研究科言語学専攻修士課程修了
1992 年	同　博士課程中退
1992 年〜	共立女子短期大学専任講師〜助教授，麗澤大学助教授〜教授を歴任
2013 年〜	放送大学教養学部・同大学院文化科学研究科教授
社会貢献	言語聴覚士国家試験出題委員，文化審議会国語分科会委員，日本言語学会評議員，日本語用論学会会長，など歴任
主な著書	『お喋りなことば』（小学館，2000 年）
	『日本の敬語論 ―ポライトネス理論からの再検討―』（大修館書店，2005 年）
	『ポライトネス入門』（研究社，2008 年）
	『山田孝雄 ―共同体の国学の夢―』（講談社，2009 年）
	『日本語は親しさを伝えられるか』（岩波書店，2013 年）
	〈以上単著〉
	『語用論研究法ガイドブック』（加藤重広氏と共編著，ひつじ書房，2016 年）
	〈以上共編著〉
	『日本語とコミュニケーション』（大橋理枝教授と共著，2015 年）
	『異言語との出会い ―言語を通して自他を知る―』（編著，2017 年）
	『新しい言語学 ―心理と社会から見る人間の学―』（編著，2018 年）
	『日本語学入門』（編著，2020 年）
	〈以上，放送大学教育振興会〉
	ほか

野崎　歓 (のざき・かん)

・執筆章→第1・2・14・15章

1959 年	新潟県高田市（現・上越市）生まれ，新潟市育ち
1990 年	パリ第3大学博士課程留学を経て東京大学大学院人文科学研究科仏語仏文学専攻博士課程中途退学
	東京大学文学部助手，一橋大学法学部専任講師，東京大学大学院総合文化研究科・教養学部助教授，同大学院人文社会研究科・文学部教授を経て
	東京大学名誉教授
現在	放送大学教授
専攻	フランス文学，翻訳論，映画論
主な著訳書	『ジャン・ルノワール　越境する映画』（青土社，2001年）
	『フランス小説の扉』（白水社，2001年）
	『谷崎潤一郎と異国の言語』（2003年，人文書院）
	『香港映画の街角』（青土社，2005年）
	『五感で味わうフランス文学』（白水社，2005年）
	『われわれはみな外国人である──翻訳文学という日本文学』（五柳書院，2007年）
	『異邦の香り──ネルヴァル「東方紀行」論』（講談社，2010年）
	『フランス文学と愛』（講談社現代新書，2013年）
	『翻訳教育』（河出書房新社，2014年）
	『アンドレ・バザン──映画を信じた男』（春風社，2015年）
	『夢の共有──文学と翻訳と映画のはざまで』（岩波書店，2016年）
	『水の匂いがするようだ──井伏鱒二のほうへ』（集英社，2018年）
	トゥーサン『浴室』（集英社，1989年）
	バルザック『幻滅』（共訳，藤原書店，2000年）
	サン゠テグジュペリ『ちいさな王子』（光文社古典新訳文庫，2006年）
	スタンダール『赤と黒』（光文社古典新訳文庫，2007年）
	ウエルベック『地図と領土』（筑摩書房，2013年）
	プレヴォ『マノン・レスコー』（光文社古典新訳文庫，2017年）
	ネルヴァル『火の娘たち』（岩波文庫，2020年）

放送大学大学院教材　8981051-1-2211（ラジオ）

異文化との出会い

発　行　　2022 年 3 月 20 日　第 1 刷

編著者　　滝浦真人・野崎　歓

発行所　　一般財団法人　放送大学教育振興会
　　　　　〒 105-0001　東京都港区虎ノ門 1-14-1　郵政福祉琴平ビル
　　　　　電話　03（3502）2750

市販用は放送大学大学院教材と同じ内容です。定価はカバーに表示してあります。
落丁本・乱丁本はお取り替えいたします。

Printed in Japan　ISBN978-4-595-14180-5　C1380